食の世界地図

21世紀研究会編

文春新書
378

はじめに

グルメについての情報はちまたにあふれている。早い、安いが評判の料理から、食材はもちろん、食器、店の雰囲気にもこだわった高級料理まで、テレビや雑誌で紹介されない日はない。伝統的な和食はもちろん、フランス、イタリア、ロシア、アメリカ合衆国、南アメリカ、中国、韓国、タイ、ベトナム、インド、トルコ、北アフリカなどの代表的な料理まで、日本は世界各地の本格的な料理を味わうことのできる国際化の進んだ国なのだ。

二、三〇年ほど前までは、まだ日本各地で「郷土食」の存在が際だっていたし、伝統的な「和食」以外では、明治以後に日本に伝わって、戦後すっかり日本の食卓にとけ込んだ「洋食」と、やはり戦後に広まった「中華料理」くらいしか一般には知られていなかった。しかし近年の情報化と流通産業の発展によって、いまや日本各地の「名産」だけでなく世界中の食材もたやすく手に入れられるし、ファミリー・レストラン、コンビニエンス・ストアが全国に広がり、日本のどこに行ってもほぼ同じメニューを味わうことができる。

一九八〇年代以降、海外旅行がさかんになり、多くの日本人が世界各地へ出かけていって本場の料理を体験するようになった。その味を身近なところで求める人も増え、いわゆるエスニック・ブームとあいまって各国の専門料理の店が増えた。さらにそこから、人気のある料理がファミリー・レストランのメニューに加わったり、インスタント食品に採り入れられるという構図ができあがって、一気に料理の国際化が進んだということだろう。いまや世界の料理が身近にあることが日常のことになってしまい、とくに意識しなくなっている。

食の歴史は人類の歴史でもある。食べること＝生きることだ。今でも「食べていける」「食べていけない」は、生活していけるかどうかを指す言葉として使われている。

道具・火の利用、牧畜・農耕の開始という大きな変革を経て、人びとは、それぞれの土地から産する食材を、できる限り効率よく、それでいておいしく食べられるように工夫してきた。古くからの伝統料理は工夫に工夫が重ねられた知恵の結晶といえよう。それが世界各地で出会い、融合し、さらなるバリエーションが生まれた。

一方で、宗教の影響を強く受けた食材や料理もある。ユダヤ教徒、イスラーム教徒がブタを禁忌の食材としていることはよく知られている。日本でもすっかり風習のようになってしまったクリスマス料理のように、宗教の拡大とともに世界に知られる料理になったものもある。歴史上の人物が好んだという理由で伝わっている料理もある。

本書では、食材や料理の起源について、あらためて世界地図を通して見直してみた。誰でも、毎日食べているものなのに、さてこの料理の国籍は？　この食材の出身地は？　料理のネーミングのきっかけは？　と考えてみると、知らないことがたくさんあるものだ。

ただ、食材、料理の起源についての記録は乏しく、推測の域を出ないもの、議論の渦中にあるものも少なくない。紙幅の都合などもあり、本書で紹介した内容は、あえて諸説すべてに触れたものではないことをお断りしておきたい。

ところで、本書で紹介する内容を知らないからといって、別段、食べることに困りはしない。食の楽しみに、雑学のスパイスとしてひと味加えていただけるなら幸いである。

21世紀研究会

食の世界地図　目次

第2章　料理の国籍

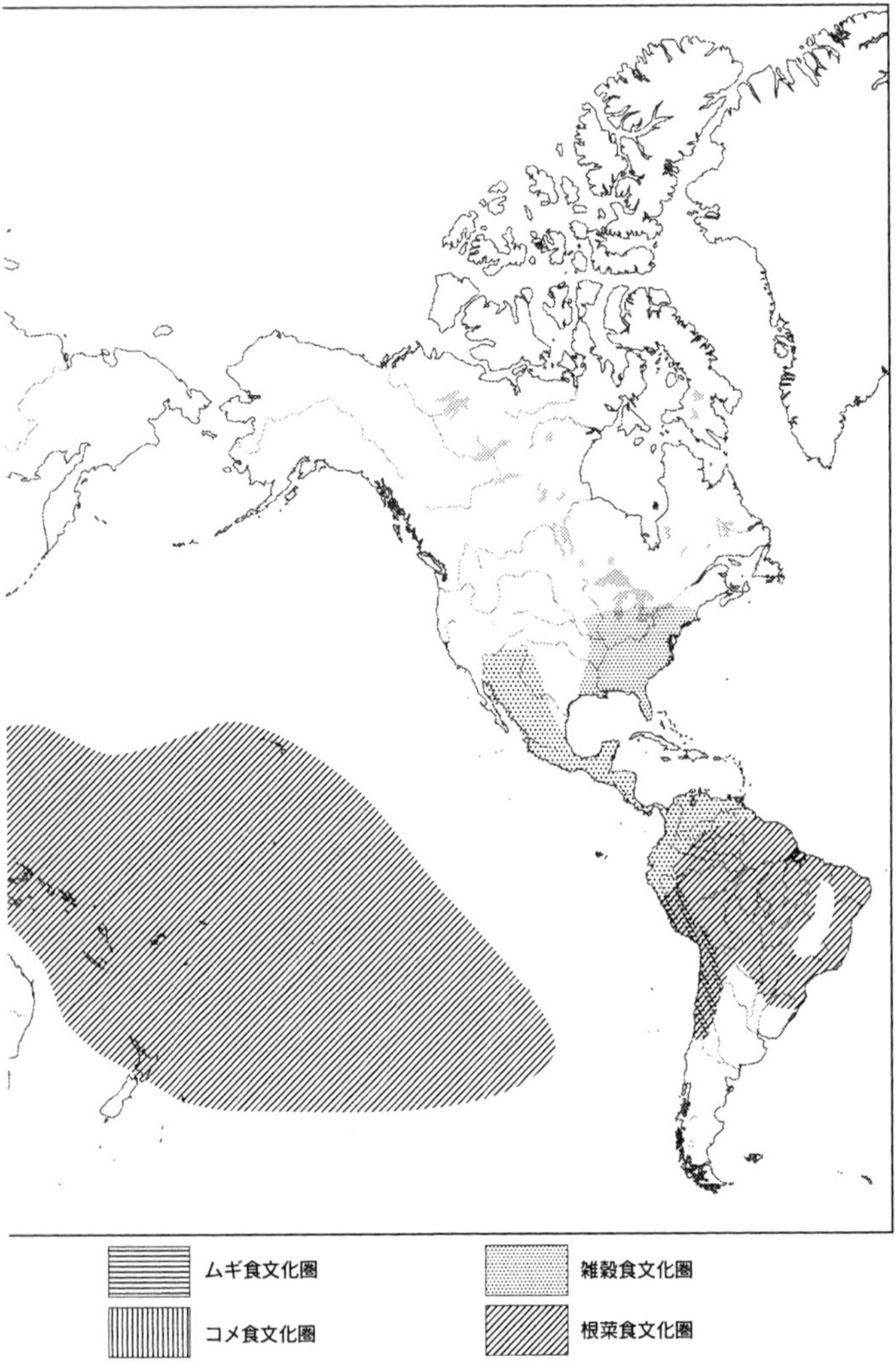

ムギ食文化圏
雑穀食文化圏
コメ食文化圏
根菜食文化圏

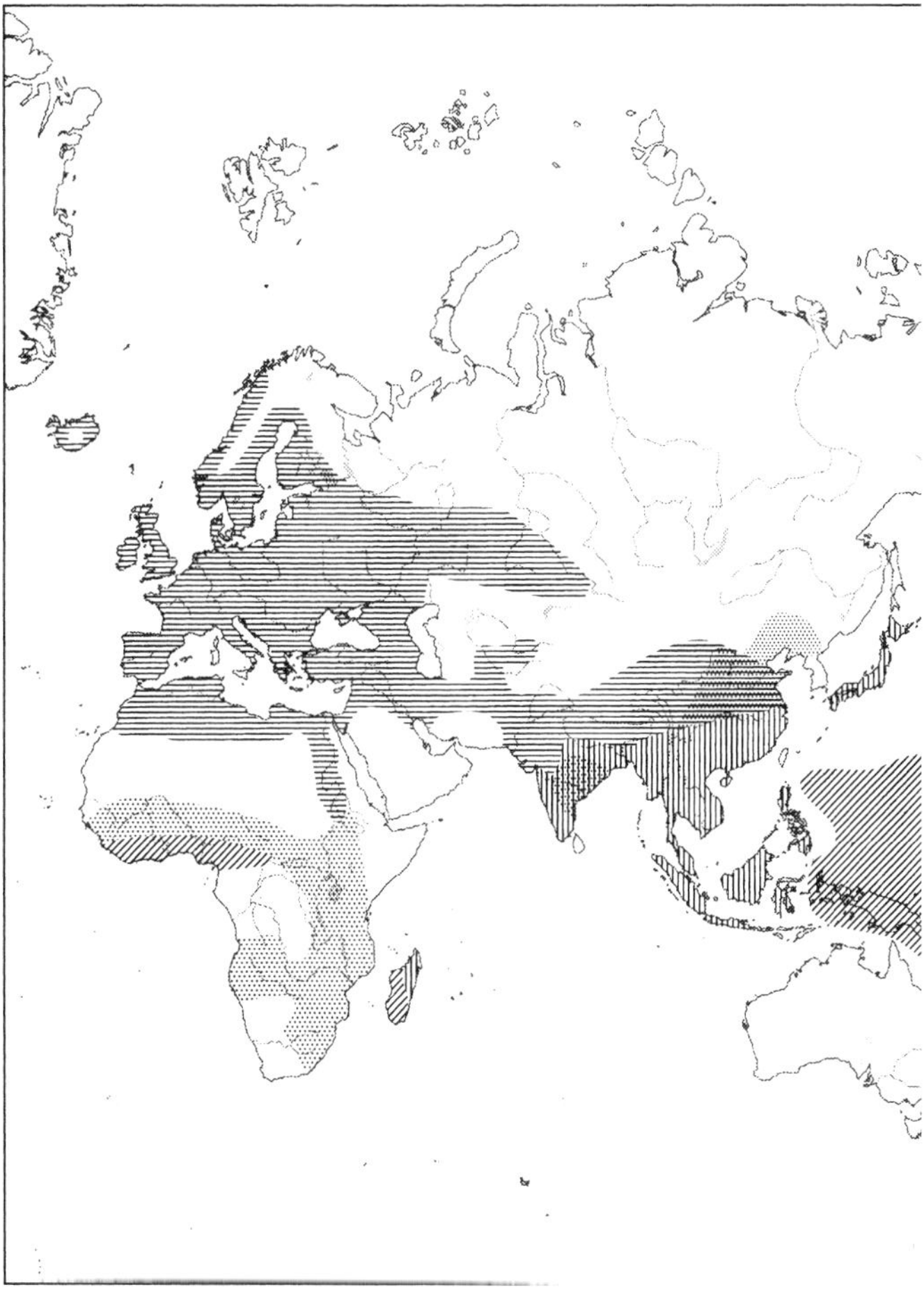

世界４大食文化圏地図（15世紀以前）『世界の食事文化』 石毛直道編をもとに作成

大航海時代以前、大規模な異文化交流がはじまる前の大まかな主食文化圏を示している。アメリカ大陸ではトウモロコシによる雑穀文化とジャガイモの根菜文化だったが、ヨーロッパから移住がはじまるとヨーロッパ型の食文化へと変化していった。

搾乳をしていた地域
狩猟採集をしていた地域
孤立した狩猟採集民

牧畜により搾乳をしていた地域と狩猟採集をしていた地域（15世紀以前）
『世界の食事文化』 石毛直道編をもとに作成

大航海時代を迎え、大規模な異文化交流がはじまると乳を利用する食文化は世界中にひろまっていった。

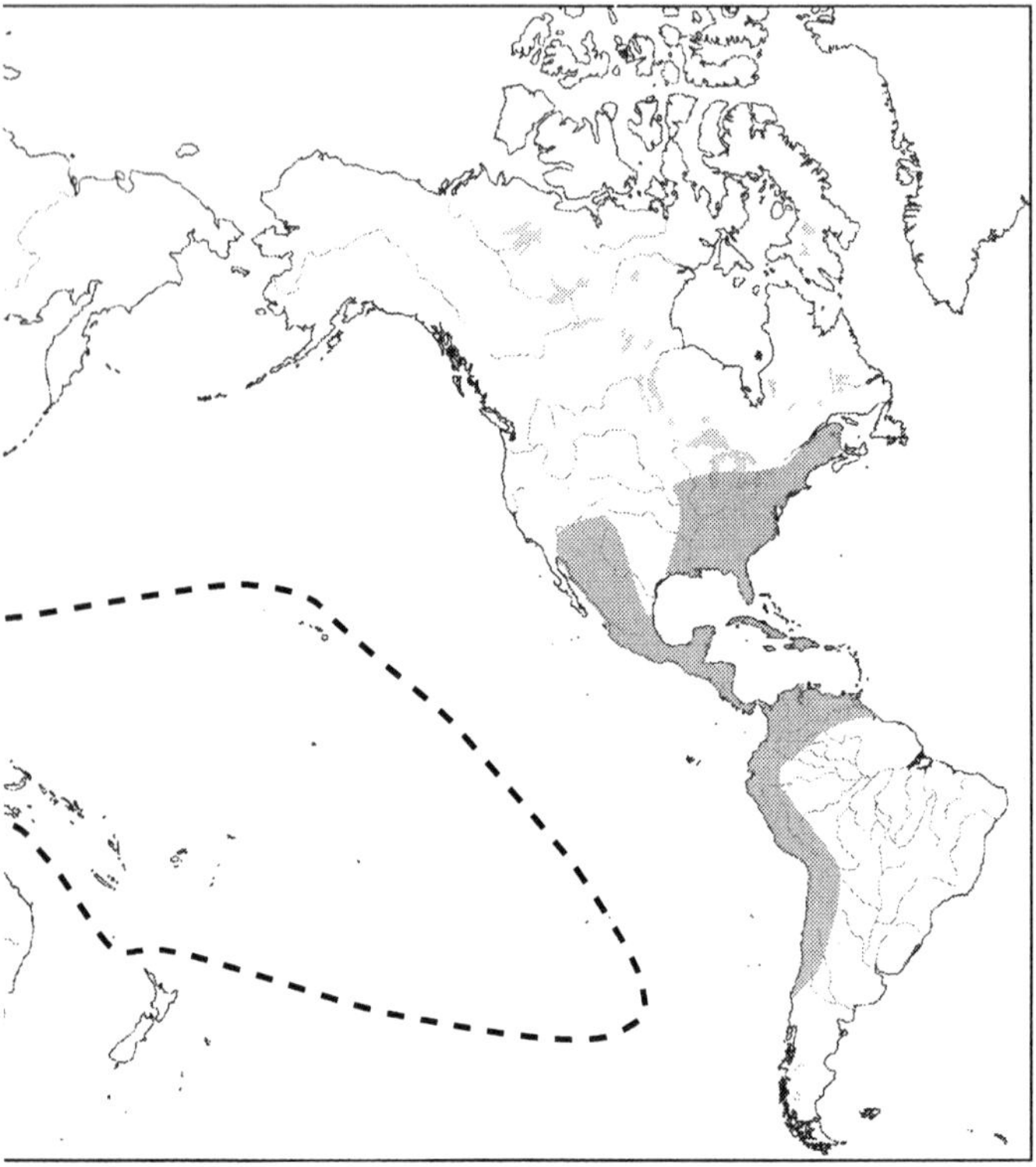

油科植物圏
ゴマのほか、果実から油をとるアブラヤシ、シアーバターなど。
薬味やスパイス類はほとんどもちいられることはなかった。

醤（ひしお）圏
味噌、たまり、醤油など。
朝鮮半島ではゴマ油、中国ではラードとゴマ油を多用する。両地域では薬味にネギ、ニンニク、コショウも多用するが、中国ではほかにもショウガ、ウイキョウ、ハッカクなどももちいられてきた。

トウガラシ圏
トウガラシ、トマト

ハーブ（香草）・スパイス圏
パセリ、セージ、ローズマリー、タイム、ミントなどのハーブ類とコリアンダー、アニス、キャラウェイなどのスパイスを多用され、後にはコショウなどアジア熱帯地方原産のスパイスも普及した。
ロシアや東欧では乳製品、ドイツではラード、南欧ではオリーヴ油やニンニクが多用されるなど、地域差も大きかった。

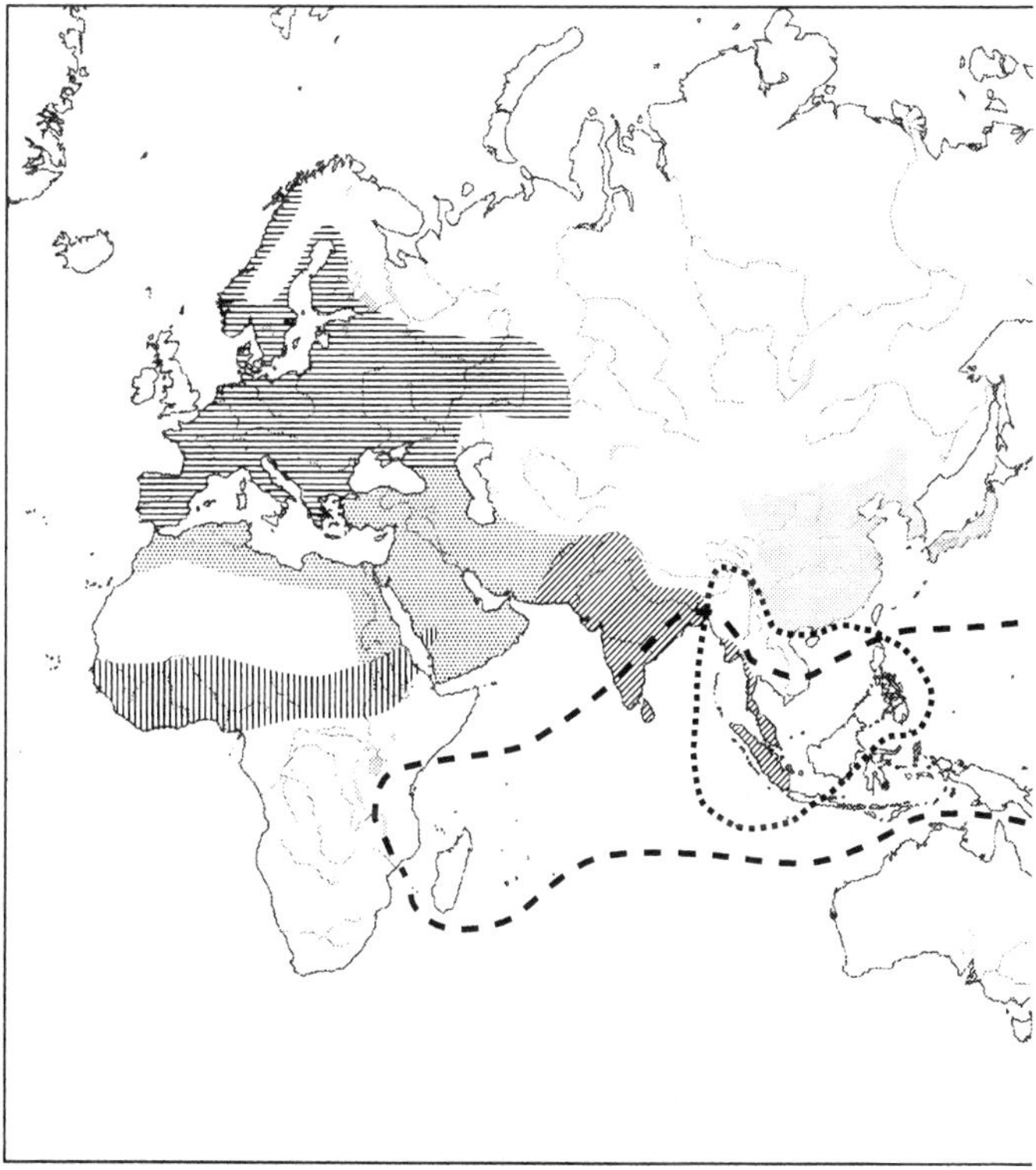

魚醤圏［インドシナ半島を中心とする東南アジア、中国や日本など東アジア、地中海地域の一部なども］
ヌクマム（ベトナム）、プラホーク（カンボジア）、パーディク（ラオス）など。
マレー半島からインドネシアにかけてはスパイスも多用する。

スパイス圏（インド系）
ウコン、コショウ、ショウガ、クミン、コリアンダー、カルダモン、ウイキョウ、ナツメグ、クローブなど。
バター・オイルのギーが広くもちいられてきた。

ココヤシ圏
ココナッツ・ソース、ココヤシ油

スパイス圏（中近東系）
［西アジアは古くから、香辛料の中継地であるとともに、消費地でもあった］
コショウ、クローブ、クミン、ニンニク、タマネギ、ミョウガ、サフラン、ゴマなど。
調味には、乳製品ももちいられてきた。

イタリア、フランス、中華人民共和国の参考地図

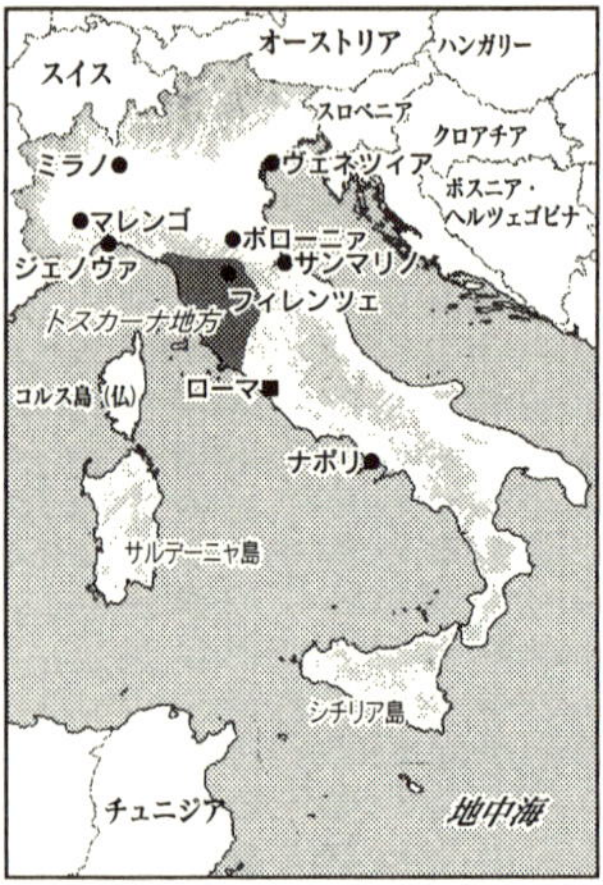

イタリア

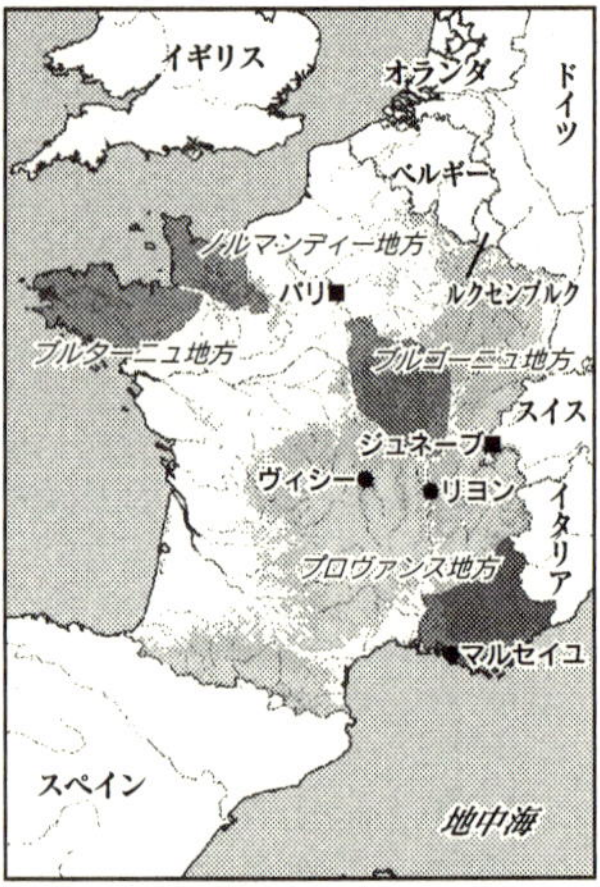

フランスとその周辺

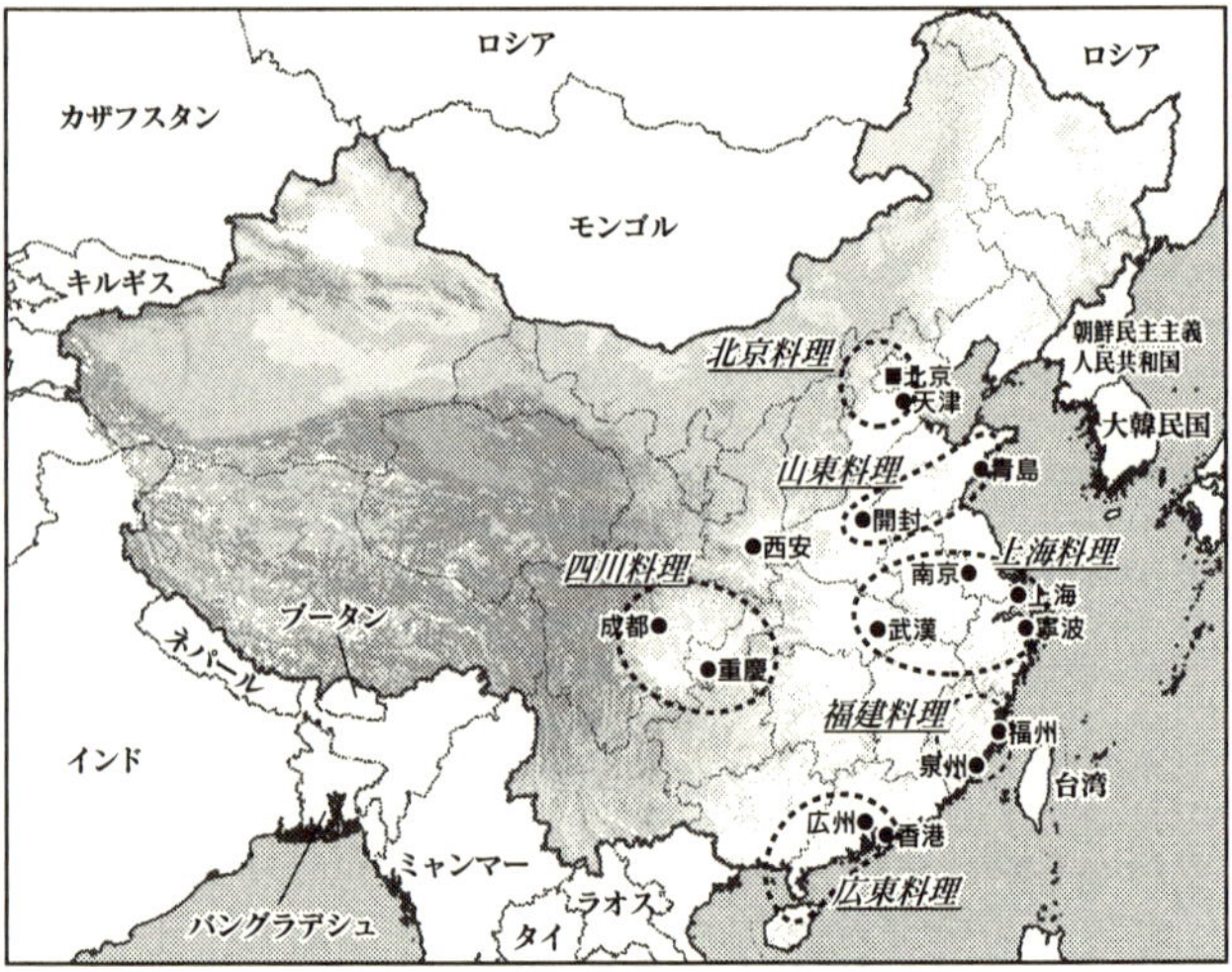

中華人民共和国

第1章　世界を変えた新大陸の食材

フィッシュ＆チップス（イギリス）

南米生まれのジャガイモ

一六世紀半ば、インカ帝国の黄金伝説に憑かれてアンデスの高地をさまよったスペイン人は、食糧の確保に困った。南米といっても、アマゾン川流域のような熱帯雨林性気候は低地に限ったもので、アンデス高地になると寒いうえに乾燥している。土地は不毛でトウモロコシのような穀物はもちろん、木もまったく生えていない。

しかし、そんな高地でも、有史以前からジャガイモが栽培されていた。スペイン人がインディオとよんだ先住の人びとはジャガイモを主食として選び、長い時間をかけて品種改良をおこなって、各地の土壌、気候にあったものを作りあげてきたのだ。

一四〇〇年代の初頭、インカ帝国が勢力を拡大してきた頃には、人びとは中米原産のトウモロコシのことも知っていた。しかしトウモロコシは、海抜三三〇〇メートルを超えると栽培できなくなることもあり、高位の限られた人びとのものだった。彼らはトウモロコシを、おもにチチャという酒の原料として珍重していたようで、ほとんどの人びとにとって食糧としてのウェイトはジャガイモのほうにあった。

トウモロコシが穫れない、そんな高地を中心にインカ帝国は栄えた。ジャガイモを主食としたのはアンデスに住む人びとだけだったということを考えると、スペイン人が高地で宝探しに熱中しなければ、この作物は現在のようには普及していなかったかもしれない。

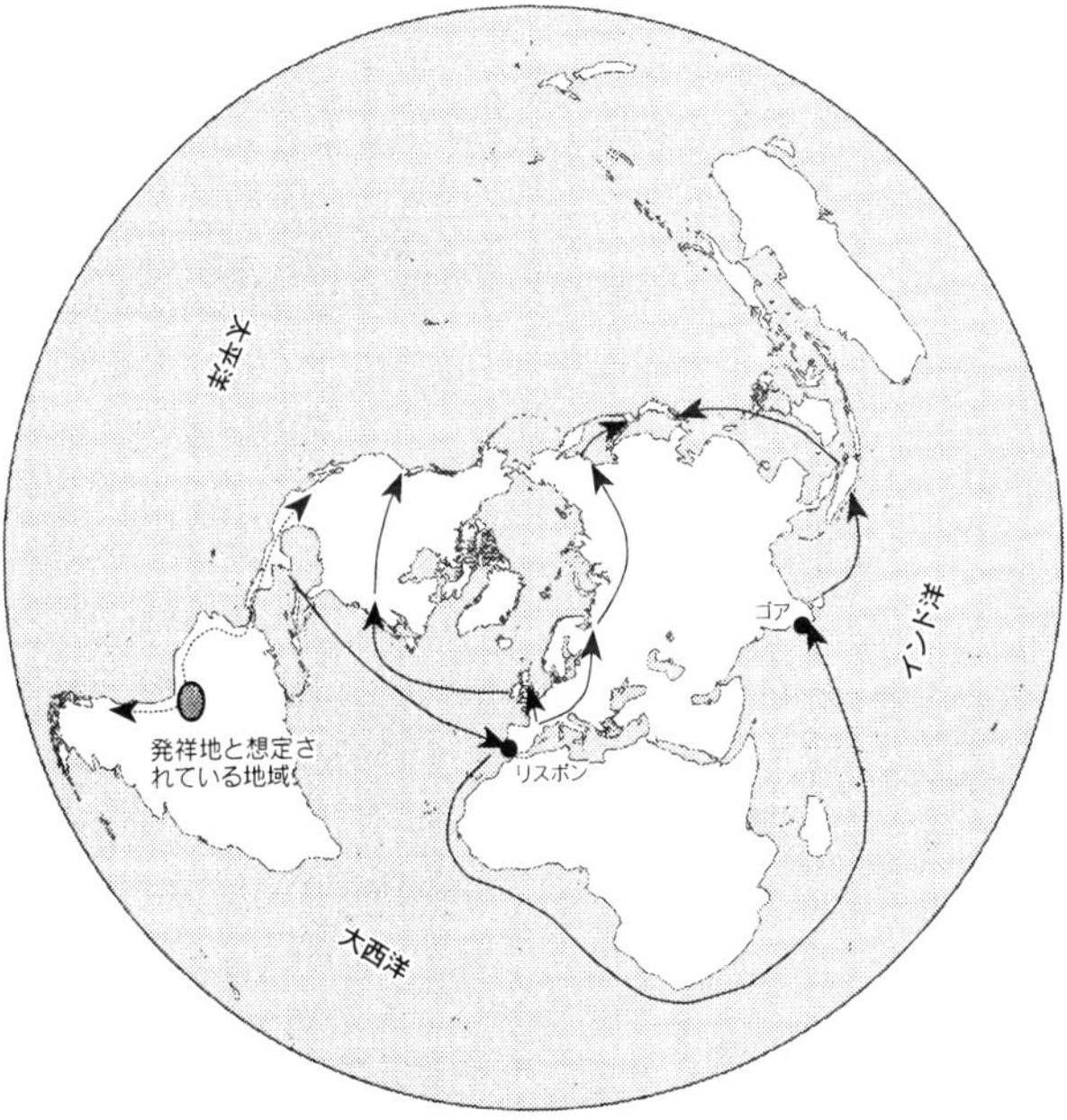

ジャガイモの主な伝播経路　点線は1492年のコロンブスの探検以前、実線は16世紀以降。我が国への伝来は、北からと南からの２ルートがあった。

ところで、ジャガイモはそのままでは長期の保存はできない。収穫時期もほぼ決まっていて、年中、穫れるというものでもない。しかし長年ジャガイモを主食としてきたインディオの人びとは、ジャガイモを長期間保存する方法を工夫していた。

『世界を変えた植物』（八坂書房）によると、スペイン人とインディオの混血児で、ペルーを征服するようすを記録に残したガルシラソ・デ・ラ・ベーガは、地元の人びとのジャガイモの保存方法について、次のように記している。

世界の代表的なジャガイモ料理、その他のイモ料理

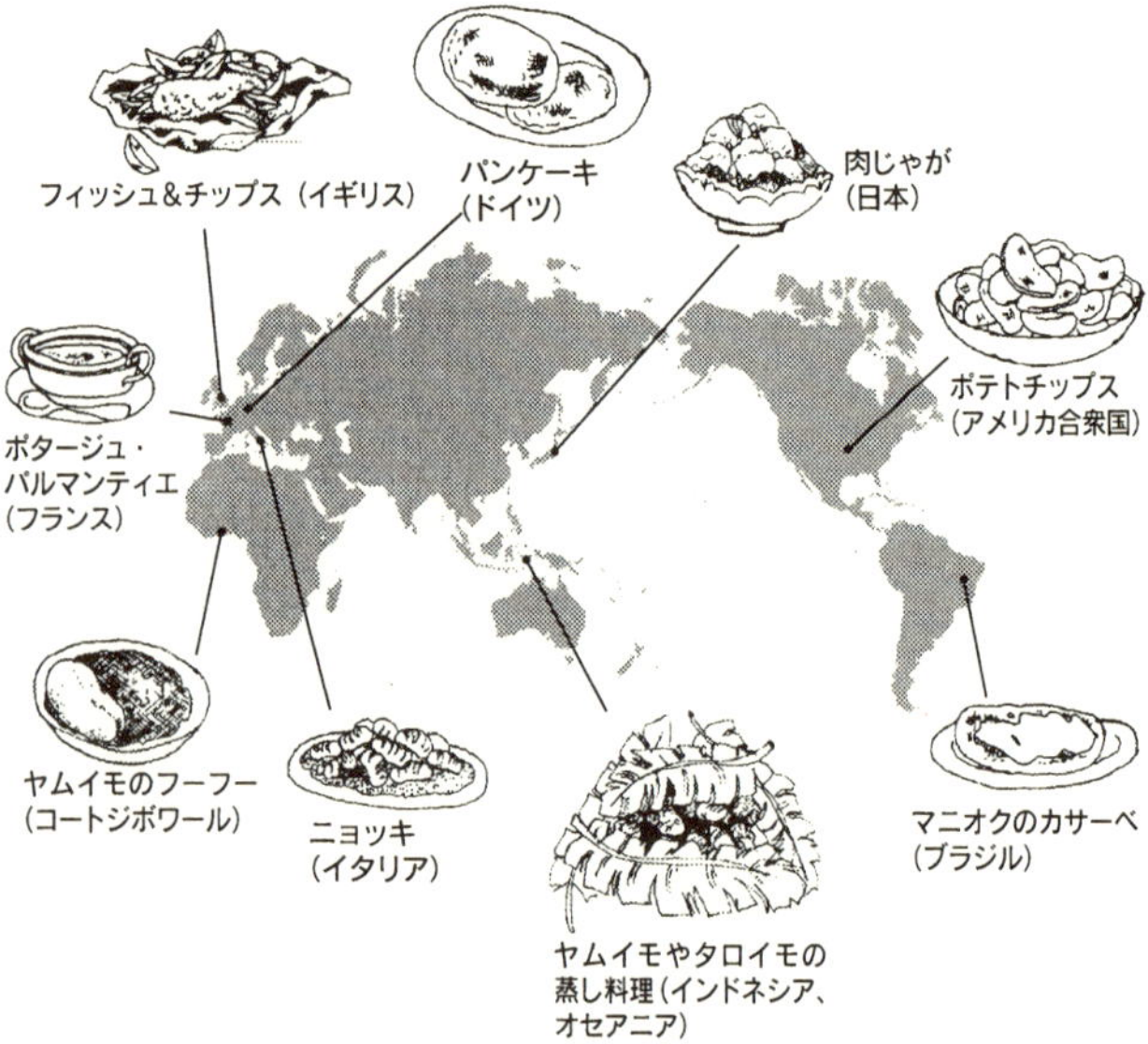

インドネシアからオセアニアにかけての小さな島々では、ヤムイモ、タロイモなどを主食にしている。バナナの葉などに包み、焼いた石を利用して蒸し焼きにする伝統的な食べ方がある。
西アフリカでは広くヤムイモを食べる。コートジボワールの「フーフー」のように、一度、茹でてから、餅のようにきねでつき、ヤシ油などのたれをつけて食べるのが一般的である。
ブラジルのカサーベは、マニオク（キャッサバ）の粉で焼いたパンのことである。この粉はタピオカの原料でもある。

「地面に藁を敷きその上に（ジャガイモを）並べる。（中略）この地域では夜はほとんど一年中凍りつくような寒さで、何晩もの間ジャガイモが凍ってもそのまま戸外に放っておく。ジャガイモは凍るとまるで調理したように柔らかくなる。それを藁でおおって、注意しながらそっと上から踏みつけるとジャガイモの中に含まれている水分が出てくる。（中略）水気が全部出たら、それをまた天日で完全に乾燥するまで

野外に出しておく。こうすると、ジャガイモは長期間保存できるようになる。その食料はチューニョと呼ばれる」

これはつまり、フリーズドライ方式の保存法である。フリーズドライというと何やら近代的で、即席麺などに入っている乾燥野菜などが思い浮かぶが、日本にも昔から、寒天、凍み豆腐、凍みコンニャクなどこの方法をもちいた食品がある。豆腐やコンニャクなどは鬆《す》が入って出し汁がしみ込みやすくなり、生のものとはひと味違ったおいしさとなる。

即席麺に入っているフリーズドライのジャガイモは、まずまずもとの風味に近くなるが、これはきわめて好条件で短時間に作っているからで、豆腐と凍み豆腐が異なるように、チューニョは加工前のジャガイモとはまったく別の食べ物となる。

現地のケチュア語のことわざで「チューニョのないスープは愛のない人生のようだ」といわれるくらい、今日でもチューニョはアンデス高地の人びとに好まれている。食べ方も、煮込んだりスープの具にするだけでなく、蒸してチーズを添えたり、石臼で粉にして肉の煮込みに加えたりと、いろいろある。

チューニョをはじめて口にしたヨーロッパ人のなかには、味も食感もコルクのようだと表現した者もいれば、調理がよかったせいか、おいしかったという感想を残した者もいた。いずれにせよスペインへ戻る「征服者」たちは、南米で出会った不思議な作物を、略奪品とともに航海用の保存食として船に積み込んだのである。

ドイツ、オランダ、アイルランドなどの人びとにとって、ジャガイモなしの食生活など想像すらできないにちがいない。

ある農学者のジャガイモ普及作戦

西洋の食文化には、ご飯とおかずといった主食と副食の区別は存在しないとよくいわれる。だが、デンプン食とタンパク質中心の食がセットになっている日常食において、デンプン食こそ本来の糧《かて》と考えている人びとは少なくない。たとえば、ロシア人にとっては、ずっしりと重たい黒パンがあってはじめて食事といえる。その点、アイルランド人にとってはジャガイモがまさに主食級の存在である。

ジャガイモがヨーロッパに上陸した明らかな記録としては、一五六五年、南米の支配を我がものにしたスペインで、国王フェリペ二世に献上されたものが最初である。やがてジャガイモはスペイン領ネーデルラント（現在のオランダ、ベルギー、ルクセンブルク）へ、そしてイギリスをはじめ、各地へ広がっていった。しかし、ジャガイモがヨーロッパ世界で食糧として普及するまでには、長い年月と多くの人々の積極的なはたらきかけが必要だった。

ジャガイモが普及しなかった大きな理由は、その見てくれにあった。私たちが現在、目にしているジャガイモは品種改良が進んだものである。当時のジャガイモは、黒っぽく小粒でゴツゴツとしていて、とにかく見てくれが悪かった。切れば白いが、それも時間がたつにつれ黒っぽく変色してくる。

切り口が黒ずむことからの連想もあったのだろうか、ジャガイモを食べるとハンセン病にかかってしまうという噂が広まった。さらに、後にも述べるが、催淫効果があるという噂まで出た。一六〇〇年代初頭、フランス、ブルゴーニュ地方では、このことが理由で、ジャガイモの食用が禁じられたほどである。さらに、ジャガイモは聖書に出てこないという理由から、食用を禁じる宗派があったという。

しかし一方で、ジャガイモを食糧として認める者もあった。寒冷な高地出身のジャガイモは、南から伝わった植物であるにもかかわらずヨーロッパ北部の気候に適し、何よりも育てやすかった。コムギの生育に適さないイングランド北部、スコットランド、アイルランド、ドイツ、ポーランド、ロシアなどヨーロッパ北部地域では、オオムギ、カラスムギなどの雑穀に代わりうる貴重なデンプン食だったのだ。

だからなかなか農民に普及しないジャガイモを広めるために、ときには国をあげてということもあった。なかでも有名なのは、プロイセンのフリードリヒ大王と、フランスの農学者パルマンティエ（一七三七〜一八一三）のジャガイモ普及作戦である。フリードリヒ大王は農民に種イモを配って栽培を強制し、少し遅れてパルマンティエはフランス人のジャガイモへの偏見を取り除こうと尽力した。ジャガイモがヨーロッパにはじめてもたらされてから二世紀以上もたった一八世紀半ばのことである。

パルマンティエは七年戦争（一七五六〜一七六三）でプロイセンの捕虜となったさいに初めてジャガイモを知り、これでパンの代用食のようなものを作れないかと考えた。伝えられるところが本当ならば、パルマンティエがとった行動は、今でいうところのきわめて巧みなメディア戦略である。まず彼はルイ一六世に、ヴェルサイユ宮殿での接見のおりにボタン穴にジャガイモの花をさしてもらい、イメージ・アップをはかる。それから彼はジャガイモ畑を作り、昼間は兵士にこれを警備させ、夜は引き揚げさせた。すると思惑どおり、ジャガイモ泥棒があらわれ、自分の畑で栽培をはじめてくれたという。

さらにパルマンティエは、パリの著名な科学者たちをジャガイモづくしの晩餐に招いた。以来ジャガイモの擁護者となった客のなかには、駐仏大使としてパリに滞在していたアメリカのベンジャミン・フランクリンもいたと伝えられる。

パルマンティエのこうした試みがすぐさま効果をあげたわけではないが、ともかく普及の遅れていたフランスでも一九世紀はじめには一般に受け入れられるようになった。彼の名は、「パルマンティエ風」と名づけられたいくつものジャガイモ料理で記念されている。

ところで一六世紀頃まで、ヨーロッパ人の多くは、土のなかから得られる食べ物はトリュフしか知らなかったらしく、あらたに入ってきたジャガイモのことを、その形から「トリュフの一種のようなもので、パンのような存在」とか「白っぽいトリュフ」と表現した。ドイツ語でジャガイモをあらわすカルトッフェルKartoffelは、イタリア語で「トリュフ」を意味するタルトゥッフォtartuffoから派生したものである。同じ流れをくんで、ロシアやルーマニア、デンマークでも、ジャガイモは「トリュフ」系の名でよばれている。

ちなみにフランス語ではジャガイモは、「土のリンゴ《ポム・ド・テール》」とよばれるが、これは当初は北米原産のキクイモに与えられていた名称だ。

ポテトとはサツマイモのことだった

ジャガイモがイギリスに伝わったのは一五八〇年代のことである。そして一七世紀になってから、イギリスから北アメリカのイギリス初の植民地ヴァージニアに逆輸入された。ところが、どう勘違いされたものか、イギリスではしばらくのあいだ「ヴァージニアのポテト」とよばれることがあった。

わざわざ「ヴァージニアの」とことわらなければならなかったのはなぜか。じつは、ジャガイモがイギリスにもたらされるよりも九〇年ほど前、一五世紀末には、サツマイモが「ポテト」の名でカリブ海沿岸、カリブ諸島からもたらされていたのだ。

サツマイモは、西インド諸島のタイノ語でバタタとよばれていたのだが、スペイン語でパタタとなまり、イギリスでポテトと変化したらしい。つまり、ポテトとは、もとはサツマイモだったのである。

スペイン語やイタリア語ではいまでもジャガイモをパタタとよぶ。ただし同じスペイン語圏

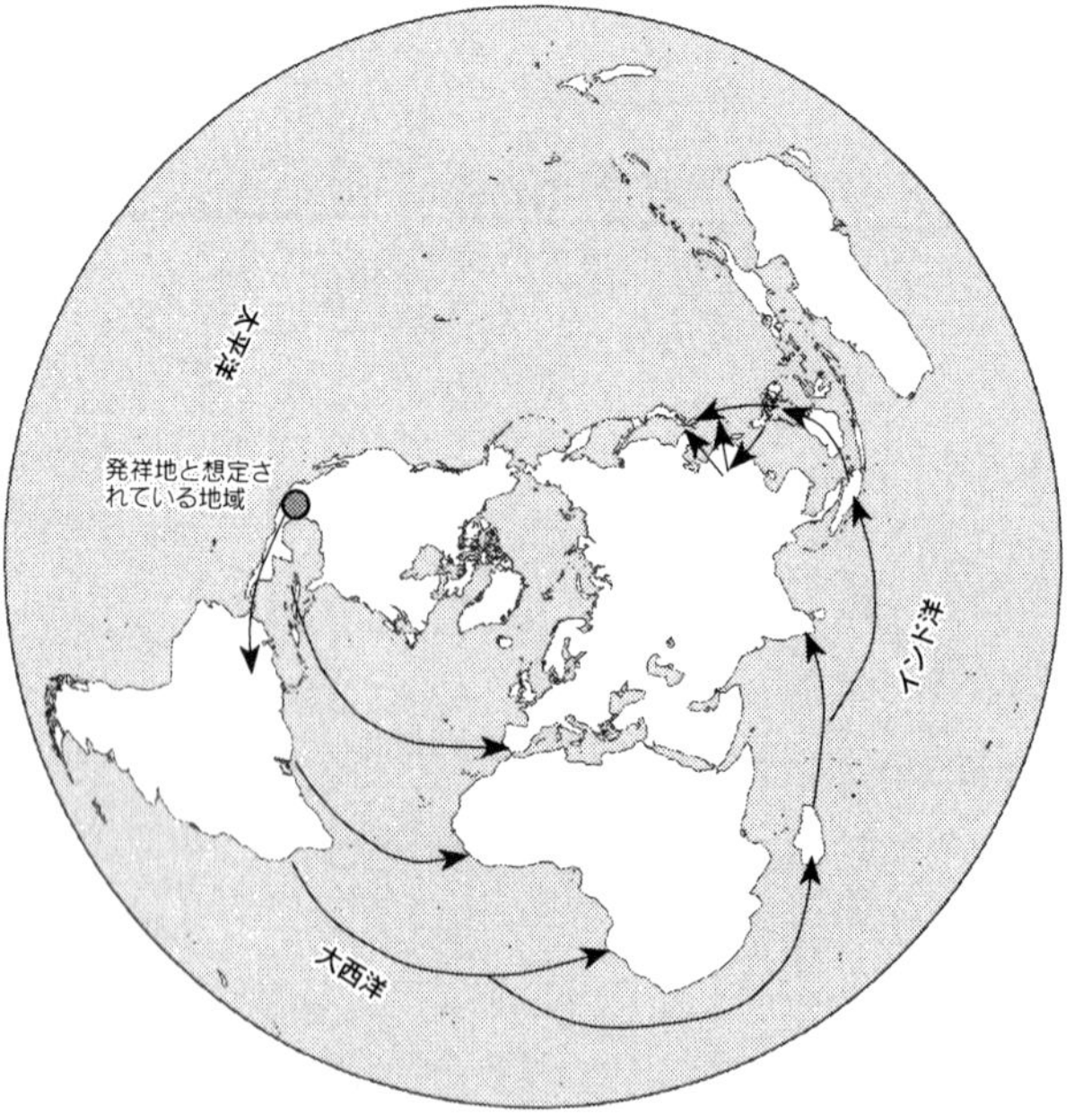

サツマイモの主な伝播経路　ヨーロッパとアメリカで交流がはじまって以降、一気に、世界中に広まっていったと考えられている。

でも原産地の南米では、パパというケチュア語がそのまま使われている（はじめのパにアクセントをつけて発音する。あとにアクセントをつけると、「父ちゃん」になる）。

イギリスではサツマイモはまた、スペイン人の探検家を経由してもたらされたというので「スペインのポテト」ともよばれていた。かたや新顔のジャガイモに対しても、ヴァージニア・ポテトなどと名づけられたとみえる。

当初、めずらしい植物としかみなされていなかったヴァージニア・ポテトだが、やがて食用として認められ普及するにつれ、「ホワイト・ポテト」「アイリッシュ・ポテト」のように別名が増えていった。かたやサツマイモのほうもジャガイモよりも甘いというので「スイート・ポテト」とよばれるようになったという。

もちろん、いまでは一般的に「ポテト」といえばジャガイモのことだが、アメリカではとくにスイート・ポテトと区別するために、ジャガイモをホワイト・ポテトとかアイリッシュ・ポテトともよぶ。

言葉の話題が出たところで、ポテトにちなんだことわざをひとつ。

ふかしたて、焼きたてのジャガイモを、手に持って食べるのは難しい。持ち替えたり、転がしたりして熱から手を守らなくてはならない。a hot potatoとは、熱いイモのように「やっかいな問題」というように使うし、drop something like a hot potatoとは、思わず熱いイモを放り出してしまうように、「あわてて棄てる」「ちゅうちょすることなく放棄する」というように使われる。

フレンチ・フライはベルギー発祥

茹でる、茹でてつぶす、オーヴンで焼く、揚げる、煮込む、すりおろしてパンケーキ状に焼く。ジャガイモ料理は数え切れないほどあるが、世界中でもっとも愛されているジャガイモ料理といえば、フライド・ポテトだろう。アメリカではフレンチ・フライの名で親しまれている。

イラク戦争開戦時、フランスがアメリカ政府の方針に反対したことから、世間では「フリーダム（自由）・フライ」と言い替えようという動きもあったが、長年親しまれた名称はそう簡単には変わるまい。イギリスではチップスという。その名から想像されるポテトチップスのほうは、クリスプスとよばれる。

フライド・ポテトは日本ではハンバーガーのサイドメニューのイメージがあるが、これを国民食として誇る人々がいる。フレンチというからにはフランス人かと思えばさにあらず、ベルギー人である。

ベルギーではフライド・ポテトは、フランス語圏でフリッツ、オランダ語圏でフリテンとよばれる。どちらも「揚げ物」を意味し、メインディッシュの付け合わせとしてはもちろん、スナックとして、またときには主食代わりとしてとても愛されている。フリッツを国民食と言い切るには抵抗を覚えるベルギー人でも、山盛りのムール貝のワイン蒸しにこれも山盛りのフリッツという組み合わせなら、ベルギーが誇る食だと胸をはるに違いない。

ベルギーではどの町でもフライド・ポテトの専門店を必ず見かけるし、家庭ではシステム・キッチンにフライド・ポテト揚げ器が組みこまれている。ジャガイモを切るのは機械でなく人の手に限るとか、揚げる温度ははじめ一六〇度で一〇分、二度めは云々とか、ベルギー人はそれぞれにこだわりをもつ。さらにフライド・ポテトに添えるソースも、マヨネーズ、タルタル・ソース、マスタード・ソースなど何種類ものなかから選ぶのである。

フライド・ポテトはオランダで生まれ、遠征先でこれを知ったナポレオンがフランスへ持ち帰り、やがてアメリカへ伝わったという説がある。だが、昨今は、ベルギーで作られていた魚のフライの代用食としてフライド・ポテトが生み出されたという説が有力とされている。一八世紀の終わり頃、一人の旅行者が書き記した資料のなかに、ベルギーでは地元の川が凍って魚が獲れなくなると、住民はジャガイモを切って小魚のようにフライにするというくだりがあるという。

フレンチ・フライとよばれる理由はよくわかっていない。フランス経由でアメリカに渡ったからかもしれないし、アメリカでフランス語を話すベルギー系移民が、フランス人と勘違いされたとも考えられる。

さて、フランスではどうかというと、ベルギーほどではないにせよ、やはりフライド・ポテトはとても好まれている。ただしフレンチ（「フランス風」）などとは決していわない。ふつうはたんにポム・フリットpommes frites（揚げジャガイモ）で、この語はそのままドイツ語にも借用されている。ポムはリンゴの意味だが、この場合はもちろんジャガイモをあらわすポム・ド・テールpomme de terre（土のリンゴ）の略だ。料理名にポムとある場合、このようにジャガイモの略称であることが多い。

ポム・フリットのなかでも一センチ角の棒状に切って揚げたものは、とくにポム・ポン・ヌフという。ポン・ヌフはセーヌ川にかかる橋の名で、訳せば「新橋」。またこの橋のたもとにアンリ四世の騎馬像があることから、同じ料理はアンリ・カトル（アンリ四世）ともよばれる。ポン・ヌフの近くで売り出されたからポン・ヌフとも、アンリ四世が好んだからアンリ・カトルともいわれ、どちらが先なのかはわからない。

ところで美食を誇るフランス人は、イギリス人はなんとかの一つ覚えのようにローストビーフにヨークシャー・プディングを自慢するといって笑う。ところが、パリッ子がいちばん好きなのも、鴨のオレンジ・ソースや鶏の赤ワイン煮などではなく、イギリス発祥のシンプルなステーキ（フィレなら最高）に山盛りのフライド・ポテトなのだ。

ビーフ・ステーキはワーテルローの戦いの後、フランスに駐留していた英軍によって伝えられたといわれるが、ステーク・フリットとかビフテク・フリットとよばれるステーキとフリットの組み合わせは、いまやフランスの国民食だとすらいわれている。フリットのほかにも、フランスならではのひと手間かけたジャガイモ料理は数多い。統計上も、フランス人が一番たくさん食べる野菜は、断然ジャガイモだ。

イギリスでのジャガイモの扱いについては、あらためて記すまでもないだろう。白身魚のフライにチップス、つまりフライド・ポテトを組み合わせたフィッシュ・アンド・チップスは、国民食とまではいえないまでも、庶民にもっとも愛されている軽食にちがいない。ほかにもパイ皮の代わりにマッシュポテトで挽き肉を覆って焼いたシェパード・パイなど、ジャガイモを使ったイギリス料理はやはり数多い。

スペインもまたジャガイモを多用する。地中海に面した港町マラガのような土地でさえ、クロケッタとよばれるコロッケと、トルティーリャというジャガイモ入りの丸い大きなオムレツ、そしてフリト、つまりフライド・ポテトが食卓にいちどきに並べられたりする。

ヨーロッパでジャガイモというとついドイツを連想しがちだが、かつてヨーロッパ人の知らなかったこの作物は、今ではドイツやアイルランドや北欧ばかりでなくヨーロッパ全域で受け入れられ、愛されているのだ。

世界史を変えたジャガイモ

本章のタイトル『世界を変えた新大陸の食材』の代表として、ジャガイモほどふさわしいものはない。なぜならジャガイモは、世界の食文化を変えただけではなく、世界の歴史にも大きな影響をおよぼしたからである。

先に述べたようにジャガイモは、穀物に代わるデンプン食として、ドイツをはじめとするヨーロッパ北部で農民を慢性飢餓状態から解放した。ジャガイモが食用とされるようになって餓死者が激減し、反対に出生率は上がって人口が増加した。

アイルランドでは、救荒作物だったはずのジャガイモがやがて農民にとっての唯一の食べ物とまでなった。一八世紀、アイルランドの農民は一年のうち一〇ヶ月をジャガイモとミルクで、残り二ヶ月をジャガイモと塩で生きていたという。一日に食べる量は、おとな一人あたり一〇ポンドとも一四ポンドともいわれた。換算すれば五、六キロにもなる。

このように食糧のほぼすべてを一つの食品に頼っていると、もしその食品が手に入らなくなったときにどのような悲劇がおこるか、当時の人々は思いおよばなかったのだろうか。

一八四五年、アイルランドのジャガイモ畑を立ち枯れ病とよばれる伝染病が襲った。その後数年間にわたる大飢饉は、飢饉慣れしているといわれたアイルランド人農民をさえ絶望的な状況に追い込んだ。ごくおおざっぱにいって一〇〇万人が飢饉の犠牲者となり、一〇〇万人が他の国へ逃れたという。行き先はイングランドのほか、アメリカ、カナダ、さらにオーストラリアやニュージーランドなどである。この空前の大飢饉にさいして、本国イギリス政府の対応は、無策に等しかった。

歴史をさかのぼれば、アイルランドは古くからイングランドの属国のようにみなされ、たびたび侵攻を受けてきた。とくに一六世紀にイングランド王ヘンリー八世がローマ・カトリック教会と決別して以来、カトリックの浸透していたアイルランドでは英国国教会によるカトリック教徒の弾圧が繰り返された。ケルト民族の血を引き、カトリックを信仰するアイルランド人と、これを差別・抑圧するアングロ・サクソン系プロテスタントのイングランド人という対立の図式が数百年にわたり定着していたのである。

大飢饉に対するイングランドの冷たい対応は、のちのちまでアイルランドの人々に深い怨恨を残し、結果的にアイルランド独立の流れを作った。一九二二年にアイルランドがいちおう独

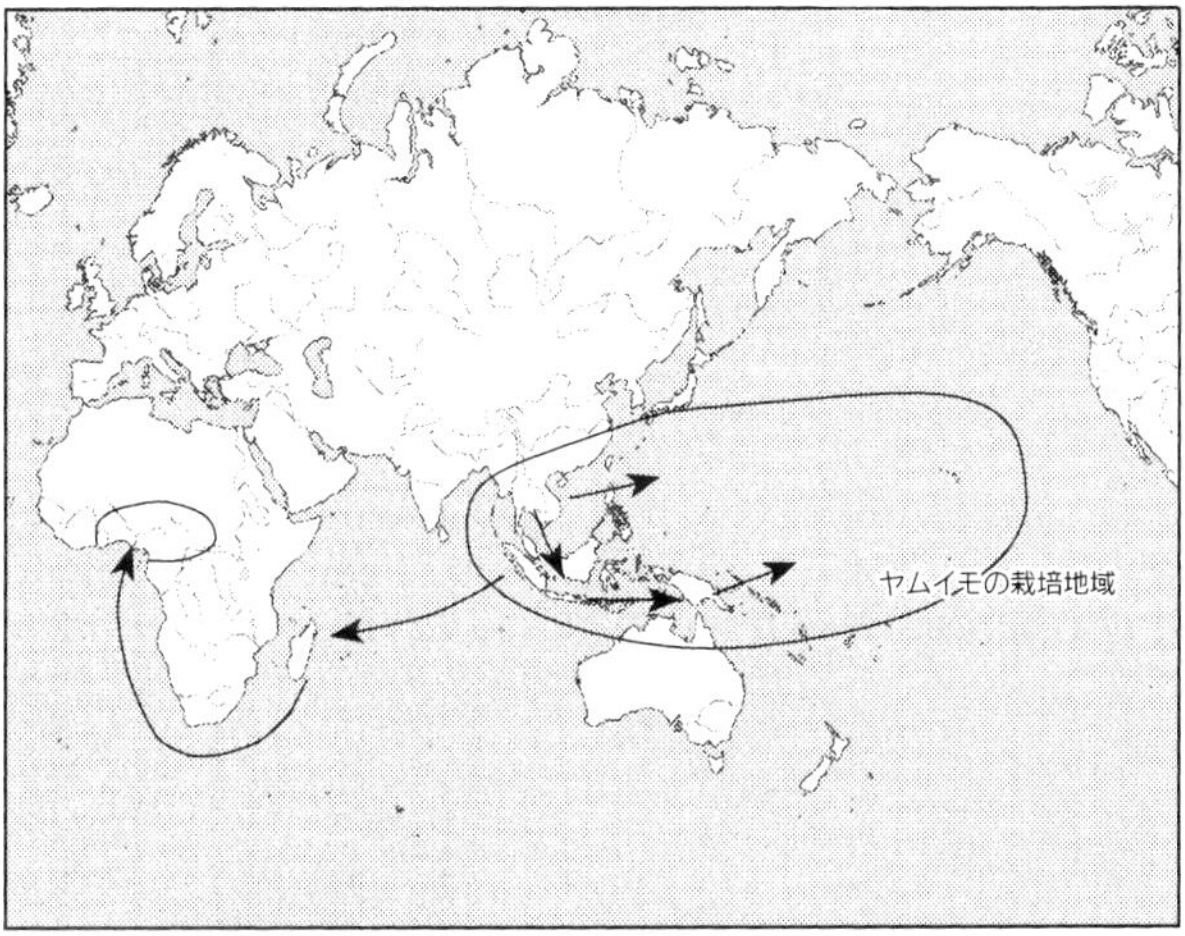

ヤムイモの主な伝播経路　日本ではナガイモが代表的である。丸いヤマトイモ、平たいイチョウイモもヤムイモの仲間。現在はアフリカでもっとも多く生産されている。

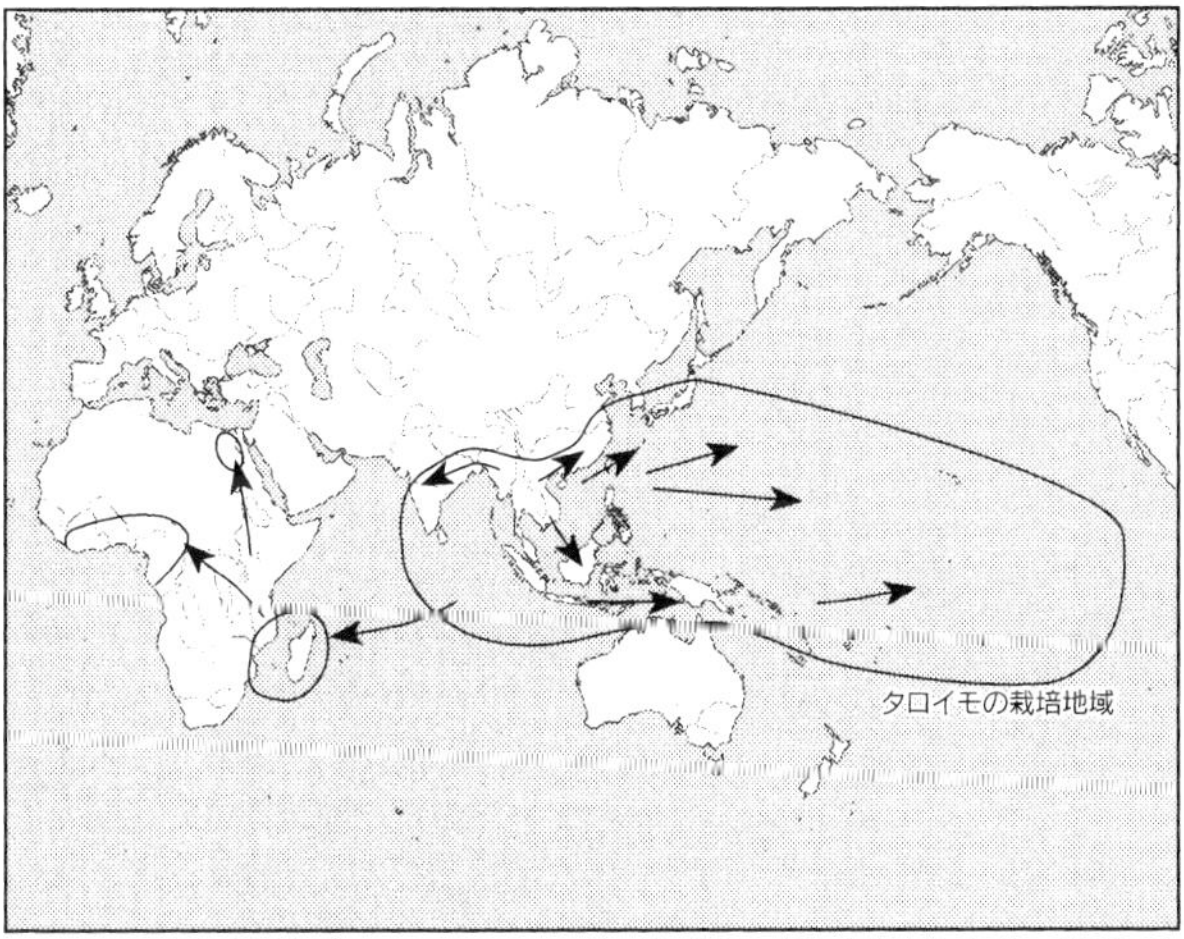

タロイモの主な伝播経路　タロイモはサトイモ科に属し、見た目もかしらイモ（親イモ）のようだが、ぬめりがなくあっさりしている。

立した後もイギリスの一部として残された北部アルスターで、近年までテロ行為を続けてきたアイルランド共和軍（ＩＲＡ）は、大飢饉とそれに続く民族の悲劇を背景に生まれた武装革命組織を前身とする。「北アイルランド問題」の遠因として、ジャガイモの単作があったのである。

もう一つ、大飢饉をきっかけに世界史の流れが大きく変わった例をあげよう。現在アメリカではアイルランド系住民が総人口のおよそ二割を占めるが、そのほとんどがジャガイモ飢饉を逃れて渡ってきた移民の子孫である。

当初、騒々しく粗野な大酒飲みとさげすまれていたアイルランド移民だが、やがてそのなかからも成功者があらわれるようになる。

アイルランドを脱出した大量の農民のなかに、パトリックという青年がいた。パトリックはアメリカに向かう汽船のなかで出会った女性と結婚し、ボストンに住み着く。彼は生涯、貧困と移民差別から抜け出す夢を果たせなかったが、その孫はハーバード大学を卒業し政財界で名をなした。それでもまだ「しょせんアイリッシュのくせに」と陰口をたたかれたというが、その次男、つまりパトリックから数えて四代目は、のちに、第三五代アメリカ合衆国大統領となった。ジョン・Ｆ・ケネディである。ケネディの曾祖父は、ジャガイモ飢饉によって故郷を離れざるを得なかった農民だったのだ。

トマトとパスタはナポリで出会った

トマトはジャガイモと同じくアンデス地方を原産地とするナス科の植物である。山間部で生まれた野生種の実はごく小粒だが、インカの人びとはかなり大きな果実をつける栽培種を育てていた。一六世紀にスペイン人はその栽培種をヨーロッパへ持ち帰った。だがやはり、ジャガイモと同様、なかなか食用としては受け入れられなかった。

ナス科の植物にはアルカロイドを含むものが多い。ジャガイモの緑色になって発芽した部分には、人や家畜に中毒を引き起こすに十分な量のソラニンという有毒物質が含まれていることがある。ヨーロッパ人や北米の植民者がジャガイモには毒があるといって嫌ったのも、まんざら理由のないことではない。

けれどもトマトが有毒とは、まったくの冤罪《えんざい》というものだ。トマトは同じナス科でヨーロッパ原産の有毒植物ベラドンナと似ていたため、長いあいだ汚名をきせられ、あるいは逆に薬理効果を期待されて買いかぶられていたのである。

観賞植物として栽培されていたトマトをはじめに食べたのは、イタリア人である。スペイン人が新しい植物をヨーロッパへ持ち帰った当時、ナポリ王国はスペイン領だった。その経緯で、ジャガイモもトマトもまずはイタリアの地で食用とされたのである。一八世紀後半にようやくフランスなどで野菜として認められ、一九世紀に入ってから入植者の手で北米にもたらされたという点でも、トマトとジャガイモはよく似た境遇にあった。

だがパンにとって代わるほどのカロリーを与えてくれるジャガイモに比べれば、トマトの食品としての価値は低く、トマトにはジャガイモに対するような擁護者はあらわれなかった。それでもトマトに毒性がないとわかるや急速に普及したのは、その風味のためだろう。クエン酸によるさわやかな酸味は熱しても失われず、トマトは野菜としてというよりむしろソースの材料、つまり調味料として受け入れられたのである。トマトに植物学者が与えた学名は「狼の桃」Lycopersicum esculentumという恐ろしげなものだったが、トマトを喜んだイタリア人はこれをポモドーロpomodoro（黄金の実、金のリンゴ）とよぶようになった。

ヨーロッパでおそらく初めてトマトが食用とされたナポリはまた、小麦粉を練った生地を押し出し機にかけて細長いパスタ、つまりスパゲッティを大量生産する技術を確立させた地でもある。いまスパゲッティはイタリアの国民食ともいえるが、硬質コムギのセモリナを原料とする歯ごたえのある乾燥パスタは、もともとナポリを中心としたイタリア南部の食べ物だった。それがイタリア全土に広まったのは、パスタとトマトとの「幸福な結婚」によるところが大きい。

パスタにトマトソースをからめるという料理、いわゆる「ナポリターナ」がいつごろ一般的になったのかははっきりしない。たぶん一七世紀から一八世紀にかけてのことだったと思われるが、一九世紀末のナポリの風俗を描いた絵画には、市井の人々が街頭で、上を向いて、手づかみで麵をほおばる姿があらわされている。その頃スパゲッティは、屋台の「立ち食いそば」

程度の軽食だったのだ。今日のように、パスタがコース料理の「第一の皿《プリモ・ピアット》」として位置づけられるようになったのは、意外にも二〇世紀も半ばになってからのことらしい。

ところでパスタ以上にトマトソースと関係が深いのがピッツァだが、これもやはりナポリに起源がある。イタリア人がよく食べる「ピッツァ・マルゲリータ」は、トマトソースにモッツァレラという白いチーズをおいたシンプルなものだ。焼きあがってから生のバジルの葉をのせると、ちょうどイタリアの三色旗と同じ配色になる。

このピッツァは一八八九年、イタリア国王の妃マルゲリータのために、ナポリのピッツァ職人が考案した。国旗の色をあしらった素朴な庶民の料理をマルゲリータはたいへん気に入って、自分の名前を与えたという。

「唐」のカラシか「倭」のカラシか「高麗」のコショウか

インドのカレー、朝鮮半島のキムチ、中国四川の麻婆豆腐、タイのトム・ヤム・クン。いずれもトウガラシの強烈な辛さを特徴とするその土地の代表料理だ。けれども、ほんの数百年前までこれらの地域には、あの味はなかった。南アジアではコショウが、東アジアではサンショウが利用されてはいたが、トウガラシという作物は知られていなかったからである。

南アメリカ原産のトウガラシをヨーロッパに紹介したのは、コロンブスである。コロンブスはトウガラシに最初の航海で出会った。その土地をインドだと信じていたコロンブスは、スポ

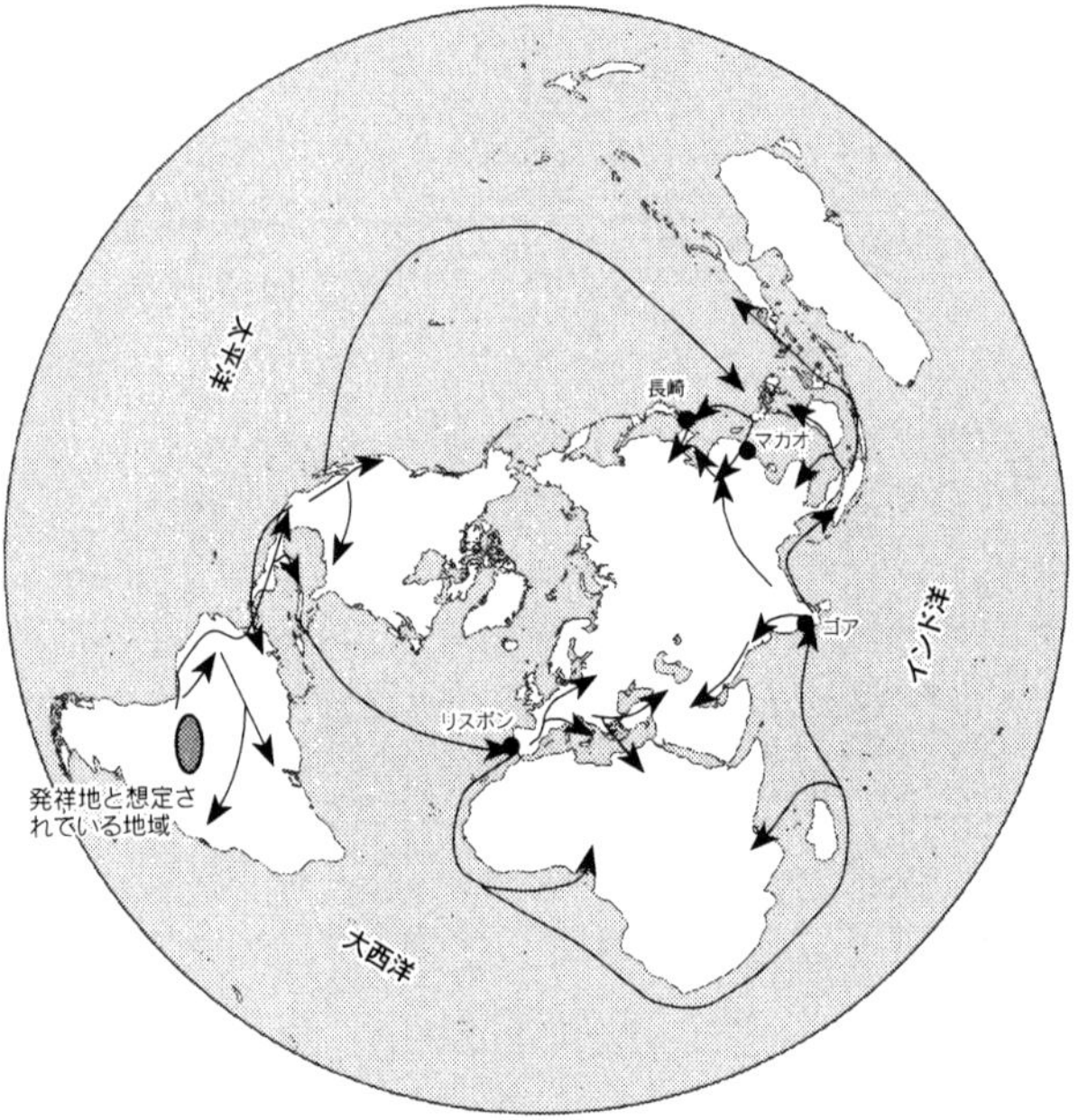

トウガラシの主な伝播経路　ヨーロッパへはアメリカ大陸との交易がはじまって以降に伝わった。日本へはヨーロッパからインド〜東南アジア経由のものと、明治になってアメリカから伝わったものがある。トウガラシのことを「ナンバ」「ナンバン」とよぶことがあるが、これは南の異国（南蛮）から伝わったからである。

ンサーであるスペイン王室にあてた手紙に「この土地でアヒとよばれるコショウは一般的な種類（つまり黒コショウのこと）より価値が高いものです」と得意げに書き記している。彼は「ガンジス川の香りがした」と思いこんだらしいが、実際にたどり着いたのはカリブ海の島々で、当然のことながら東洋の宝物をスペインに持ち帰ることも、コショウをはじめとする香辛料の交易路を新しく開くこともできなかった。

ただし香辛料に関してい

えば、ヨーロッパで非常に高価だったコショウの代用品となるかもしれない植物を発見したのだから、その点だけでも評価されてよかったはずだ。それなのに結局のところトウガラシは一六世紀のヨーロッパでは見向きもされず、コロンブス自身と同じように、ほどなく忘れ去られてしまった。

次にポルトガル人が、この作物をブラジル東海岸で再発見し、ガリオン船に積み込んでアフリカ西海岸に運んだ。ポルトガルの交易船は喜望峰をまわってインドの西海岸にもトウガラシをもたらした。彼らはさらにマレー半島へ、中国のマカオへ、長崎へ、そして香料諸島ともよばれるインドネシアのモルッカ諸島へと、世界を一巡りしながらトウガラシを伝えていった。

日本では、「唐から」というより外国から来たカラシという意味の「唐辛子」の名称で定着したが、一部の地方では「南蛮」などとよばれることもある。

朝鮮半島へは、日本の倭寇がトウガラシを伝えたとされ、当初は「倭辛子」とよばれたという。これを秀吉の朝鮮出兵のさいに兵士がまた持ち帰ったらしく、日本では「高麗胡椒」などと称されたという記録がある。いまでも地方によってはトウガラシを胡椒とよぶことがある。たとえば九州名産の「柚子胡椒」は、ユズとトウガラシを練った薬味の名だ。

このようにトウガラシの辛みをコショウになぞらえた呼び名は、ヨーロッパの諸言語にも共通する。英語名レッド・ペッパーred pepperのペッパーは、いうまでもなくコショウのことである。スペイン語ではピミエントpimiento。コショウを意味する女性名詞のピミエンタ

pimientaの語尾を変えて、男性名詞化してピミエントと名づけたのは、コショウよりさらに激烈な辛さを名称に反映させたということだろうか（もっとも同じスペイン語圏でも中南米ではチレchile、アヒajiなど現地の名称がそのままもちいられている）。

パプリカはオスマン帝国の置きみやげ

トウガラシが世界各地で栽培されるようになると、その土地その土地でたくさんの変種が生まれた。日本のタカノツメは世界的にもかなり辛みの強いほうに入るが、なかにはピーマンのように辛みがほとんどない品種もある。ヨーロッパでもっともトウガラシの類が消費されるのはハンガリーだが、ハンガリー生まれのパプリカとよばれるトウガラシも、辛みの少ない品種の一つである（ただしパプリカにも比較的辛いものからほとんど辛みのないものまで、一〇〇種類以上ある）。

パプリカpaprikaという名称も、クロアチア語源のハンガリー語でコショウをさす語に由来するらしい。ちなみに日本のピーマンはアメリカの栽培種が日本に伝わったものだが、ピーマンという名称の方は、フランス語で辛い種も辛くない種も含めたトウガラシ類一般をあらわすピマンpimentがなまったものだ。英語ではピーマンは、グリーン・ペッパーである。

ハンガリーへのトウガラシの伝播には、トルコ人がかかわっているとされる。一六世紀前半、オスマン帝国がインドにあったポルトガルの植民地を侵略したときトウガラシを知り、それを持ち帰った。そして数年後、彼らが中部ドナウ沿岸まで大遠征をおこなってハンガリーに一属州を築いたときにも携えていったというのだ。

　今日のハンガリーの首都ブダペストはオスマン領ハンガリーの中心都市で、そこにはトルコの武官のハーレムもあった。言い伝えによれば、そこで働かされていた一人のハンガリー娘が、庭師がトウガラシを栽培する様子を観察していた。のちにブダペストがトルコ軍から解放され、自由の身となった彼女は、それをハンガリーの農民たちに伝えたということである。

さまざまなトウガラシ　メキシコなど、中南米の市場には色、大きさ、さまざまなトウガラシがならぶ。

　ハンガリーでパプリカは、牛肉とタマネギを煮込んだ国民的料理グヤーシュはもちろんのこと、ロール・キャベツや鶏肉の煮込み、コイやナマズのぶつ切りの煮込みなど、非常に多くの料理に好んでもちいられる。パプリカなくしては、ハンガリー料理は存在しないといってもよい。

　余談ながらハンガリーの科学者セント＝ジェルジは、パプリカからビタミンCを分離し、その働きに関する研究でノーベル医学生理学賞を受賞した。トウガラシ発見者のコロンブスや、喜望峰をまわったバスコ・ダ・ガマら大航海時代の船乗りたちがこの事実を知っていたなら、壊血病を恐れる必要はなかっただろう。またのちに、壊血病予防のためにライムを携えていた英国水兵が、ライミーという俗称でよばれるようなことも起こらなかったかもしれない（第5章参照）。

タバスコ地方にタバスコはない

トウガラシを多用するインドでは、香辛料はそのまま砕いたり粉末にしたものをもちいるが、トウガラシを他の材料とあわせてソースやペースト状にして利用している地域も多い。朝鮮半島のコチュジャンや中国のトウバンジャン、辣油などもその仲間といってよいだろう。

トウガラシのソースで商業的に大成功をおさめたのは、米国ルイジアナ州のマキルヘニー社である。創業者のエドモンド・マキルヘニーは、メキシコのタバスコ地方のトウガラシの種を入手、栽培し、タバスコ・ペッパーと名づけた。そして彼は、このトウガラシをすりつぶして蒸留酢と岩塩を加えたソースを発明した。一九世紀後半、南北戦争の頃のことである。

タバスコの評判はまたたくまに広まり、その後これを真似たソースが数百種類も出まわった。マキルヘニー社はタバスコという商標名をめぐって、ある同業者と二〇年以上にわたり法廷で争ったのをはじめ、いまも商標権侵害を牽制し続けている。

タバスコは米国、日本はじめ世界各国で売られているが、地名が引用されたメキシコでは、あの瓶を目にすることはない。トウガラシの利用に何千年という歴史をもつメキシコの人びとは、市場に出ているだけでも百種は下らないというトウガラシのなかから、料理や好みによって何種類かを選んでその場に合わせた辛さと香りのサルサ（ソース）を作るからである。タコスやロースト・チキンなどに必ず添えて出されるサルサには、タマネギのみじん切りやトマト、ライムの汁、コリアンダーの生の葉などが入っており、どんな安食堂のものでも、瓶詰めのトウガラシ・ソースとはまったく異なるフレッシュな風味だ。

コーンはコムギ？

現在のメキシコやグァテマラのジャングル地帯を中心にさかえたマヤ、メキシコ高原を中心にしたアステカ文明などのメソ・アメリカ文明は、トウモロコシに支えられていたといってよいだろう。

トウモロコシは紀元前五〇〇〇年頃には、中米で栽培されていたと考えられている。マヤの絵文書ではトウモロコシの神は、雨の神、空の神に次いで登場回数が多い。またマヤの創世神話の一つでは、神々ははじめ、土や木で作った人間を大洪水で滅ぼしたあと、黄色いトウモロコシと白いトウモロコシを練ったもので四人の男を作ったとまで説いている。

この神話でもわかるように、マヤの人びとは、短い収穫期以外の一年のほとんどを、乾燥保存しておいた粒を茹で、粒の皮を取り除いてからつぶして練ったものを食用としてきた。今日でもトウモロコシはそのまま茹でて食べるより、粉を練って薄く平たく焼いたトルティーヤや、練ったものに具を入れて、ちまきのようにトウモロコシの皮やバナナの葉で包んで蒸したタマ

トウモロコシ　メキシコではゆでたトウモロコシにトウガラシをふって食べることもある。

ーレスに利用するほうが多い。

トウモロコシはコロンブスによってヨーロッパに伝えられた。この穀物は寒冷地にも暑い乾燥地帯にも強く、生育が早いなどの利点がある。それなのにヨーロッパではなかなか広まらなかった。理由として、トウモロコシの粉にはコムギのようにグルテン（麩質）がないため、ふんわりとしたパンに仕上がらなかったことがあげられる。またこの見慣れない穀物は異教徒の食べ物で、キリスト教徒にはふさわしくないとされたことも、普及を妨げた。近年までヨーロッパの多くの人びとにとって、トウモロコシは家畜の飼料にすぎなかったのである。

それでもイタリアでは、比較的早い時期から食用とされた。ただしメキシコのトルティーヤのようなパン状には焼かれず、熱湯に粉をふり込んで、ぽってりと餅状になるまで練り上げたポレンタという食べ物にするのである。日本のそばがきのようなものだが、マッシュポテトのように肉料理に添えたり、切ってトマトソースを添えたり、冷めてかたくなったものはあらためてオーヴンで調理したりする。

トウモロコシのポレンタは北イタリアの名物だが、起源は古代ギリシアやローマのオオムギの粥までさかのぼる。コルシカ島ではクリの粉で作るというし、イタリア北部にはそば粉のポレンタ（まさしくそばがき）もある。ルーマニアのママリガ、トランシルバニア地方のプリッカもそばがき状のトウモロコシ料理である。

アフリカでも同じように、トウモロコシを湯でこねてウガリという主食にする。ウガリもやはりもとは、モロコシなどのいわゆる雑穀で作られていたものだ。今日ではコムギや、南米原産のキャッサバなどを使う地域もあるが、ケニアなどでは風味のよいトウモロコシのウガリが一般に好まれている。

ところで、トウモロコシの英語としてなじみの深いコーンcornは、本来は穀物一般、あるいは、その土地で主要な穀物のことをいう。つまりイングランドでコーンといえばコムギで、スコットランドではエンバク（オーツ）がコーンだったのである。さらにドイツでコーン（コルンKorn）はライムギのことだ。

一六二〇年、メイフラワー号でやってきたイギリスの清教徒たちの一人は、「もってきたコーンは芽を出さなかった。インディアン・コーンはうまくいったが……」と日記に書き残している。つまり、インディアン・コーンすなわちトウモロコシこそ、アメリカの穀物《コーン》だったのである。

いまではコーンはもっぱらトウモロコシを意味する語として広まったが、イギリスではいまでもトウモロコシのことをメイズmaizeということがある。かつてイギリスの植民地だったアフリカ諸国などでも、やはりメイズとよばれることが多い。メイズは、西インド諸島の先住民の言葉に由来するスペイン語のマイスmaízが英語化したものだ。

北米原産の「トルコのニワトリ」

ヨーロッパではある時期、新大陸からもちこまれたトウモロコシがトルコ・コーンとよばれたことがあった。理由はよくわからない。トウモロコシが広まる過程でトルコ人の手を介したことがあったのかもしれないが、あるいはただ単にめずらしかったからかもしれない。またトルコを意味するターキーturkeyは俗に、役に立たないもの、とか、つまらないものという意味で使われることがあるので、利用価値のわからなかった人びとが「役立たず」という意味でそうよんだのかもしれない。いずれにしても今日では死語となっている。

一方、北米原産のシチメンチョウは、いまもなおターキーとよばれるが、これにはちょっとしたいきさつがある。

一四世紀以来、キリスト教徒が大勢を占めるヨーロッパこそ世界の中心と信じていたヨーロッパに対峙していたのが、小アジアからバルカン半島にかけて勢力を広げつつあったオスマン帝国だった。イスラーム世界のその国は、政治的にというだけではなく、文化的にもまったく異質の存在だったのである。

オスマン帝国を通じてヨーロッパへは、はるか東洋の陶磁器、ペルシアの織物、アフリカの香木、黄金などが届けられた。東南アジアから西アフリカまでイスラム化が進み、ムスリム商人のネットワークがヨーロッパを取り囲んでいた時代である。ヨーロッパは、オスマン帝国を経由しなければこれらの珍品、貴重品を得ることができなかった。オスマン帝国からのものは、ヨーロッパ人にとっては目新しいものばかりで、逆に目新しいものは何でもオスマン帝国に結びつけられた。その一つに、もとはアフリカに生息する珍鳥がいた。

一五世紀になって、ようやくヨーロッパの探検隊が西アフリカを訪れるようになった。彼らはそこで、ターキー・コックつまり「トルコのニワトリ」、あるいは簡単にターキーturkeyとよんでいた奇妙なニワトリと出会った。トルコ産ではないことを知って、あらためて彼らは、このニワトリを「ギニアのニワトリGuinea cock」とよぶようになった。ちなみに日本語ではホロホロチョウという。キジなどの山鳥の鳴き声を模した名称が、同じキジ科のこの鳥に与えられたのである。

一方、大西洋を横断してアメリカ大陸に向かったヨーロッパ人は、そこでホロホロチョウを連想させる大きな珍鳥に出会ったのだった。そしてキジの仲間には違いないが北米のこの鳥のことも、彼らはターキー・コックとよんだのである。和名のシチメンチョウ（七面鳥）は、光の加減でこの鳥の頭部が青や緑、赤や紫など、さまざまに色が変わって見えることによる。

ターキーの語源には異説もある。まったく文化の異なる地の異様な鳥に、異国を象徴する「トルコ」の名を冠したともいわれるが、とにかく、元祖ターキー・コックはトルコの名前を返上したのに対し、北アメリカのターキー・コックは現在もターキーとよばれている。その丸焼き、ロースト・ターキーは、アメリカでは感謝祭やクリスマスに欠かせないごちそうである。

蛇足だが、ロースト・ターキーが余って翌日に持ち越されると、コールド・ターキーとよばれ、サンドウィッチの具などに利用される。このコールド・ターキーには俗語としての意味もいくつかあって、たとえば麻薬の禁断症状で鳥肌が立った状態をいうことがある。

ゾウムシが知っていたインゲンマメの出自

新大陸原産の野菜のなかで、比較的早くからヨーロッパで認められたのがインゲンマメだ。ちなみに、インゲンマメは漢字で「隠元豆」と書くが、これは京都・宇治にある黄檗山萬福寺の開祖である隠元禅師が中国（明）からもたらしたという故事による。

インゲンマメとは、関東地方では一般にサヤインゲンのことをいうが、関西ではサヤインゲンをもっぱらササゲ、ササゲマメとよび、インゲンマメというとウズラマメ、白インゲンのことをさすことがあるように混乱している。ここでいうインゲンマメはサヤインゲンのことではなく、いわゆる腎臓の形をした《キドニー・ビーン》豆である。

マメ科植物のことを英語でレギュームlegumeという。これはラテン語で「摘む、集める」を意味する動詞legoに由来するが、同語源のフランス語レギュムlégumeはフランスで野菜一般を意味する。つまりフランス語では、莢のある豆類を意味する語で野菜全体を代表させているわけだ。

中東からヨーロッパにかけて昔から知られていた豆は、レンズマメ、ヒヨコマメ、ソラマメ、エンドウマメなどである。たとえばトゥトアンクアメン（ツタンカーメン）王の墳墓には紫エンドウマメがおさめられていたという。また小さな凸レンズの形をしたレンズマメは、やはりエジプトの紀元前二〇〇〇年紀の墳墓から発見されており、旧約聖書にも登場する。

ユダヤ人の三代目の族長となったヤコブには、双子の兄エサウがいた。弟ヤコブは母の計略で兄の長子相続権を奪い取るのだが、それに先立つある日、狩りで疲れた兄エサウに、レンズマメの煮物を与える代わりに長子の権利を譲る約束をさせたのだった。

ヨーロッパでは中世以来、レンズマメはどちらかといえば貧者の食べ物としておとしめられてきたが、それでもフランス料理にはレンズマメのピュレ（裏ごし）を使って「エサウ風」と洒落た名をつけたものもある。

同じく旧約聖書に登場するソラマメは、さらに古くから栽培されていたようだが、おもしろいことに古代エジプトやギリシアでは嫌われていた。ギリシアの哲学者ピュタゴラスは菜食主義者だがソラマメは嫌悪しており、敵に追いつめられたとき目前にソラマメ畑があったにもかかわらず逃げこまなかったために、つかまって殺されたという話が残っている。

ソラマメは中世ヨーロッパでは、わりによく食べられた。今日ではエジプトでもイタリアでもごく一般的な食材である。

このようにマメ類は地味な存在ながら庶民の食を支えてきただけに、インゲンマメも一六世紀にヨーロッパに紹介されて以来、ジャガイモやトマトと違って大きな抵抗なしに受け入れられていった。たとえばフランスのラングドック地方には、カソールとよばれる土鍋で肉と豆を煮込む名物料理「カスーレ」があり、もともとはソラマメが使われていたのだが、いまではすっかりインゲンマメに取って代わられた。そうなると人々はやがてその出自など忘れてしまう。二〇世紀のはじめまでインゲンマメは、大昔からヨーロッパにあったと信じられていた。

インゲンマメのフランス語アリコharicotがアステカ語で「マメ」を意味するayacotlに由来することを発見したのは、一人の詩人だった。同じ頃、昆虫学者のファーブルはまったく別の方面から、好物のインゲンマメは新世界からもたらされたのではないかと考えていた。彼が観察していたある種のゾウムシが、ほかの豆類にはすぐ飛びつくのに、インゲンマメだけは食べなかったからである。

インゲンマメをフランスへ持ち込んだのは誰？

一五三三年、フィレンツェの名家メディチ家からフランス国王アンリ二世のもとへ輿入れしたカテリーナ・ディ・メディチ、フランス名カトリーヌ・ド・メディシスが、フランスの宮廷に、当時ヨーロッパでもっとも洗練されていたイタリア文化をもたらしたという話はよく知られている。今日のフランス料理の流れも、カトリーヌに随伴した料理人たちがイタリアから持ちこんだものからはじまったのだといわれている。

フランス料理の源流の一つがイタリアにあるのは事実だが、この縁組を通してフランスがイタリアから受けた影響は、料理そのものよりもサービスや食事作法の面でのほうが大きかったようだ。

たとえばそれまで、フランスではフォークが知られていなかった。カトリーヌの影響ですぐさまフォークが広まったわけではないが、高価なグラスや美しい陶器の使用とともに食事の作法も次第にととのえられ、少なくとも一七世紀の宮廷では汚れた手を共用の鉢へつっこむといった光景は過去のものとなった。

アーティチョーク　朝鮮アザミともいわれる。食用にするのは花のつぼみである。

具体的な食べ物では、たとえばシャーベットのような氷菓が、カトリーヌの輿入れによってフィレンツェから伝えられた。夏まで保存しておいた雪に甘味や果物を加えた氷菓は古代中国でも古代地中海世界でも知られていたが、一六世紀のイタリアでは、氷に硝石や塩を加えて温度を下げる技術が考え出され、雪なしの氷菓が作られるようになっていた。この技術はマルコ・ポーロが中国からもたらしたなどという話も伝わっているが、おそらく俗説だろう。

ともかくメディチ家秘伝のとっておきのデザートが、カトリーヌとともにイタリアからフランスへ渡ったのはまちがいないらしい。ちなみに英語のシャーベットsherbetもフランス語のソルベsorbetも、語源は「飲み物」を意味するアラビア語である。

またフランスでアーティチョーク（アーティショ）が栽培されるようになったのは、つぼみの芯の部分を食べるシチリア産のその奇妙な野菜をカトリーヌが熱愛したからである。彼女はアーティチョークを食べると一種の恍惚感におそわれたといい、この野菜はやがて「媚薬」の仲間入りを果たす。

さて、新大陸原産のインゲンマメは、アーティチョークと違ってカトリーヌが好んだためにイタリアからもってこられたわけではないが、彼女の船荷としてフランスに上陸した。いきさつは、一六世紀前半、教皇クレメンス七世のもとに西インド諸島からインゲンマメが送られたことにはじまる。教皇からこれを託されたヴァレリャーノという名の司教座聖堂参事会員はこの新しい豆を増やし、北イタリア一帯に広めるのに尽力した。カトリーヌの荷物にインゲンマメを入れさせたのも、同じ人物らしい。今も北イタリアや中部イタリアにはインゲンマメの料理が多く、トスカーナの人々はとくに「豆食い」とよばれている。

豆類は一般に、栄養価は高いが腹が張りやすい。そのため美食家向けというよりも庶民の食べ物というイメージがつきまとう。例外はグリーンピースで、カトリーヌよりおよそ一世紀後のルイ一四世の時代、完熟前の新鮮なエンドウマメ、つまりグリーンピースが宮廷で大流行したが、インゲンマメのほうは煮つぶして付け合わせとしてのピュレにする以外は、なかなか王族、貴族の食卓で喜ばれることはなかった。

ノストラダムスの秘薬

新大陸からもたらされた食材からは話がそれるが、カトリーヌ・ド・メディシスにまつわるエピソードをもう少し紹介しよう。

フィレンツェのメディチ家からフランス王家へのカトリーヌの輿入れは、いまだ中世の色濃かった文化後進国フランスに、ルネサンスの気風をもたらした。カトリーヌ自身、政治に積極的に介入するかたわら、芸術家や建築家の後援につとめた。そしてカトリーヌがもう一つ熱心だったのが、予言や占いである。

一二世紀のはじめにヨーロッパに紹介されたアラビア世界の占星術は、とくにイタリアでさかんになった。ルネサンスの開花とともに、多少とも異教的な占星術や錬金術が広まり、やがて宮廷や貴族の館ではおかかえの占星術師が何かと助言を与えるのがあたりまえという風潮になる。カトリーヌが、そしてあの有名なノストラダムスが生きたのは、そういう時代だったのである。

一五五五年に刊行された詩集、いわゆる「予言書」のなかでノストラダムスは、カトリーヌの夫アンリ二世の騎馬試合での死を予言したとされ、そのためにカトリーヌに重用されるようになったのだと、一般にはいわれている。だが四行詩の形をとるその「予言」はどうとでも解釈できるもので、刊行当時も事故が起きたときも、国王の悲劇に結びつけて考えた者は、ノストラダムス自身も含めてだれもいなかった。カトリーヌがノストラダムスに全幅の信頼をおいたのは、カトリーヌには不吉な予言を告げないといったノストラダムスの現実的な処世術によるところが大きかったのではないだろうか。

さて、ノストラダムスは占星術師であるとともに医師でもあった。パリから遠く離れて住むノストラダムスを、カトリーヌは息子シャルルの侍医に任命したこともある。ノストラダムスの著書『化粧品とジャム論』は、タイトルからして何やら奇妙に思われるかもしれない。だが、歯を白くし、白髪を黒くし、肌を若返らせるための処方と、非常に高価で薬あつかいだった砂糖をふんだんに使ったジャムのレシピを、医師ないし薬剤師としての彼が一冊の本にまとめたことに当時として不思議はない。

シャルルの侍医としてノストラダムスが実際に貢献したかどうかは不明だが、「解熱効果のある」精製した砂糖や、「下剤作用のある」薔薇水などは、もしかしたらのちの国王シャルル七世も処方されたかもしれない。

化粧品のほうでは残念ながら、水銀をもちいたとんでもない化粧水などが紹介されている。だがジャム論のほうは、果物のゼリーや砂糖漬け、マジパンや氷砂糖などの作り方が親切に記されている。ノストラダムスはジャムの発明者ではなく、あくまでも作り方をまとめたにすぎないが、この本は最先端の美容・健康本として驚くほどたくさん売れたということだ。

ココアは「神々の食」

ジャガイモ、トマト、トウガラシ、トウモロコシ、インゲンマメと、新大陸原産の食用植物をあげてきた。コロンブスの時代以降に世界中で知られるようになったものとしてはほかに、先にも触れたがサツマイモやキクイモ、キャッサバ、カボチャ、アボカド、パイナップル、ピーナッツ、そしてカカオやバニラなどがある。

カカオを原料とするチョコレートは、いまでこそ「食べる」ものだが、カカオが中米で栽培化されてより一九世紀半ばまで数千年ものあいだ、カカオは「飲む」ためのものだった。栄養価が高く、薬理作用もあるカカオは、豆の一粒一粒が貨幣の役割を果たしていたほどの貴重品で、マヤやアステカの文明を築いた先住民の社会ではもっぱら身分の高い人々のための特別な飲み物だった。

マヤの神々のなかに、エク・チュア（黒い隊長）とよばれる戦争の神がいる。そのエク・チュアが一方でカカオ栽培の守護神ともされ、さらに商人の神でもあるのは、カカオ豆が古くから非常に重要な貢納品、交易品だったことのあらわれかもしれない。

植物としてのカカオは後に、ギリシア語で「神々の食」を意味する語を加えてテオブロマ・

カカオ　幹に直接、実がなるのが特徴である。

カカオtheobroma cacaoという学名がつけられる。この命名は、一七世紀以降ヨーロッパの大勢の人びとをとりこにした甘く魅惑的な飲み物に敬意を表してのものだろう。

ただしもともとマヤの人びとが飲んでいたのは、カカオの粉を水で練ったものにトウモロコシの粉やトウガラシを混ぜて泡立てたようなもので、私たちになじみの甘いココアcocoa（語源は「カカオ豆」を意味するナワトル語由来のスペイン語カカオcacao）とは似ても似つかない。この飲み物には一種の食紅やバニラなどを加えたり、病気の治療のためにさまざまな薬草を合わせることもあった。

一五二一年、スペイン人エルナンド・コルテスが率いた軍はアステカの都を壊滅させたが、コルテスはその地で知ったカカオやバニラを本国へもたらした。スペインではやがて、蜂蜜や砂糖、バニラ、シナモンなどで風味づけした飲み物チョコラーテchocolateが上流階級に広まった。それがフランスでショコラchocolatとして知られるようになったきっかけは、一七世紀、ルイ一三世とルイ一四世がともにスペインから妃を迎えたことにある。

なお、スペイン語のチョコラーテはアステカの人々の言語ナワトル語で「苦い水」を意味するchocolatlを語源とする。いまでもスペイン語でチョコラーテというと固形のチョコレートではなく、ココアよりやや濃厚なチョコレート飲料をさす（チョコレート菓子のほうはチョコラティンchocolatín）。温かいチョコラーテとチューロとよばれる細長いドーナツは、朝食代わりや軽食としてスペインの人びとが好む組み合わせだ。

バニラは最高の媚薬

カカオとともに新大陸からもたらされたバニラは、やがてチョコレート飲料以外の飲み物やさまざまな菓子に使われるようになった。バニラの実体はラン科の植物の細長い莢で、収穫後、発酵、乾燥させると特有の甘い香りを放つ。莢のなかの実、バニラ・ビーンズは、ケシ粒ほどもない。この不思議な莢をスペイン人は、「莢」を意味するバイナvainaに縮小辞をつけてバイニーリャvainillaとよんだ。その英語名がバニラvanillaで、フランス語もイタリア語も同系だ。

ところで、さきにカトリーヌ・ド・メディシスが好んだアーティチョークは媚薬とみなされたと書いたが、希少で高価なものや新奇なものについ特別な効き目を期待してしまうのは、どうやら人間の性《さが》らしい。古くからリンゴなどの果物や蜂蜜、そして東洋から運ばれた、ありとあらゆる種類のスパイス、さらにトリュフやアスパラガスなどの高価な野菜まで、ぜいたくな食べ物にはおしなべてエロティックな連想がつきものだった。

媚薬といっても滋養強壮の意味でなら、たしかに役立つ食物は少なくないだろう。だが人びとが話題にしたのは、もっとあからさまな「催淫効果」ともいうべきほうである。たとえばトリュフなどは、一九世紀フランスの有名な美食家ブリア＝サヴァランも「定説」をたしかめるべくいろいろ調べたあげく、次のような控えめな結論を出している。

「トリュフは決して積極的な催淫剤ではないが、場合によっては婦人たちをいっそう従順にし、殿方をいっそうやさしくする」

雄ブタの性フェロモンと同じ化学物質を含むトリュフが人間にも効くのかどうかはわからないが、その「定説」は古代より知られていた。フランスでは中世には黒い色が不吉だといわれたが、ルネサンス期より再び珍重されはじめたようだ。一八世紀、ルイ一五世の愛人のポンパドゥール夫人が王のために考案した料理にトリュフがよく使われているのも、王の情熱をかきたてるためだったのだろうか。

同じようにポンパドゥール夫人がよく使ったのが、バニラである。バニラはその芳香とエキゾチシズムで、フランスはもとよりヴィクトリア朝時代のイギリスでも媚薬の筆頭にあげられていた。ちなみに、バニラの語源のスペイン語「莢」vainaは、もっとさかのぼると同じ意味のラテン語のヴァギナvaginaにいきつく。いまでは解剖学用語としてのほうがずっと知れ渡っていることは、付け加えるまでもないだろう。

ついでながら、イギリスでは新大陸原産のトマトも、ジャガイモでさえも、「催淫効果」が大まじめに論じられていた。先にも記したようにジャガイモのおかげで慢性的食糧不足から救われたアイルランドなどでは、当然、人口が増大したが、それもジャガイモの催淫効果を示す証拠だと考えられたようだ。

『悪食大全』という本によれば、ジャガイモは、一六世紀のイギリスで「滋養に富み強壮の働きもするが、過度の欲望を誘発する」と紹介されていたという。また一七世紀のある文学作品のなかに「雀の雄の煮込み、鳩の脳みそ、白鳥の脚」よりジャガイモ料理のほうがすぐれた強壮剤だという一節があり、また別の作品では新婚夫婦にはアーティチョークやカニ、そしてことにジャガイモを必要以上にすすめてはいけない、と書かれているそうだ。

トマトのほうは、前にも書いたように「狼の桃」などという学名をつけられながら、毒がないとわかってからはイタリアでもフランスでもイギリスでも「愛のリンゴ」とよばれたことがあるくらいで、有毒といわれたり媚薬といわれたり、まことに毀誉《きよ》褒貶《ほうへん》がはげしい。

清教徒革命の後、クロムウェルひきいる共和国政府は、トマトには毒があるという噂を流布させたが、その理由は、トマトの媚薬的効果が人びとのモラルに悪影響をおよぼすと信じていたからだというのだ。

ハワイ名物マカダミア・ナッツ

アメリカ大陸を原産地とする作物の話が続いたが、もう一つの新大陸、オーストラリア出身の食材として、マカダミア・ナッツをあげよう。

　マカダミア・ナッツ・チョコというと、いまやハワイ土産の定番になっている。コリコリした食感、脂肪分たっぷりのクリーム色の実のファンは多い。しかし、もとはこの木はハワイにはなかった。ハワイに移植されたのは、一二〇年ほど前のことで、人間との付き合いの時間も、ほかの食材とくらべると短い。

　オーストラリアでこの植物を発見したのがスコットランド生まれのオーストラリアの医師ジョン・マッカダムJ. Macadamだったので、「マッカダムの実」を意味するマカダミア・ナッツmacadamia nutとよばれるようになったともいわれているが、より信頼性のある説は、次のようなものである。

　一八五七年、イギリス人の植物学者フェルディナンド・ヴォン・ミューラーとウォルター・ヒルの二人はこの植物を発見した。そして自分たちの名前をこの木につけずに、尊敬すべき友人のジョン・マッカダムの名前をつけた。ただ、このマッカダム博士は、一度もその実を見ることも味わうこともないまま、一八六五年に、オーストラリアからニュージーランドへ向かう途中、肋膜炎を患って亡くなってしまったという。

　マカダミア・ナッツは別名をクイーンズランド・ナッツという。こちらは原産地であるオーストラリアの北部の州名にちなむ。

　一八九〇年代になって、E・W・ジョーダンという人が、タスマニアからハワイのホノルルにマカダミア・ナッツを持ち込んだ。それがきっかけでハワイで大規模な栽培がおこなわれるようになったと伝えられている。

マカダミア・ナッツと並んでチョコレートと相性のよい木の実、アーモンドにもふれておこう。こちらは西アジアが原産で、聖書にも記されているほど人類と古くからかかわりがある。イスラエルやエジプトではアーモンドが殻つきのまま売られている。かつては脂肪分たっぷりの実から甘い香りの香油が絞られ、ボディ・オイルとしても利用されていた。

メソポタミア文明がさかえた地にあったアーモンドは、ギリシアやローマではamygdale、amygdalaとよばれていたが、イスラームの時代にアラビア語の定冠詞アルalをつけてよばれるようになり、さらにヨーロッパに伝えられ、英語でアーモンドalmondとよばれるようになった。バラ科サクラ属のアーモンドの花は、春の訪れを告げるものとして親しまれている。ちょうど桜の木のように、春になると枝いっぱいに白い花を咲かせるのだ。

アーモンドの花　桜の花にとてもよく似ており、春の一時期、アーモンド畑はとても美しい景色になる

現代では、アーモンドというと、全世界の生産量の半数以上を占めるカリフォルニア産のものが有名だが、これは一九世紀半ばに東部からもたらされたものだ。もとはカリフォルニアを訪れた宣教師が持ち込んだが、

そのほとんどは一度絶えてしまったという歴史がある。

西アジアのナッツにはもう一つ、ピスタチオがある。中央アジアないし西アジアが原産地といわれ、いまも西アジアで広く栽培されている。古代ペルシア語でピスタpistahとよばれていたものが、ギリシア、ローマへ伝わり、ピスタチオとよばれることとなった。とくに古代ローマでは珍重され、高値で取り引きされていたという。

ミックス・ナッツの缶のなかには、古代から知られていたアーモンドやピスタチオから、南米原産のカシューナッツやピーナッツ、オーストラリアのマカダミア・ナッツなどの新顔まで、さまざまな木の実とともに、それらにまつわる物語も詰まっているのである。

第2章　料理の国籍

タコス（メキシコ）

ハンブルクにハンバーグ・ステーキはなかった

ハンバーグ・ステーキhamburg steakの語源がドイツの港町ハンブルクHamburgの名だということはよく知られている。モンゴル系の騎馬民族＝タタールTatarの食べていた生肉の料理、いわゆるタルタル・ステーキsteak tartareが、ハンブルクで焼いて食べる「ハンバーグ・ステーキ」として定着した、というのが通説だ。

九世紀頃からモンゴル高原で隆盛を誇った蒙古系諸部族を、中国人は代表的な部族名をとって韃靼《だったん》とあらわした。一三世紀にチンギス＝ハンが諸部族を統一して国名・民族名をモンゴルとしたが、その後も韃靼の名はもちいられ続けた。チンギス＝ハンの軍がロシアや東欧にまでおよぶと、彼らはタタールとよばれるようになり、その強さに震え上がったヨーロッパ人は、「タタール」からギリシア神話の冥界タルタロスTartarosを連想した。そして後にはタタールの名がモンゴル系、トルコ系を問わず、遊牧の民を総称するようになったのである。

ヨーロッパ人はアジアの騎馬民族がときにウマを食用にもすることをさげすみ嫌ったというが、その一方で生肉を食べるなどという風習をなぜ受け入れたのかはよくわからない。

タタール人が食べていたのは、移動の最中に死んだウマの肉を鞍の下において馬を乗り回した後の柔らかくなったもので、肉を細かく刻むという工夫はあとから生まれたといわれているが、このあたりの推移もはっきりしない。

さらに、それがハンブルクに伝わって加熱されるようになった経緯もさだかではない。そもそもタルタル・ステーキが本当に騎馬民族の食習慣に由来するのかどうかさえ、よくわからないのである。

一八八〇年代、二五〇万人ものヨーロッパ人が新大陸へ向けて大西洋を渡ったといわれる。このなかには、ハンブルクからニューヨークに向かったドイツ人移民の一団もいた。彼らとともにアメリカに渡った料理は、ハンブルクから来た人びとにちなみ、ハンバーグ・ステーキとかハンバーガーとよばれるようになった（ハンブルクを英語ふうに読むとハンバーグ。ハンバーガーはハンブルクの人の意味）。当初その実体は、ありあわせのくず肉を刻んで丸めて焼いた貧乏人の食にすぎなかった。

筋の多いかたい肉でも食べやすくなるのが、この料理が庶民に受け入れられた主な理由だろう。ハンブルクの一般の人びとは、ハンバーグを決して郷土の誉れ高い名物料理だとは思っていないようだ。市内でハンバーグを売り物にしているのは、観光客向けのレストランだけである。

ステーキは串焼き？

ドイツではハンバーグの前身として、タルタル・ステーキよりももっと直接的に関連のありそうな料理が知られている。北ドイツ、とくにベルリンで「ブーレッテ」、中部や南部では

「フリカデレ」とよばれているのがそれで、ハンバーグよりずっと小型の、いわば平たい肉団子を焼いた料理だ。パン粉やみじん切りのタマネギ、卵などを加えるあたりは、ファスト・フードのハンバーガーではさまれている混ぜものなしの平たいパテより、はるかに日本のハンバーグに近い。

挽き肉をまとめて焼いたり煮込んだりした料理はベルギーやオランダ、北欧、それに東欧諸国でも知られているが、それらのルーツはトルコの「キョフテ」とよばれる肉団子料理の周辺に求められそうである。

後で述べるが、トルコ料理の影響は、中東はもとよりバルカン半島やギリシアなどでもたいへん大きい。タタールは本来はモンゴル系民族の総称だったが、ヨーロッパ人が混同してタタールとトルコの挽き肉料理を結びつけたのであれば、ハンバーグ＝タタール料理起源説も案外、真実からそう遠くはないのかもしれない。タルタル・ステーキを思い出させる生肉料理も、たしかにトルコやイランに存在する。

中東起源の挽き肉料理が、バルカン半島から東欧、中欧へ伝わり、さらにドイツ移民の手を経てアメリカにもたらされ、アメリカでハンバーグ・ステーキという名のもとに生まれ変わったと仮定しよう。ドイツの地名を冠されたその料理は、やがてドイツへ逆輸入されたようだ。

ドイツでは今日、ブーレッテやフリカデレのような郷土料理と別に、いわゆるハンバーグがハンブルク・ステークあるいはドイチュ・ステークの名でレストランのメニューとなっている。

イギリスでもそうだがドイツでも、ハンバーグは単にステークの名でよばれることもあり、ビーフ・ステーキを注文するつもりでステークと頼むとハンバーグが出てくることもありうる。

ところでそのビーフ・ステーキだが、こちらの発祥はロンドンというのが定説だ。日本では少し前までよくビフテキと略していったが、フランス語でもビフテクという。同じようにスペイン語ではビステク、イタリア語ではビステッカ、ロシア語ではビーフシュテクで、これらはみな英語からのなまりである。ドイツ語ではリントシュトゥッケ（ウシの切り身の意味）という語もあるが、英語のステークのほうが浸透している。シンプルながら世界中で愛されているこの料理が英語圏で生まれたことを、諸外国での名称が証明しているようだ。

ただし英語のステークsteakは、もともと串刺しの肉をあぶり焼きにすることを意味する古ノルド語に由来する。語源をさらにたどると、スティックstick（棒）やステッチstitch（針目）、そしてギリシア語源のスティグマstigma（聖痕）などがステークと同族の語であることがわかる。

ステークとはもともと、その名も「串焼き」を意味する中東のシシュ・ケバブと同じように、串刺しの形をあらわした名称だったのが、いつしか切り身をフライパンで焼くロンドン名物として生まれ変わり、いまや無国籍料理の代表といえるほど世界各地に広まったわけだ。

ハンバーガーとホットドッグ

一九〇四年、セントルイスで開催されたフェアで、ある店がハンバーグをパンにはさんで売り出した。これがファスト・フードの王者ハンバーガーの誕生と一般には信じられている。ちなみに同じ会場で、一人のソーセージ売りが頭を抱えていた。熱々のソーセージを客が食べるあいだ、やけどをしないようにと貸した手袋を、客がみんな持っていってしまうからである。そこで彼は手袋の代わりに、ロールパンにソーセージをはさむことを思いついたという。

これがホットドッグとよばれるようになったのは、さらに二十数年後のことだ。「ホットなダックスフント・ソーセージはいかがですか?」という野球場の売り子の声に、ある漫画家がパンにはさまれたダックスフントの絵を描いた。そしてダックスフントのつづりがわからなかったのでホット・ドッグと書き込んだのが、この奇妙な名前の由来だそうだ。

以上は、ハンバーガーとホットドッグの誕生伝説のなかで、もっともよく知られているものである。ハンバーガーとホットドッグの由来についてはじつは諸説あって、どれも決め手に欠けるようだ。先の説にも年代や場所の異なるいくつものバリエーションがあるのだが、いずれにせよこのよく似た二つの食べ物は、どちらも同じ時代、おそらくはドイツ系移民の手によって世に出たものと思われる。

どちらも今や、アメリカを代表する食べ物だが、商業的に成功したのは結局、古代ローマ人にも愛されたほど歴史をもつソーセージではなく、「蛮族」タタールの生肉料理に起源をもつと信じられてきたハンバーグを使ったほうだった。

ヴィシソワーズはアメリカ料理？

ヴィシソワーズとよばれるクリーム・スープがある。ジャガイモとポロネギをブイヨンで煮込み、裏ごしして生クリームでつないだもので、野菜の甘みがやさしい、日本でも人気の冷製スープだ。ヴィシソワーズとはヴィシー風という意味だ。そのヴィシーはフランスのブルボネ地方の都市名である。名称といい、実体といい、いかにも由緒正しきフランス料理を思わせるが、じつはこれが生まれたのはニューヨークのリッツ・ホテルである。

一八世紀末に起こったフランス革命は、第4章でも述べるようにフランスの食文化にも大きな影響を与えたが、ヨーロッパの近隣諸国やアメリカにもたらしたものも少なくなかった。貴族のお抱え料理人が大勢、国外に逃れたためである。

一九一七年当時、ニューヨークのリッツ・ホテルの料理長をつとめていたのはブルボネ地方出身のルイ・ディヤで、ヴィシソワーズは彼の考案による。さてこうなると、この料埋の国籍は、アメリカだろうか、フランスだろうか。

移民の国アメリカの食は、こうした例であふれている。先に書いたように、ドイツのハンブルクから来た移民の料理はやがて、アメリカの国民食となった。アメリカ人が大好きなマカロニ・グラタンは、マカロニというイタリアの食材にグラタンというフランスの調理法をもちいたアメリカ料理であろう。第三代アメリカ大統領トマス・ジェファーソンが、好物のマカロニとパルメザン・チーズを合わせた料理を作らせたのが、マカロニ・グラタンの由来だとも伝えられている。

移民の国の混血料理

ニューオーリンズのコメ料理ジャンバラヤは、クリオール（フランス系、スペイン系の混血）の料理の代表だ。起源はスペインの有名なパエーリャにあるという。同じくクリオール料理のガンボは、オクラ、タマネギ、ピーマン、トマトなどの野菜とロブスターやカキなどを煮込んだシチューで、ガンボはオクラを意味するアフリカのコンゴの言葉だ。

これらの混血料理のなかでもフランス料理の影響が大きいものをケイジャンCajunとよぶのは、カナダのノヴァスコシアのアケイディアAcadia植民地に住んでいたフランス系移民が、イギリス系移民に押されて南下し、同じくフランス系移民が多かったルイジアナ州に住み着いたことによる。

アケイディアとはもともと、ギリシア・ペロポネソス半島中部の高原地帯アルカディアArcadiaのことで、険しい地形によって交通が閉ざされていたことから、やがて理想郷の代名詞としてもちいられるようになった。移民たちは新天地に理想郷の夢を見たのだろう。ケイジャンは、アケイディアからルイジアナ州までやってきたフランス系の移住者をさすアケイディアンのなまりである。

彼らの日常食であったスープやシチューのたぐいをベースに、スペインやアフリカやアメリカ先住民の人々の食が混ざり合ったのがクリオール・ケイジャン料理で、移民の国アメリカのなかでもマイノリティーどうしの食が豊かに結びついたという点で、ひときわ異彩を放っている。

ケイジャンではないが、東海岸ニューイングランド地方の名物料理クラム・チャウダーもまた、フランス人と先住民の料理の折衷かもしれない。クラム・チャウダーとは、ベーコン、タマネギ、ジャガイモなどとともにクラム（ハマグリなどの二枚貝の総称）を煮込んだスープで、一般に、ボストンに近いコッド岬に漂着したフランス人漁師の料理からはじまったといわれる。またチャウダーchowderという語は、フランス語でかつて大鍋を意味していたショーディエールchaudièreが語源とされる。

だが、この近辺の先住民は、昔から二枚貝を煮て食べていた。ノヴァスコシアあたりに居住していたミクマク族は一七、一八世紀にはフランスと同盟関係にあり、チャウダーもミクマク族の料理が起源ではないかという説もある。

クラムなどの貝類は東海岸に豊富で、地面に穴を掘って海草を敷きつめたなかで蒸し焼きにする先住民料理クラムベイクは、今日でも人気がある。クラム・チャウダーもそうした風土のなかで、先住民の食とヨーロッパ流の調理法が結びついて生まれたものなのだろう。

テキサスのメキシコ料理

先に、アメリカ人が考案したタバスコは、メキシコでは決して使われないと書いた。同じように、トウガラシの粉にクミンやオレガノなど各種香辛料をブレンドしたチリ・パウダーも、一般にメキシコ料理に欠かせないとされているが、本当はメキシコ人はいっさい使わない。これらを使うのは、メキシコ料理を作っているつもりのアメリカ人なのである。

テキサスTexasのメキシコMexico料理をテックス・メックスTex-Mexという。その代表はチリ・コン・カーンだろう。スペイン語で「肉入りトウガラシ」を意味するチレ・コン・カルネchile con carneを英語読みしたものだが、実際は肉よりもインゲンマメがたっぷり入ったものが多い。これは一九世紀のテキサスで生まれた料理で、テキサスの伝統的なレシピではマメは入れない。どちらにしても、メキシコ人にいわせるとアメリカ料理である。

メキシコ人はタバスコやチリ・パウダーなど既成の風味にまったくたよらず、数十種類のトウガラシと香味野菜を使いこなす。これはヨーロッパ人がやってくるよりはるか昔からの伝統なのだが、今のメキシコ料理に欠かせない食材で、昔はなかったものもある。たとえばタマネギやニンニク、そしてクミンなどの香辛料だ。

トウガラシは世界の食を変えたが、一方でスペイン人がもたらした旧大陸の食材は、メキシコ料理を飛躍的に発展させた。トウガラシと新しい食材の出会いによるメキシコ料理の傑作は数々あるが、一例として、近ごろ日本でも知られるようになったモレというソースをあげておこう。

ときにチョコレート・ソースともよばれる褐色のどろりとしたモレは、いろいろなレシピがある。最低限使う材料だけでも三種類のトウガラシ、タマネギ、ニンニク、トマト、アーモンド、ゴマ、干しブドウ、コショウ、シナモン、クローブ、アニス、ラード、そしてチョコレートとならぶ。そのうちトウガラシとトマトとチョコレートの原料のカカオが、新大陸原産である。

この不思議なソースの誕生には伝説がある。一六世紀、ある修道院の尼僧たちが大司教に出すための料理をどうするか大騒ぎしたあげく、皆で祈って「神のご加護のもとに」台所のありとあらゆるものを煮込み、とっておきのシチメンチョウにこのソースをかけて出した。大司教はかつて味わったことのないおいしさに大喜びしたという。

この奇跡のソースは、修道院のあった町プエブラPueblaのモレという意味でモレ・ポブラノmole poblanoとよばれるようになった。モレとは先住民の言語ナウアトル語で「ソース」を意味するが、こうしてモレ・ポブラノはなかでももっとも有名なモレとなった。

シチメンチョウや鶏肉をモレで煮込んだ料理は、メキシコのハレの日のごちそうである。トウガラシとチョコレートの組み合わせはひどく突飛なアイディアに思えるが、試してみるとまったく違和感がないどころか非常に複雑で豊かな味わいだ。テックス・メックスではない本物のメキシコ料理の一例である。

真正アメリカ料理、バーベキュー

アメリカ人が大好きなバーベキューは、紹介する語源説がたしかならば、名称からして新大陸生まれの真正アメリカ料理といってよい。バーベキューという語は炭火で焙り焼きした料理そのものや、そのための炉や台などの装置の両方をさすが、語源は西インド諸島の先住民の言語タイノ語で、肉を焼くのにもちいる木製の台を意味したバルバコアにあるとされている。

その肉だが、初期の探検家は、人間の脚だったという報告を残した。それが本当だったのかどうかはわからないが、とにかくカリブ海では人肉を食べるという風評が伝わり、カリブ人、スペイン語でカリバルcaribalは人食い人種を意味するようになった。「食人」をあらわす英語、カニバルcannibalの語源である。

さて、バルバコアはそのままグリル料理を意味するスペイン語barbacoaとなり、バーベキューbarbecueと英語化した。ちなみにメキシコでは、地面に穴を掘って焼いた石とともに貝や肉を入れ蒸し焼きにする料理も、バルバコアの名でよぶこともあるという。

今日のバーベキューの原型は、一七世紀のヴァージニア植民地で生まれたとされる。当時はチョウザメや豚肉などを丸ごと焼いたと伝えられているが、現代の材料はもちろん肉、ソーセージ類、魚介類、野菜などなんでもよい。気どらず、手間もかからず、アメリカ人の好きな気軽なパーティーにうってつけで、しかもアメリカ人が大好きなフロンティア・スピリッツをちょっとだけ思い出させてくれる。いかにもアメリカ的な食だ。

直火で焼けばいいのだから、七輪で焼いたサンマだって同じようなものだが、バーベキュー・ソースがなければアメリカ人はバーベキューとは認めないだろう。近頃は醬油ベースの照り焼き風とか韓国風のソースも人気だが、もっとも好まれているのはやはりケチャップをベースにしたバーベキュー・ソースだ。ケチャップの多用、これは現代アメリカの食の特徴の一つである。

ケチャップの発祥は、じつはよくわからない。語源説としては一応、中国の一方言でコエチアプとよばれる魚醬がマレー半島に伝わり、マレー語でケチョプとなってイギリスに伝わったというのがよく知られている。だが英語のキャッチ・アップがなまったなどという珍説まで含めて語源も諸説紛々《ふんぷん》なら、誕生伝もはっきりしない。イギリスでは、一八世紀頃からマッシュルームと酢で作ったソースをケチャップとよんでいたというが、魚醬がマッシュルーム・ソースに化けたいきさつも謎である。

ともかく、一八七六年にペンシルヴァニアのヘンリー・ハインツがトマト・ケチャップの量産化を実現して以来、ケチャップはアメリカを代表する調味料となった。中米の焙り焼き料理に由来し、南米原産のトマトから作られたケチャップ風味のソースで味付けしたバーベキューは、アメリカの代表料理の一つというにふさわしい。

ピーナッツとお金

アメリカらしい食べ物としては、ピーナッツ・バターとジャムをはさんだサンドウィッチもお弁当の定番としてよく食べられている。ピーナッツの原産地は南米アンデス地方といわれ、先史時代から人びとに知られる存在だった。ペルーを中心としたインカ帝国では重要な食料として栽培され、コロンブスが訪れる以前にすでに、中米や北アメリカ南部の先住民にも伝わっていたとされる。しかしアメリカ人がそれを知ったのは、奴隷貿易でアフリカに移入されたピーナッツが一八世紀末に逆輸入のかたちで北米に持ちこまれてからだった。

しかし当初は、南東部で黒人奴隷が栽培にあたり、ブタ、ニワトリなどの家畜の餌にするのがほとんどで、南部の貧しい人びとしか食用にはしなかった。そもそもこの頃はまだピーナッツとはよばれず、アフリカ系黒人の言葉ngubaがなまってグーバーgooberとよばれていたという。現在でも、グーバーはアメリカ南部でピーナッツをさす言葉として通用するようだが、一九世紀半ば頃から、「まぬけ」、「南部の田舎者」などを意味する俗語ともなっていた。

現在でもピーナッツというと、「チェッ」、「なんだ」という、つまらない、期待はずれなどの気持ちを表現するときに使われることがある。ちなみにスヌーピーが登場するマンガの題名も「ピーナッツ」である。

やがてグーバーは、木の実のような豆というイメージから、ピー（豆）ナッツ（木の実）と

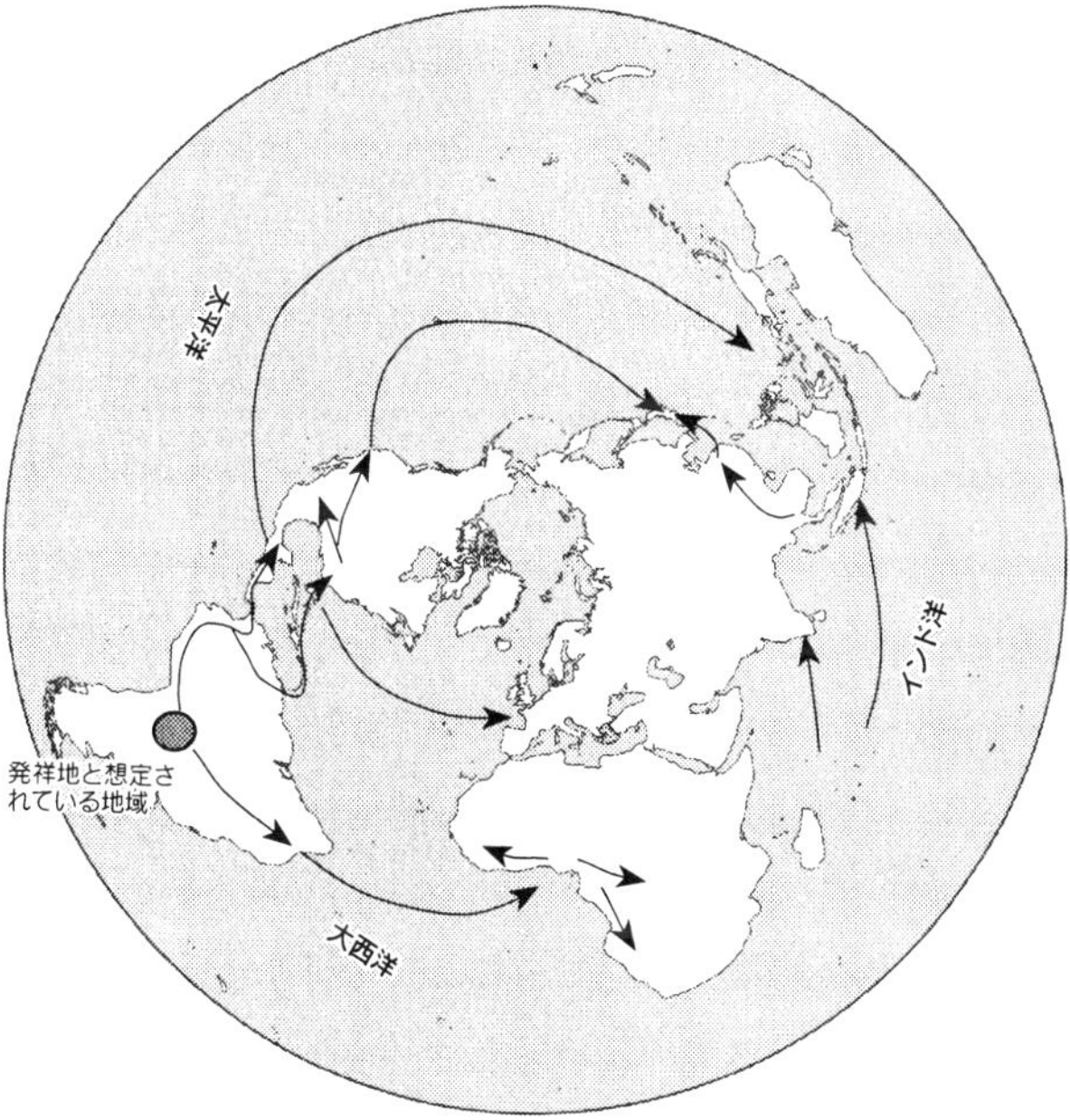

ピーナッツの主な伝播経路　ピーナッツの発祥地はアンデス山脈のふもとと考えられている。南アメリカ各地、北アメリカ南部へひろまり、ヨーロッパ人の来航をきっかけに世界へひろまることになった。栄養価が高い上に日持ちがするので、航海用の食料として重用され、アフリカへは奴隷船によってもたらされた。日本へは18世紀はじめに中国から伝わったものの、栽培は明治初期、千葉や茨城でのことだ。

も呼ばれはじめたようだが、この言葉は俗語では「わずかなお金」「はした金」を意味する。ピーナッツ栽培にたずさわる黒人が、白人からすれば本当にわずかなお金でも働いたからという理由によるそうだ。つまり、ピーナッツというのは、アメリカ人にとって投げ与える程度のはした金に等しかったのだ。

日本では一九七六年、田中角栄元総理がアメリカのロッキード社の航空機導入にかかわり、受託収賄罪、外為法違反の疑いで逮捕されたが、その捜査の過程で飛び出したのが「ピーナッツ一〇〇個を受け取った」という旨が記された領収書である。当時、一〇〇個のピーナッツが億単位の金額を表わすという、とんでもない話題で日本中が持ちきりになったものだ。アメリカではほした金、日本では億単位の賄賂と、スケールは大違いだが、ピーナッツにはやはり「お金」のイメージがつきまとう。

さて、アメリカ北部の人びとが、ピーナッツを食べるようになったのは、一八六〇年頃、南北戦争で南部に侵攻してからのことといわれている。兵糧として食べためずらしい豆を兵士が故郷に持ち帰って広まった。

それがピーナッツという名前で、スナック感覚の食べ物として広く受け入れられるようになったのは、一八八〇年代に、興行師のP・T・バートナムがサーカスの観客向けに袋詰めにして売り出したことがきっかけだったという。

さらに一八九〇年代になって、菜食主義者の医師ジョン・ケロッグ（一八七六〜一九四三）が植物性油脂の健康食品としてピーナッツ・バターを生み出した。そして一九二〇年代には、国民食的弁当ともいえるピーナッツ・バター・アンド・ジャム・サンドウィッチが登場する。

ちなみに東洋へは、まず中国に伝わり、江戸時代の一七〇六年に日本へ伝来したといわれている。ただし、このときは栽培化にはいたらず、農産物として栽培がはじまったのは、一八七一（明治四）年に中国人が種子をもたらしたことによる。その後、一八七四（明治七）年に政府がアメリカから種子を取り寄せて栽培を奨励し、千葉県や茨城県でさかんに作られるようになった。

グラハム牧師とケロッグ医師の朝食革命

ピーナッツ・バターの製法の特許を最初にとったジョン・ケロッグは、アメリカ式朝食の定番、コーン・フレークの生みの親でもある。

そのおおもとはコネティカット州ニューイングランドの牧師シルヴェスター・グラハム（一七九四〜一八五一）が提唱した健康法にある。

グラハムは、とにかく人びとの健康を一番に考えた人で、入浴、体操、歯磨きを習慣とし、やわらかいマットレスは使わない、寝室の窓を開けたまま寝る、シャワーを冷水にするなどを提唱した。なかでも肉体の健康のもとは食事にあると考えていた。

そんな彼がすすめる食事は、油は控え、アルコールは飲まない、肉を少なめにするのはもちろん、できるだけ菜食主義に、そしていまでは栄養学的にも裏づけられているが、白パンではなくコムギの全粒を使ったパンを食べるというものだった。お菓子やクラッカーも自分で作るべきだと。

そのためには、主婦はパン屋でパンを買わないで自分の手で作るようにとすすめた。そのような彼の指導に多くの人が賛同することになったが、各地でパン職人たちが怒ったことはいうまでもない。説教を妨害するなどの嫌がらせがグラハムの行く先々でおこなわれた。

しかし彼の説得力のある説教に同調し、支持する人たちが増え、グラハムの推薦する食材を専門に扱う店まで開かれるようになっていった。こうした事態に、パン屋のほうでも、グラハムのいう全粒を使ったパン、クラッカーなどを作るようになり、こうしてグラハム名の食品が定着していったのである。

さて、グラハム牧師の信奉者のなかに、ジョン・ケロッグ医師がいた。彼もグラハム・クラッカーを朝食にしていた一人だった。ミシガン州の保養所で、彼はピーナッツ・バターを作って処方し、またグラノーラを開発した。グラノーラはオートムギにハチミツ、木の実などを加えた朝食用シリアルのことで、ときに健康に気をつかいすぎる人や菜食主義者を揶揄《やゆ》するときの言葉にもなっている。

ケロッグはさらに、トウモロコシを使ったかの有名なコーン・フレークも発明した。これらのシリアルを世のなかに広めるために彼の弟が一九〇六年に創業したのが、現在のケロッグ社の前身である。

奇人ともいえる一人の牧師の提唱がきっかけとなり、現在の典型的なアメリカ式朝食が生まれたのだ。しかし、健康のことを考え続けたグラハム牧師本人は、冒頭の生没年をみてもわかるように、五七歳の若さでこの世を去ってしまった。

インディアンからの贈りもの

ポップコーンは、コロンブス来航よりはるか昔から、中米や北米の先住民のあいだで知られていた。そして一六二〇年にイギリスからメイフラワー号でやってきた移住者たちが先住民から贈られたという伝説がある。

メイフラワー号の一〇〇名ほどのメンバーは入植して数ヶ月のうちにきびしい自然環境と食糧不足から次々と世を去った。だが食糧不足といっても、イギリスの食習慣にとらわれていたがための不足であって、新地には故国とはまったく異なる自然の恵みがある。生き残りのメンバーにトウモロコシの栽培をはじめとする生活の知恵を授けたのは、白人と親しくなった二人のアメリカン・インディアン（ネイティブ・アメリカン）だったという。

インディアンのおかげで生き延びた白人たちは、翌年、初めての収穫感謝祭《サンクス・ギヴィング・デイ》を恩人たちとともに祝った。インディアンにではなく白人の神に感謝するためのその祭りに、友好的なインディアンたちはポップコーンや鹿肉やシチメンチョウなど、たくさんの贈り物をたずさえてきたという。十一月第四木曜の感謝祭のごちそうといえば、まずはロースト・ターキー、つまりシチメンチョウが供されるのは、この伝説に由来する。

もっとも伝説とは別に、ポップコーンは初めての感謝祭には登場しなかったという説が、近年は有力だ。だが遅かれ早かれ、入植者たちがポップコーンを、そのほかのさまざまなトウモロコシ料理とともに先住民から学ぶことになったのは間違いない。

こうして生き延びることができた新参者の仲間たちが、その後、先住民たちに対しておこなった行為については、ここでいうまでもないだろう。いま感謝祭は神だけでなく祖先に、家族に、すべてに感謝する日だとされるが、先住民に感謝し、彼らのために祈りを捧げるという視点はほとんど忘れられている。

さて、感謝祭のテーブルに供される伝統的なメニューにはロースト・ターキーのほか、それに添えるクランベリー・ソース、茹でトウモロコシやトウモロコシのプディング、バターと砂糖で甘く煮たサツマイモ、マッシュポテト、カボチャのパイなどがある。このうちジャガイモを使ったマッシュポテトは、感謝祭の由来からすれば、ほかの料理とならぶ資格に欠けるかもしれない。入植者にトウモロコシを教えた先住民も、南米原産のジャガイモは知らなかったからである。

腹いせから生まれたポテトチップス

ジャガイモには毒があるとか催淫作用があるといった誤解をヨーロッパから受け継いだアメリカで、それが食べられるようになったのは、ヨーロッパで有用な食物として認められてからのことである。

今日のアメリカ人にとってはフレンチ・フライやポテトチップスのない食生活など考えられないが、ポップコーンとならぶスナックの王者ポテトチップスは、妙なきっかけで生まれた食べ物である。

一九世紀半ば、ニューヨーク州の高級リゾート地サラトガ・スプリングスのムーン・レイク・ロッジでコックをしていたジョージ・クラムは、ある日、一人の客のわがままに腹を立てていた。フレンチ・フライが厚すぎて気に入らないというのである。クラムはジャガイモをいつもより薄く切って揚げてみたが、それでもまだ客は満足しなかった。そこでクラムは腹いせに、薄くスライスしたジャガイモをフォークで刺すことができないくらいまでパリパリに揚げて客に出したという。

クラムの意に反して、客はこれを大喜びで平らげた。きつね色に香ばしく揚がったクラムの極薄フライド・ポテトはまたたく間に大評判となり、サラトガ・チップという名でムーン・レイク・ロッジのスペシャル・メニューとなった。そして二〇世紀前半、ジャガイモの皮むき機が登場し、大量生産が可能になると、ポテトチップスは全国に広まった。

アメリカのレストランではステーキなどの肉料理の付け合わせとして、フレンチ・フライではなくポテトチップスが皿に載っていることがよくある。ジャンクフードを無造作に付け合わせるあたり、いかにもアメリカ的ともいえるが、もともとポテトチップスがフレンチ・フライの一変種だったことを思えば、付け合わせにポテトチップスというのはそう不思議なことでもない。サラトガで誕生して以来、数十年のあいだ、ポテトチップスは北部のれっきとしたディナーの一部だったのである。

ちなみにポテトチップスに似たフランスのポム・スフレも、やはり偶然の産物だったようだ。一八三七年、パリとサン・ジェルマン・アン・レーの間に鉄道が開通した日、鉄道会社は客をレストランに招待した。ところが汽車の遅れのため、コックが用意したジャガイモのフライが冷めてしまった。一行が到着してから冷めたジャガイモを油の中で温め直すと、みるみる風船のようにふくれだしたというのである。

プレッツエル

子どもたちの祈りをかたどったパン

二〇〇二年、アメリカのブッシュ大統領がフットボールのテレビ観戦中、興奮のあまりプレッツェルをのどにつまらせたという「事件」が、ちょっとした話題になった。このプレッツェルとは、「8」の字に形が似た塩味のクラッカーのようなもので、アメリカではポップコーンやポテトチップスとならぶポピュラーなスナックだ。だが、プレッツェルの出自はアメリカではなくイタリアにある。

その昔、中世イタリアの修道院で、子どもたちが祈禱書を覚える努力をしたときに、ご褒美として与えられたブラッチャテッロ（「組んだ腕」という意味）というパンがはじまりで、かわいらしい子どもの祈りの腕の形を模したといわれている。一三世紀には、イタリアからドイツに伝わり、ブレーツェルという名で定着した。

その後ブレーツェルは、キリスト教の四旬節のあいだに焼かれるようになった。パンはキリストの肉の象徴とされたことから、もともと神聖な食べ物だが、人の形やモミの木の形に成形したパンやクッキーのような小麦粉の菓子は、とくに聖なる象徴としてさまざまな祭事に供せられてきた。ブレーツェルもそのような特別の意味のこめられた食べ物だったのである。ドイツやオーストリアでは、ブレーツェルの形はパン屋の看板や商標として、今日までもちいられている。

一九世紀、ブレーツェルBrezelはアメリカに広まり、プレッツェルpretzelとなった。ブッシュがのどにつまらせたのは、小型化したスナックだが、本場ドイツのようなパンとしてのプレッツェルも、ニューヨークの街角の屋台などでよく売られている。

パエーリャはアラブ起源

「ピレネーを越えるとアフリカである」という有名な言葉がある。フランスにはない乾燥した風土、荒涼とした風景をあらわしたものだが、イベリア半島がヨーロッパのなかで異色なのは自然環境だけではない。スペインはかつて、八世紀から一五世紀までおよそ八〇〇年ものあいだ、イスラーム教徒に占領されていた。そのためヨーロッパのほかの国々と違って、基層にイスラームの影響が見え隠れするのがスペイン文化の特徴である。もちろん料理も例外ではない。

世界の代表的なコメ料理

コメには、大きく分けてジャポニカ種（短粒種）とインディカ種（長粒種）の2種類がある。ジャポニカ種は私たちが日常に食べているねばりのあるコメで、インディカ種は東南アジア、西アジア、ヨーロッパでよく食べられているねばりけが少ないコメである。

インディカ種のコメを調理するときは、コメを油とともに調理することが多い。上記のものでは、プラウ、チェロウ、パエーリャ、リゾットがそれで、他にもトルコのピラフ、西アジアのポロウなどがある。これに対して、チャーハンやナシ・ゴレンは、炊いたごはんを油で炒める。

コメを主食としない地域では、肉料理の付け合わせに添えられることも多い。たとえばイランでは、肉の串焼きのキャバーブにチェロウを組み合わせるのが定番だ。

たとえば有名なパエーリャは、コメの使用といいサフランの使用といい、いかにもアラブ料理を思わせる。西暦九世紀以後、バレンシアのアルブフェ湖畔にあるイスラーム教徒の集落では、湖の浅瀬や沼地を利用して稲作をおこなってきた。そこでは満月の休漁期の二日間、コメと魚を煮込んだ料理をアッラーに捧げて、豊漁、豊作の祈願としていたことが記録に残っているという。

現在パエーリャは日曜日の昼食に供されることが多い。みんなが集まって食べるという祝祭性だけはかろうじて引き継いでいるのだろう。コメは欧米人にとっては野菜と同格なので、パエーリャももちろん、パンとともに食べられる。ちなみにバレンシア地方の伝統的なパエーリャは、魚介類は加えずウサギの肉で作るのが本式である。

スペインでは高価なもののたとえとして「サフランより高い」という言い回しをする。実際、パエーリャに欠かせないサフランは、世界一高価なスパイスとして知られるが、元来アラビア医学では薬草の扱いだった。西アジアのイスラーム圏は、アラビア科学を軸とする自然科学が発達しており、イスラーム文化は中世キリスト教文化よりもはるかに進んでいたのである。

なおパエーリャと似たコメ料理のピラフは、トルコあたりを発祥とするコメ料理のピラウに由来する。ピラウの語源は「炊いたコメ」を意味するペルシア語だ。中東から広まったコメ料理は、ピラフ、ポロウ、ペラオなどさまざまな呼び名で、西アジアから中央アジアにまで広がった。タジキスタンやウズベキスタンなどでは国民的料理といってもよいほど好まれている。インドのコメ料理プラウなども同じ系列にある。

西洋では、フランス語でも英語でもイタリア語でもピラフだ。日本ではピラフのことを、洋風炊き込みご飯などということがあるが、もとをただせば洋風ではなくて、アラブ風炊き込みご飯なのである。

東南アジアのスペイン風料理

スペインのパエーリャは、中南米などかつて植民地としていた地域に広く知れ渡っている。ただし独特の平鍋を使った調理法は忘れ去られ、平鍋を意味するパエーリャという名称も使われていない。鍋で炊きあげた中南米各地でポピュラーなコメ料理の実体はパエーリャとはかなり異なるもので、「アロス・ア・ラ・バレンシアーナ」（バレンシア風コメ）とか、「アロス・コン・ポジョ」（鶏肉入りコメ）、「アロス・コン・マリスコス」（魚介入りコメ）などとよばれている。

そして東南アジアにも一カ所、「アロス・ア・ラ・バレンシアーナ」が食べられている国がある。フィリピンである。

フィリピンPhilippinesという国名がスペイン皇太子フェリペFelipe、のちの国王フェリペ二世の名を記念したものであることからもわかるとおり、この国とスペインとの関係は深い。一七世紀後半からおよそ三〇〇年間スペインの支配下にあったためだ。スペイン語はもう使われていないが、人名や地名などの固有名詞にはスペイン語的な名称が多く、料理名にもスペイン語が残っている。ただし、当然のことながら、同じ名のスペイン料理や中南米の料理とは隔たりがある。

たとえばアサドというのはローストの意味で、スペインでは仔ブタを腹開きにして丸ごとオーヴンで焼いた「コチニーリョ・アサド」（焼いた仔豚）がセゴビアの名物としてよく知られている。皮はパリッと、身はふっくらジューシーに仕上がるように専門の料理人が手間をかけて焼き上げたコチニーリョ・アサドは、文豪ヘミングウェイの好物でもあった。

フィリピンの人々も仔ブタの丸焼きが大好きで、とくに、やはりスペイン語でフィエスタとよばれる祭りには欠かせないが、コチニーリョ・アサドとはいわない。仔ブタを意味するもう一つの語レチョンが、フィリピンの仔ブタの丸焼きの名前である。そしてフィリピンでアサドといえば、中国系移民の伝えた焼豚をさすのである。

ちなみに中南米でも仔ブタの丸焼きはレチョンとよばれることが多く、アサドとかカルネ・アサドといったらたいてい牛肉の直火焼きをさす（カルネは「肉」の意味）。アルゼンチンのアサドは国民的料理である。

もう一例、フィリピン料理を代表するアドボadoboも、もとはスペイン語である。豚肉と鶏肉を香辛料と酢を入れたソースに漬けこんで、いったん焼いてから煮込んだものだ。ところがスペイン語でアドボというと肉の漬け汁を意味するだけで、スペインにこの名の料理はない。かたやメキシコでは、焼肉用にトウガラシや酢などの漬け汁に漬けこんだカルネ・アドバードcarne adobadoという豚肉が肉屋で売られている。

なお、フィリピン料理全体としては、中国料理の影響が大きく、また魚醬、ココナッツミルクの使用など、東南アジアのほかの国々と食文化を共有する。その一方で、周辺国とは異なり、トウガラシをあまり使わないマイルドな風味が好まれるといった特徴もある。

また中国の食文化の影響を受けていながら、冷めた料理では食事ができないという中国人と違って、フィリピン人の場合ご飯でもおかずでもスープでも、わざわざ冷ましてから食べるのもおもしろい。

世界三大料理は、フレンチ、中華と……

トルコの人びとは、トルコ料理は世界三大料理の一つだといって誇る。日本ではあまりなじみがないが、先に記したとおりピラフ系の料理がいかに広く伝播しているかを考えるだけでも、トルコの料理が他国に与えてきた影響は思いのほか大きかったことがわかる。

この国は東西文明の十字路にあって、さまざまな文化要素を採り入れた独特の食文化を形成してきた。トルコといえばふつう羊肉の串焼きシシュ・ケバブや、最近では日本でもトルコ人が経営する屋台などで見られるようになったドネル・ケバブが有名だが、串焼きのような単純な食べ物だけにトルコ料理を代表させることはできない。宮廷料理の流れをくむ手のこんだ料理や菓子の数々は、たしかにフランス料理や中国料理とならべられるだけのことはあるようだ。

トルコ料理の特徴として、挽き肉などの詰め物をした料理が多いことがあげられる。ピーマンやトマト、ナスに詰めたり、キャベツやブドウの葉に巻いたりしたものはドルマと総称され、非常に多くの種類を誇る。

ピラフが中東からおもに東へ東へと伝わっていったのに対し、ドルマあるいはサルマとよばれる詰め物料理は、アラブ諸国はもちろん、ギリシアやバルカン半島の東欧諸国にまで定着した。ロール・キャベツの祖型は、じつはトルコに存在したのである。また、挽き肉を詰め物にせずにナスと交互に何層にも重ねて焼いたムサカは、ギリシア料理としてよく知られているが、これもトルコからバルカン半島一帯に見られる料理である。

同じように、挽き肉を団子状にまとめて焼いた料理も、中東、ギリシアや東欧に多い。ヨーロッパの多くの地域で、くず肉は刻んで腸詰めにされるのがふつうだが、東欧諸国にはドイツの影響が強いところを除くと、腸詰めのたぐいが案外に少ない。かわりにミートボールのような料理が各地に見られるが、これももとはトルコでキョフテと総称される挽き肉料理に由来するのである。もっともイスラーム圏のトルコではたいてい羊肉をもちいるが、バルカン諸国では牛肉や豚肉も使われる。

ドネル・ケバブ　回転させ、あぶり焼いた肉を薄切りにし、野菜などとパンにはさみ、サンドウィッチ感覚で食べる。(エジプト、カイロの街頭にて)

トルコ発祥の食べ物はほかにもいろいろあるが、もう一つだけ意外なものをあげておこう。ブルガリア名物のヨーグルトである。ヨーグルトはトルコ系の遊牧民が作ったものといわれ、名称もトルコ語のヨーウルトに由来する。本場トルコではサラダやスープなどさまざまな料理にもちいられ、ギリシアやブルガリアなどでもそのような料理が採り入れられた。ヨーグルトはまた、中央アジアやインドなど東方にも広まった。インド料理にヨーグルトが出てくるのはよく知られているとおりである。

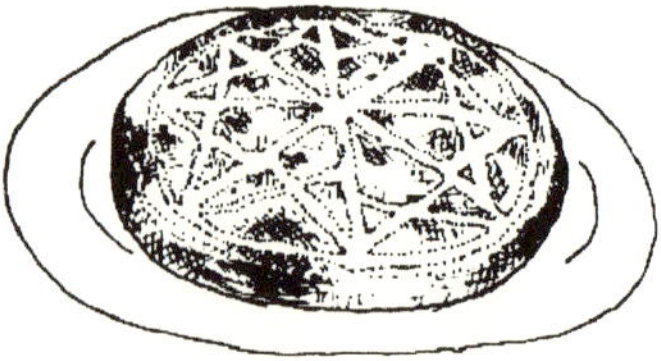

バスティラ　中は辛めの鶏肉料理なのに外は甘いという珍味な料理。

モロッコの世界一豪華なパイ

トルコやイランの料理は、当然のことながら、エジプトやマグレブ諸国などアフリカのイスラーム圏にも広まっている。フランスにせよ中国にせよトルコにせよ、料理大国が誇る贅沢な食文化はみな、宮廷で育まれてきたという共通点があるが、北アフリカのモロッコもまた、中世アラブの宮廷料理の伝統を受け継いでいる。

北アフリカのマグレブはもとは遊牧民ベルベル人の地だったが、ローマやアラブの影響を受け、豊かな食文化が築かれた。イタリアのパスタの材料と同じデュラムセモリナ粉で作る細かい粒状の食品、クスクスを主食とし、トマト、オリーブ油、トウガラシを多用するなど、マグレブ諸国の食はたがいに似通った点が多いが、とくにマグレブ文化の中心地モロッコの場合、対岸のスペイン南部の影響もあって、独特の料理を発達させたようだ。その好例が、バスティラまたはパスティラとよばれるパイ料理である。

モロッコ人は言う。「世界には二種類の人がいる。バスティラを食べたことのある人と、不幸にしてその味を知らない人だ」。

その実体は、向こうが透けて見えるほど薄くのばした直径三〇センチほどのパイ生地を重ね、なかに調味したハトの肉や鶏肉、オムレツ、アーモンドやトマトなどさまざまな料理を詰めて、オーヴンで焼き上げたものである。表面には粉砂糖で幾何学的な模様が描かれている。バスティラは庶民の口にはめったに入らない高級料理で、宴会のコースでは最初に出されるのが本当だ。

この不思議なパイ料理の起源と名称については、スペインに源流を求める説がある。スペインには今日、挽き肉やタマネギ、茹で卵、オリーヴの実などのみじん切りをパイ牛地で包んで焼いたパステルという軽食がある。中南米諸国でもさまざまな種類のパステル、つまり具入りパイがみられる。

イスラーム教徒がイベリア半島を支配していた時代にもそのようなパイ料理があって、同じ名称でよばれていたのなら、それを知ったモロッコ人が自国で宮廷料理として洗練させたということも、なるほど考えられるだろう。イスラーム教徒は中世ヨーロッパにコメやサフランなどの香辛料や砂糖など非常に多くのものをもたらした。その一方で、文化的には遅れていたヨーロッパから採り入れた食の一例が、バスティラというたぐいまれな料理に結晶したのだろうか。

信用できない「○○風」ソース

世界三大料理の筆頭を飾るフランス料理は、ソースがなければ成り立たないとよくいわれる。その基本的なソースの一つに、「ソース・エスパニョル」がある。仔ウシや野菜からとる褐色の出し汁（フォン）と、つなぎのために小麦粉をよく炒めて作る褐色のルー、そしてさいの目に切った各種野菜を基本に何時間もかけて煮込んだもので、さまざまなソースの母体でもある。エスパニョルをさらに煮詰めると、日本でもよく名の知られたドゥミ・グラスとなる。

ソース・エスパニョルは、一八世紀前半の著名な料理人ヴァンサン・ラ・シャペルが上手に使いこなして、近代的なフランス料理の基礎を築く一助とした。エスパニョルとはスペイン風の意味だが、実際にはスペインとは関係ない。一六六〇年、ルイ一四世に嫁いだスペイン王女に随伴した料理人がもたらしたという説もあるが、これは大いに眉唾ものである。その頃、同じ名のソースがあったとしても、今日のソース・エスパニョルとはまったく別物だったはずだ。

フランス料理のいわくありげな「どこそこ風」ソースには、こんなふうに、引き合いに出された土地とはつながりのなさそうなものがけっこう多い。卵黄とバターで作るソース・オランデーズはその名のとおりオランダ起源だが、卵黄を加えた淡い黄色のソース、ソース・アルマンド（ドイツ風ソース）は、エスパニョル同様、ドイツとのつながりはない。「ドイツ風」の由来は、ドイツ人の金髪を思わせるその色合いによるもので、しかも普仏戦争の後は「パリ風ソース」とよび換えていたというからいい加減なものだ。

またトマト・ソースをもちいた料理にナポリ風と名がつくのは、前章で述べたとおりたしかないわれがあるが、ソース・ナポリテーヌというとソース・エスパニョルにホース・ラディッシュなどを加えた家禽用のソースで、ナポリとは関係がない。同じくエスパニョルに赤ワインとシャンピニオンを加えた魚料理用のジュネーヴ風ソースは、はじめジェノヴァ風とよばれていたのだから、やはりいい加減な名称だ。

ごちゃ混ぜ料理はマケドニア風

フランス料理における地名の無責任な借用は、ソースの名だけでなく料理名にも多い。イタリアのフィレンツェはフランス語でフロランスとよばれ、料理名にフロランタンとあればフィレンツェ風という意味である。この地名のつくフランス古典料理には、たいていホウレンソウが入っているのだが、フィレンツェとホウレンソウのあいだにいったい何の関係があるのか、フランス人も説明できない。

さすがにフランス国内の地名に関しては、このようなわけのわからない借用は見あたらない。ブルゴーニュ風といえば赤ワインを使った煮込み料理が多

古代マケドニアの国境は明確ではなく、ここで示した範囲は目安程度のもの。

いとか、プロヴァンス風ならオリーヴ油、ニンニク、トマトがよく使われるとか、風土や特産物からの類推ができる。ところが、外国の地名となると、どうもイメージが先行してしまうらしい。

たとえば「マケドニア風」を意味するマセドワーヌという料理がある。小さく切った野菜や果物をごちゃ混ぜにしたり、それをゼリーで固めたりしたものだ。ちなみに、イタリアでも「マチェドニア」は、数種類のフルーツを混ぜたイタリア版フルーツポンチの名称となっている。

これらはマケドニアで考えられた料理ではなく、マケドニアの特産物をもちいたものでもない。マケドニア地方の歴史をヒントに名づけられたものと伝えられている。

マケドニアというと、かの有名なアレクサンドロス大王の出身地であり、エジプトのクレオパトラ女王の先祖の地である。世界史に名を馳せた人物にゆかりの地方だが、古代マケドニア人は早くに姿を消し、現在ではスラブ系のマケドニア人、アルバニア人、トルコ人、ロマ人(ジプシー)、セルビア人など、人種、宗教が混在し、複雑な様相をなす。ローマとイスタンブールを結ぶ幹線道路の要衝にあり、多くの民族がここを通って移動していったことが、大きな要因のひとつとしてあげられる。

一九九二年、旧ユーゴスラビアの解体にともなってマケドニアは分離独立をはたしたが、いわゆるマケドニア地方はブルガリア、ギリシアとの三国に分割された形になっており、古代マケドニアとは無縁の民族にマケドニアを名乗らせることの是非を問う運動、境界問題などが起こっている。
このような地域特有の複雑さ、つまりは「ごちゃ混ぜ」の様子を料理名に借用したのが「マケドニア風」だというのだが、この料理の場合は、語源のことを考えないでいただいたほうが味を損ねないかもしれない。

チョロギがつけば「日本風」

地名を借用した料理名で日本人がいちばんびっくりするのは、ジャポネーズ、すなわち日本風と名付けられた料理だろう。たとえばフランスの肉料理でジャポネーズとある場合、とくにチョロギを付け合わせに含んでいるのが特徴とされる。

チョロギ　献立では、長老喜、千代呂木、長呂木などの縁起のよい字が当てられる。

草石蚕《ちょろぎ》とは、「シソ科の多年草。中国原産。（中略）晩夏に地下に生ずる巻貝に似た塊茎は食用で、赤く染めて正月の料理に用いる」（『広辞苑』より）。「長老喜」「千代呂木」とも書く縁起物で、おせちで黒豆の上に彩りとしてのせられていることがある。
チョロギは新年の季語として歳時記にも載ってはいるが、日本を代表する食物とはとうていいえまい。なにもこんな地味な根菜をジャポネーズの特徴としなくてもよさそうなものだが、日本からもたらされたチョロギはアーティチョークのような淡い風味が好まれ、フランス中で栽培されているという。ちなみにフランス語でチョロギのことを言うクローヌという名は、一九世紀後半にパリ南方の同名の土地で、それがはじめて栽培されたことに由来する。

ジャポネとかジャポネーズと名づけられた食べ物はほかにもいくつかあるが、もう一つ、「ボンブ日本風《ジャポネーズ》」と題されたデザートも紹介しておこう。ボンブとは文字どおりには砲弾のことだが、菓子の用語としては、外側にかためのアイスクリームやシャーベット、内側にやわらかめのアイスクリームという二重構造になった氷菓を意味する。さて問題のジャポネーズは外側がモモのシャーベット、内側が紅茶のアイスクリームで、こちらはチョロギ以上にどこが日本風なのか、さっぱり見当もつかない。

フランス生まれの「アメリカ風オマール」

外国の名を借用したフランス料理すべてが、ジャポネーズのようにいい加減というわけではない。「イギリス風」を意味するアングレーズと名がつけば、特別なソースをかけない肉やレバーのソテーとか、付け合わせの茹でジャガイモのようなシンプルな料理のイメージがつきまとう。実際のイギリス料理がそれほど簡素なものばかりではないにせよ、フランス人のいう「イギリス風」は、いわゆるイギリス料理とそう遠くはなさそうだ。

「イタリア風」のほうは、もう少し複雑だ。そもそも統一国家としてのイタリアの成立は一八六一年のことで、この国はいまだに都市国家の寄り合い所帯の雰囲気がある。だからイタリア料理とひとくくりにできるような要素は案外に少ない。

たとえば今でこそイタリアといえばパスタだが、もとは南イタリアの食べ物だった乾燥パスタがイタリア全土に普及したのは、二〇世紀も後半のことだという。調理法も、北が生クリームやバターを多用するのに対し、南はトマトとオリーヴオイルが使われる。

イタリアの料理を表現するならむしろ、ジェノヴァ風とかトスカーナ風とかローマ風のように地方の名を借用すべきなのである。実際そのような料理名もよくあるが、先に述べたフィレンツェとホウレンソウの例のように不適切な借用も少なくない。

フランス料理における「イタリア風」は、パスタやコメやマグロなどイタリアでよく使われる素材をもちいたものが多く、その意味では「イタリア風」はチョロギの付け合わせをもってジャポネーズと名づけるほど突拍子もない命名ではない。

けれどもスペインとは無関係のソース・エスパニョル（スペイン風ソース）を煮詰めたドゥミ・グラス・ソースにシャンピニオンなどを加えて、今度はソース・イタリエーメ（イタリア風ソース）と称するようないい加減な例もある。イタリアもスペインもともにフランスの隣国でありながら、その国名の引用はやはりイメージ先行であるようだ。

さらに、「アメリカ風」という意味のアメリケーヌと名づけられた料理は、いわゆるアメリカ料理からはまったく類推できない。アメリケーヌはオマール、英語でロブスターを使った料理によくもちいられる名称で、アメリカ帰りの料理人ピエール・フレスがパリに開店したレストラン「ピーターズ」で作った料理に由来するという(ピーターはピエールの英語名)。

バターでニンニクやトマトを炒めたところにぶつ切りのオマールを入れて火を通すというピエールの手軽なレシピは、いかにもアメリカ的なイメージと結びついたのだろう。「アメリカ風」エビ料理はその後いくつものバリエーションを生んだが、エビの頭をつぶして出し汁を取ったものをソース・アメリケーヌというように、フランス料理らしい手のこんだ一皿に発展しても、区別なくアメリケーヌとよばれている。

オマールの料理以外にも「アメリカ風」と冠された料理はいくつかあるが、なかでもおもしろいのが「アメリカ風ステーキ」だ。その実体はこの章の冒頭で紹介した「タルタル・ステーキ」である。中央アジアの騎馬民族タタールの名を付けられたこの生肉料理が、なぜアメリカ風とよばれるようになったのかはよくわからないが、肉を細かく刻むだけで料理らしい料理をしないというところが、アメリカ的と考えられたのかもしれない。

日英共通の国民食とは

小麦粉のルーでとろみをつけた日本のカレーが、イギリスのインド風シチューのアレンジだというのは、もはや常識だろう。インドの人が日本のカレーライスを食べても、自国の料理に由来するものだとは気がつかないという。

インドにカレーという名の料理はない。一六、七世紀にインドの西海岸を植民地化したポルトガル人やオランダ人が、現地の常食である香辛料を多用したスープや煮込み料理などを「カリ」と記録したのが、カレーという英語の語源だという。だがカリはタミル語であるとかマラバール語であるとか諸説あり、その意味するところもよくわかっていない。

よその地域の人間がカレーとよぶ料理は、インドやその食文化の影響を受けた地域の、香辛料たっぷりの汁物や煮込みの総称といってよいだろう。具材は野菜、豆、肉類、魚介類などいろいろで、使われる香辛料もさまざまだ。「辛い香辛料」を意味するミックス・スパイスのガラム・マサラがよく知られているが、南インドでは、粉末状のものより、そのつどすりつぶした香辛料を使うことが多く、ガラム・マサラが万能の「カレー粉」というわけではない。

こうしたスパイシーなインドの料理は大英帝国を通じてヨーロッパに紹介され、フランスなどでも「異国的な一皿」にアレンジされていたが、一八世紀にイギリスのクロス・アンド・ブラックウェル社がスパイスを調合したカレー粉を商品化してから、いわゆるカレー風味が本格的に広まっていった。二〇世紀初頭、パリのレストランで「エドワード七世風」と命名された料理にカレー風味のものが多いのは、当時イギリス王がインド皇帝も兼ねていたことによる。

日本のカレーライスはイギリス経由だが、南アフリカのようにインド系移民が直接カレー風味の料理を持ちこんだ例もある。中米のカリブ海地域でも、インド系移民が比較的多い国ではカレー風味が広まっている。中米の人々が古来使い慣れていたトウガラシに、旧大陸原産の香辛料が合わさり、いわゆるカレー粉となって戻ってきたわけだ。ジャマイカではパーティーのごちそうといえばヤギのカレーというくらい好まれている。

もちろんイギリスでも、カレーは大人気である。統計によっては、ロースト・ビーフに次いで第二位の人気料理であるとか、若年層ではロースト・ビーフより好まれているとか、もはや国民的料理といってよい。ドイツでも、屋台で「カリーヴルスト」を注文すると、茹でたソーセージにケチャップとカレー粉をかけたものが出てくる。アメリカのハンバーガー・チェーン店のような戦略的な展開なしに、カレー風味は世界各地に広まっているのだ。

ウスター・ソースのルーツはインド?

ソースとは本来、液体状の調味料一般を言うが、日本ではソースといえばたいてい、ウスター・ソースやとんかつソースのような褐色の調味料のことになる。このウスター・ソース、名称の由来はイングランド西部にあるウスターシャーの州都ウスターである。

だがウスター・ソースそのものの起源は、インドにあるという説がある。一九世紀、ウスターシャー出身でベンガルの総督をつとめていた貴族が、インドで出会って気に入ったソースのレシピをもとに、ウスターで薬や食料品を扱う店を経営していたジョン・リーとウィリアム・ペリンズ社に作らせたというのだ。ちなみにその材料とは、酢、糖蜜、砂糖、エシャロット、ニンニク、タマリンド（酸味と甘味のあるマメ科の植物の実）、アンチョビ・エッセンス、肉のエッセンス、各種香辛料だというが、詳しい製法はいまだにリー&ペリンズ社の企業秘密である。

イギリス人とフランス人はなにかといえば互いに揶揄《やゆ》しあうが、このウスター・ソースも格好のネタだ。無数のソースを誇るフランス人に言わせると、イギリスには「百の宗教があるが一つのソースしかない」ということになる。

ウスター・ソースの誕生伝には、ウスターシャーに住んでいた一人の主婦による偶然の産物という別の説もあるが、インド起源説を信じるならば、このソースは一八世紀に商品化されたカレー粉とともに、イギリスがインドから得た食の恩恵だったといえる。これがおそらくは明治の初年、日本に輸入されて流行したため、日本でソースといえばこの種のものをさすことになった。

ウスター・ソースが日本でさらに改良されたのが、揚げ物やお好み焼きに欠かせない濃厚な中濃ソースやとんかつソースだ。これと似たものは欧米には見あたらない。インド発祥（？）イギリス経由ではあるが、とんかつソースはもはや日本のソースと言ってよい。ちょうどイギリスのインド風シチューが日本独自のどろりとしたカレーに変貌したのと好対照をなす。

余談だが、日本が誇る醬油は英語でふつうソイソースsoy sauceという。ソイは日本語の醬油からきた語で、転じて原料のダイズをも意味するようになった。ヨーロッパ人は一七世紀までダイズという植物を知らず、ルイ王朝の宮廷などごく一部でもてはやされていた醤油と同じ語をダイズそのものにもあてたようである。つまり、ソイソースは「ダイズのソース」というよりも本来は「醤油ソース」なのである。またダイズは英語でソイビーンsoy beanともいうが、字義は「醤油の豆」ということだ。

マヨネーズの語源いろいろ

どんなものにでもマヨネーズをかけて食べてしまう人をさしていう「マヨラー」なる言葉が生まれるほど、チューブ入りのマヨネーズは日本の食習慣に浸透しているが、マヨネーズは本来、フレンチの厨房で手作りされるれっきとしたソースの一種である。フランス料理の事典によれば、マヨネーズは、「卵黄に酢と油を混ぜてつくる冷製乳化ソース」で、「ソース・エスパニョル、ソース・ヴルテ、ベシャメル・ソースとならぶ基本ソースの一つ」ということだ（『フランス　食の事典』）。

このマヨネーズmayonnaiseの語源は、スペインのメノルカ島の港マオンMahónに由来すると説かれることが多い。時代は一八世紀半ば、七年戦争がはじまってまもなく、フランスの宮廷貴族リシュリューは、イギリスの西地中海における本拠地だったメノルカ島を奪取した。そこで出会ったソースを気に入ったリシュリューが「マオンの」という意味のマオネーズma-honnaiseと名づけたというのが通説である。

ちなみにこのリシュリュー元帥は、ルイ一三世に仕えて数々の功績を残した「宰相」リシュリューの甥の息子にあたる。元帥は美食家としても知られ、彼が宮廷に紹介したボルドー・ワインには「リシュリューのハーブ・ティー」という別名がつけられたくらいだから、マヨネーズを気に入って、それを広めたというのもありそうなことだ。だが、マヨネーズの語源説はほかにもいろいろあり、どれも決め手に欠けるようだ。

たとえば一九世紀はじめの革命的料理人カレームは、「こねる」を意味するマニエールmanierから生まれたマニョネーズmagnonnaise, magnionnaiseが正しいととなえ、同じく一九世紀の美食家グリモ・ド・ラ・レニエールは古フランス語で「卵黄」をあらわすモワユmoyeuからモワユネーズmoyeunnaiseが派生したと述べている。

ほかにもスペイン国境に近いバイヨーヌBayonne発祥なのでバヨネーズbayonnaiseであるとか、一六世紀の公爵の名にちなむマイエネーズmayennaiseであるとか、諸説紛々なのである。マヨネーズの語源をめぐっては、日本でもテレビのクイズ番組の解答をめぐって裁判が起こされたことは記憶に新しい。

南イタリアのこだわり「アル・デンテ」

ソースは英語でもフランス語でもソースsauceだが、その語源はラテン語で塩を意味するsalから派生した俗ラテン語のsalsaにある。この語はそのままイタリア語とスペイン語のサルサsalsaとなっている。

イタリアでも、フランス料理ほどではないにせよ、さまざまなサルサをもちいる。とくにトマト風味のサルサは何百種あるかわからないというほどだ。それをやはりどれだけの種類があるかわからないというパスタに合わせるのである。パスタとサルサの相性もあるので、その組み合わせはある程度制限されるとはいえ、イタリアのパスタ料理の数たるや、つい二〇年くらい前まで食堂や喫茶店のメニューとなった「スパゲッティ・ナポリタン」と「スパゲッティ・ミートソース」しか知らなかった日本人には、ちょっと想像がつかない。

そのナポリタンとミートソースだが、どちらも日本へはアメリカ経由で入ってきたものと想像される。まず、どちらも英語である。ナポリタンはとくに、アメリカ人の大好きなケチャップで味つけされ、さらにアメリカ生まれのタバスコが添えられることがめずらしくない。そして「アル・デンテ」の歯ごたえが、まったく問題にされていなかったのである。

歯科医院は英語で「デンタル・クリニックdental clinic」だが、アル・デンテal denteのデンテはまさに「歯」のことだ。プツリと歯にあたるくらいの茹で加減がすなわちアル・デンテである。うどんやそばに「コシ」という独特の歯ごたえを求める日本では、アメリカ経由ではなく本場イタリアのパスタが普及するにつれ、茹で具合にもかなり気を遣うようになったが、アメリカ人はこのアル・デンテをあまり好まない。

イタリア移民がもたらしたスパゲッティやピッツァは、アメリカでイタリア風アメリカ食となっていった。のびたスパゲッティも、ピッツァならぬピザ・パイにタバスコが添えられるのと同様に、アメリカ的変容だったのだろう。

もっともアメリカ人だけでなく、フランスでも少し前まではアル・デンテのパスタを粉っぽいといって嫌う客が少なくなかったという。また、そもそもイタリアでも、コシのある乾燥パスタではなく手打ちの生パスタをよく食べる北イタリアの人々は、どちらかといえばやわらかめの茹で具合を好むようだ。アル・デンテとは乾燥パスタの本場、南イタリアならではのこだわりだったのである。

その南イタリアのナポリの名を冠したスパゲッティ・ナポリタンが、日本ではのびたスパゲッティと炒めたソーセージやタマネギ、ピーマンなどをケチャップで和えたものだったと知れば、ナポリ人はひどく驚くに違いない。本物の「サルサ・ナポレターナ」、つまりナポリ風ソースは、トマトと香味野菜、肉をブイヨンでじっくり煮込んで漉すという、手間ひまかけて初めて成り立つ完成されたソースで、間違ってもケチャップなどは使わない。

むしろタマネギとパンチェッタ（塩漬けの豚ばら肉）をいためてトマトソースを加えた「アマトリチャーナ」（「アマトリーチェ風」。アマトリーチェは町の名）のほうが、日本人のイメージする「ナポリタン」に近いかもしれない。

イタリアもソース大国

トマトを使ったイタリアのサルサには前述のナポレターナのほか、シンプルなトマトソースの「ポモドーロ」（トマトの意味）や、それにアンチョビを加えた「マリナーラ」がある。「サルサ・マリナーラ」とは「海のソース」の意味だ。ちょうどフランス料理のソース・エスパニョルのように、マリナーラは何十種類ものソースを生む母体、マザー・ソースでもある。

たとえば「サルサ・ジターナ」（ジプシー風ソース）は、サルサ・マリナーラに黒オリーヴを加えたもので、トマトの赤にオリーヴの黒という配色と、ロマ（ジプシー）女性との連想による命名だろうか。イタリア料理では、「ボロニェーゼ」（ボローニア風、いわゆるミートソース）のように地名を冠したり、「ヴォンゴレ」（アサリの意味）のように材料をそのままもちいた単純な名称が一般的だが、「ジプシー風」のように想像力をかき立てられる名も少なくない。

卵黄と生クリームとパンチェッタで作る有名な「カルボナーラ」は、粗挽きコショウを炭灰に見立てたところから「炭焼き風」の意味である。ペン先のように先のとがった筒状のペンネによく合わせるアラビアータは、「アラビア風」ではなく、トウガラシのピリッとした風味で「かっかとさせる」怒りのサルサだ。

同じくペンネによく使うサルサに、プッタネスカというのがある。訳せば「娼婦風」だが、アンチョビと黒オリーヴを加えたトマトソース、サルサ・プッタネスカは、見た目にいかがわしさはない。その名の由来は、仕事に出かける前の娼婦が子どもたちの夕食にと手早く作ったからとか、客をとる合間でも作れるからとかいわれる。ともかく誰にでも簡単にできるところがミソらしい。

なお、スペイン語でも同じサルサの語を使うが、スペイン料理にはあまり手をかけたソースはない。スペイン語としてのサルサはむしろ、中南米のスペイン語圏で広くもちいられている。先にもふれたが、トウガラシ、タマネギやトマトなどをもちいたスパイシーなサルサは、メキシコをはじめ、多くのラテン・アメリカ諸国で欠かせない。蛇足ながら、ニューヨーク在住のプエルトリコ人やキューバ人らがさまざまな音楽の要素をソースのように一つに混ぜ合わせて作り出したのが、ラテン音楽のジャンル名としてのサルサである。

ウィンナー・ソーセージはフランクフルター？

ラテン語の「塩」salから派生した語は、ソースのほかにもいろいろある。「塩」そのもののソルトsaltはもちろん、サラダsalada、サラミsalami、そしてソーセージsausageがその仲間だ。ソーセージはイタリア語でサルシッチャsalsicciaといい、「塩で味つけした」という言葉のラテン語salsiciaから派生したといわれる。食べ物ではないが、ローマの兵士に支払われた報酬が塩だったことから、給与を意味するサラリーsalaryの語が生まれたというのもよく知られるとおりである。

ところで、フランクフルトとウィンナーはソーセージの代名詞のように使われているが、フ

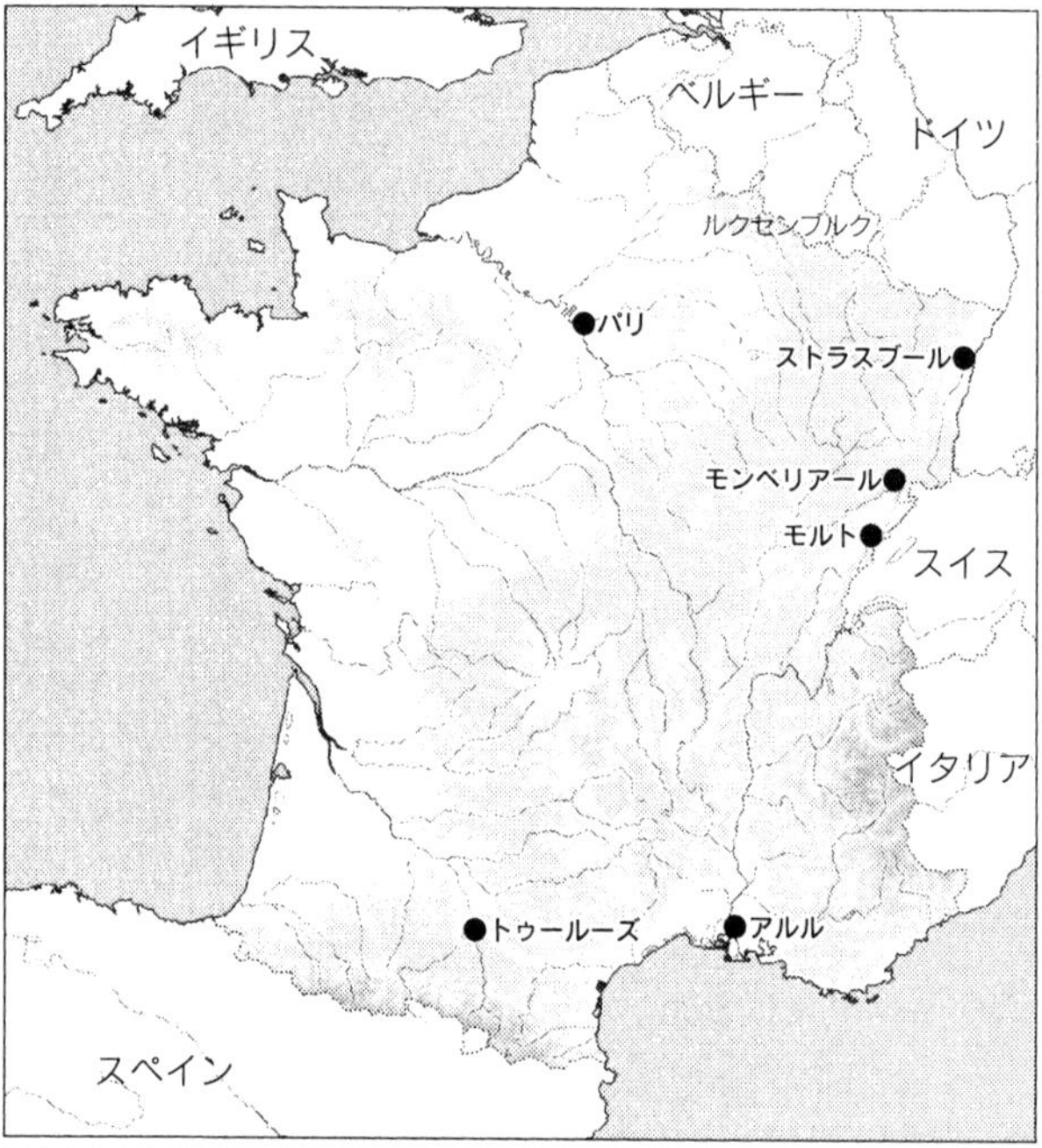

地名とかかわりのある主なフランス産ソーセージ

●ソシス・ド・トゥールーズ＝西フランスで発祥した粗挽き豚肉の生ソーセージ。

●ソシス・ド・ストラスブール＝豚肉と牛肉の加熱ソーセージ。

●ソシス・ド・パリ＝豚肉の加熱ソーセージ。

●ソシス・ド・モンベリアール＝フランシュ・コンテ地方モンベリアールが発祥の、赤ワイン、エシャロットなどを加えた豚肉の加熱ソーセージ。

●ソシス・ド・モルト＝フランシュ・コンテ地方モルト発祥の豚肉の加熱ソーセージ

●ソシソン・ダルル＝ボローニァから来たイタリアの職人がアルルで考案したという。まれにロバ、ラバ、馬肉を加えるので、「ロバのソーセージ」ともいわれる。白ワイン、ショウガなどを加えた豚肉と牛肉のドライソーセージ。ソシソンは大きいサイズのソーセージのこと。

その他、有名なフランス産ソーセージ

■ブーダン・ノワール＝ブタの血液に脂肪を混ぜて作る黒いソーセージ。ブラッドソーセージの一種。

■ブーダン・ブラン＝豚肉に牛乳、卵を混ぜて作る白いソーセージ。フランスではこの白のソーセージと上記の黒のソーセージをクリスマスに食べる習慣がある。

地名とかかわりのある主なドイツ産ソーセージ

●フランクフルターヴルスト＝フランクフルト発祥のソーセージ。20cmほどの長さで、一般的には茹でて食べる。

●ミュンヒナー・ヴァイスヴルスト＝ミュンヘン発祥の白いソーセージで、仔牛肉に牛乳を混ぜて作る。1857年2月、ミュンヘンの肉屋兼ビアホールの「Zum Ewign Licht」で誕生したといわれている。ある日、焼きソーセージ用のヒツジの腸を切らした店主が、代わりにブタの腸をもちいたところ太く仕上がってしまい、焼くとはじけるのではと心配して、茹でて販売するようになったのがはじまりとのエピソードがある。

●ニュルンベルガーヴルスト＝ニュルンベルク発祥で、小指ほどの大きさの小さなソーセージ。独特のハーブとスパイスの香りが特徴で、網やフライパンで焼いて食べる。

●レーゲンスブルガーヴルスト＝レーゲンスブルクが発祥の牛肉と豚肉をミックスして粗挽きにしたソーセージ。古くから伝わるドイツ家庭料理の味を代表するもののひとつ。冷たいままでもおいしい。

●チューリンガーヴルスト＝チューリンゲン地方発祥のソーセージ。粗挽きの豚肉に玉ねぎなどの薬味を混ぜ、ショウガなどのスパイスをきかせてつくる。なかでも粗挽きの豚肉の他に血や脂をたくさん使ったチューリンガー・ブルートヴルストが有名である。

その他、有名なドイツ産ソーセージ

■ウィンナー＝オーストリアのウィーンが発祥とされる世界的に知られている腸詰めソーセージ。ただし、ウィーンではフランクフルターとよぶ。

■ボックヴルスト＝ドイツでは軽食店や屋台でポピュラーなロングソーセージ。ウィンナーに似ているが少し太い（ウィンナーの直径は20mm、ボックの直径は26mm）。

■ヤークトヴルスト＝ソーセージミートに塩漬けした豚ばら肉を散らしたソーセージ。皇帝が狩りに出かけるときに携行したというのでこの名がつけられたという（ヤークトとは狩りの意味）。別名ハンティングソーセージ。

■ビアヴルスト＝塩漬けした脂肪の多い豚肉、粒カラシを細かく散らしたソーセージ。

■ビアシンケン＝塩漬けした赤身のハムを散らしたソーセージ。

■ティーヴルスト＝牛肉と豚肉を原料に低温で燻煙して仕上げたソーセージ。パンに塗ったりして食べる。

■セルベラート＝ドイツの代表的なドライソーセージ。香辛料に白コショウ粒を使用。乾燥後、2～3日冷燻をして仕上げる。

■クラコウ＝ドイツでよく作られるポーランド風のドライソーセージ。牛肉・豚肉使用。温燻の後、ボイルして作る。クラコウはポーランドの都市クラクフに由来するが、これはポーランド風ドイツ・ソーセージである。

ランクフルトのフランクフルターは細長い茹でソーセージで、日本人がイメージするフランクフルト・ソーセージとは別物らしい。一方ウィーンでは、あの小型のウィンナー・ソーセージのことをフランクフルターとよぶ。

こんなふうに一般的な名称と当地での呼び名が一致しないものもあるが、ソーセージは生産地の名でよばれることが多い食べ物の典型といえる。ドイツに限っても、フランクフルターのほか、ベルリナー、ニュルンベルガー、チューリンガーなどがよく知られている。

ミュンヒナー・ヴァイスヴルストは「ミュンヘンの白ソーセージ」の意味で、最近は日本でも冷凍物が手に入るようになった。仔牛肉で作った白いソーセージはあっさり上品な味で、皮はかたいのでむいて食べる。本来は新鮮さが命で、「ヴァイスヴルストは一二時の音を聞いてはならない」といわれるように、朝作ったものを午前中に食べてしまうものである。ミュンヘンのオクトーバーフェスト（十月祭）にも欠かせない、土地の名物だ。

ドイツ以外では、フランスのリヨン、ストラスブール、イタリアのボローニア、ロマーナなどが、地名でよばれるソーセージとして有名だ。ただし、いわゆるボローニア・ソーセージは本場イタリアでは、モルタデッラとよばれている。

ちなみに、日本でソーセージといえばドイツが連想されるのは、ドイツ人がはじめて日本にその製法を伝えたからという事情にもよる。第一次世界大戦時に中国の青島《チンタオ》で日本軍の捕虜となり、習志野収容所に収容されたドイツ人のなかに、五人のソーセージ職人がいた。農林省の役人の要請で彼らが製法を教えたのが、日本でソーセージが作られた最初だという。ただし腸や内臓肉を利用するこの食物はなかなか日本人には受け入れられなかった。ソーセージの普及は高度経済成長期に入ってからのことで、その後もしばらくは、日本独特の魚肉ソーセージのほうが好まれていたくらいだ。

ドイツがソーセージ大国であるのは事実だが、ソーセージは中世以来ヨーロッパのほぼ全域で作られている。たとえばイタリアのドライ・ソーセージのサラミや、スペインの香辛料を効かせたチョリソは、日本でもよく知られている。ほかにも、レバー入り、チーズ入り、タマネギ入りや第3章、第5章で述べるが血入りのソーセージなど、数えあげたら何千種にのぼるのか見当もつかない。

その昔ゲルマン人にソーセージの製法を伝えたのはローマ人だったが、そのローマの都にハムとともにソーセージを供給したのは、豚肉の加工に長けたガリア人だった。ガリア人はケルト系の民族である。つまりソーセージは古くから、ゲルマン系、ラテン系、ケルト系などヨーロッパの主要民族が共通して好む食べ物だった。だからこそ、その土地の風土や好みを反映した個性的なソーセージが、数え切れないほど育まれてきたのである。

なお、ユダヤ人がその戒律から豚肉を食べないのはよく知られているとおりで、当然ハムやふつうのソーセージは口にしない人が多い。そのかわりユダヤ人は、豚肉ではなく牛肉を使ったソーセージを作り出した。ユダヤ人口の多いニューヨークには、ユダヤの戒律にしたがって作られた食品を提供するコーシャー・デリカテッセンがあるが、そこにはコーンビーフや燻製牛肉のパストラミに並んで、牛肉の「フランクフルト」や「サラミ」が売られている。

チーズ王国のこだわり

一昔前まで、加熱・成形したプロセス・チーズしか知られていなかった日本でも、さまざまなナチュラル・チーズが輸入され、また国内生産されるようになった。白かびタイプのカマンベールや青かびタイプのゴルゴンゾーラ、フレッシュ・タイプのモッツァレラなどポピュラーになったものも多い。だが本場ヨーロッパの「お国自慢」のチーズは、何千種類あるかわからないというソーセージ同様、やはり数限りない。村や町、地方の名などでよばれるチーズも多く、この食品と風土との深い結びつきが想像される。

現在チーズ王国といえばもちろんフランスで、次いでスイスやイタリアなどのチーズもよく知られているが、発祥の地は西アジアだとされる。もっと古く、中央アジア、モンゴルの遊牧民が発明したともいわれるが、現在もモンゴルで好まれているその乳製品は、加熱したり酸を加えて乳を凝固させたもので、酵素で乳を固めてから発酵、熟成させる一般的なヨーロッパのチーズとは製法が異なる。

アラビアには有名なチーズ誕生伝説がある。その昔、砂漠を旅する商人がヒツジの胃袋を干して作った水筒にミルクを入れておき、いざ飲もうとしたところ、なかからでてきたのはミルクではなく透明な水と白いかたまりで、そのかたまりを食べてみたら思いもよらないおいしさだった、という話だ。

羊などの胃袋にはレンニンという酵素が含まれていて、これが乳を凝固させるので、「透明な水」つまりホエー（乳清）と、「白いかたまり」状のカードというチーズのもとができる。このようなチーズは紀元前三〇〇〇年から四〇〇〇年頃にはすでに作られていたらしい。「砂漠の商人」がチーズを発見したかどうかはともかく、チーズ作りの原点は本当に、胃袋のなかで偶然起こった化学変化にあったのかもしれない。

ヨーロッパへは一般に、トルコからギリシアをへてイタリアへもたらされたと考えられている。イタリア最古のチーズと宣伝されるペコリーノ・ロマーノには、ローマ建国神話でローマの始祖とされるロムルスにまつわる伝説まである。ロムルスは生まれるとすぐ、叔父の陰謀で川に流され、雌オオカミの乳で育った後、羊飼いの家で養育されるのだが、この羊飼いのところでロムルスが作ったのが、「ローマの羊乳チーズ」を意味するペコリーノ・ロマーノだというものだ。もっともいまでは、ペコリーノ・ロマーノの多くはローマではなくサルデーニャ島で作られている。

ペコリーノは長期間熟成させるハード・タイプのチーズだ。同じように、日本ではもっぱら「粉チーズ」として知られるパルメザン、正確にはパルミジャーノ・レッジャーノもハード・タイプの代表格で、二、三年かけて熟成させる。パルミジャーノ・レッジャーノはボッカチオの『デカメロン』にも登場し、「チーズの王様」という称号がある。名称のもとであるパルマやレッジョ・エミリアなどの産地では、熟成中のパルミジャーノ・レッジャーノを担保に、評価額の八〇パーセントまで銀行から融資を受けられるという。

このように長い時間をかけて熟成させたチーズは、水分が少なくて保存性が高い。そのため、かつてローマ軍がガリアの地へ侵攻するとき、大切な食糧として持ち運ばれた。こうして現在のフランスでもチーズは広く知られるようになったと考えられる。

ただし、フランスには青銅器時代から作られていたというチーズもあるし、北アフリカからスペインを経て侵入したアラブ人が北上し、撤退した後に残されたというヤギのチーズもある。起源同様、伝播経路もそう単純なものではない。

さて、「一つの村に一つのチーズ」といわれるフランスでは、どの土地のチーズもそれぞれのこだわりをもって作られているが、その一例を紹介しよう。イタリアのゴルゴンゾーラ、イギリスのスティルトンとともに世界三大ブルーチーズ（青カビタイプ）として有名なロックフォールである。ロックフォール村の自然の洞窟のなかで熟成されるこのチーズは、羊飼いが洞窟に置き忘れたチーズに、その洞窟特有の青カビがついたのが、はじまりと伝えられている。

一八世紀の百科全書に「チーズの王」と記されたほどのチーズだが、その知名度のため、かつては「海賊版」が横行していた。一九六一年、地元の裁判所は「熟成庫はロックフォール＝シュル＝スールゾン村にあるコンバルー山の堆積物ゾーン内、標高六三〇〜七一〇メートル、長さ二・五キロメートル内にある」と判決を下し、以来海賊版は姿を消した。自然の空気孔が網の目のように通っている洞窟に作られた地下一一階の大熟成庫のみが、ロックフォールのゆりかごなのだ。

ところでチーズの一人あたりの消費量が多いのはむろんフランスだが、生産量では第一位に甘んじている。世界一を誇るのは、大量生産の国アメリカである。

カツはどこでも大混乱

日本のトンカツはトン（ブタ）のカツレツで、カツレツは英語のカットレットに由来するというのはよく知られたところだ。そこでカットレットcutletを辞書で引くと、第一義に「ヒツジまたは仔ウシの肉の薄い切り身」とあり、ついで「これを揚げたカツレツ」などとなっている。カットレットは本来、料理の名ではなく、肉の種類をさす語なのである。

英語のカットレットの語源はフランス語のコートレットcôteletteなのだが、その一般的な定義は「骨付きのあばら肉」ということになっている。さらに料理用語としてのコートレットは「ヒツジや仔ヒツジの半身背肉を肋骨ごとに切り分けたもの」だ。同じ骨付きあばら肉（背肉）でもブタやウシの場合は、縮小辞のないコートcôteの語でよばれるので除外される。ヒツジのコートレットを英語でいえばラム・チョップだから、カツの語源はトンカツの実態とはほど遠い。

さて、そのヒツジや仔ヒツジの骨付きあばら肉は、昔から直火焼きにしたりパン粉をつけてバターで焼くのがふつうだった。そのため、パン粉焼き料理も一般に、コートレットの名でよぶようになったようだ。ともかくコートレットのもともとの意味を考えれば、トンカツとかヒレカツという名称は矛盾をかかえていることになるのだが、このような混乱は世界各地でおこっている。

たとえば、イタリア語でもコトレッタcotolettaまたはコストレッタcostolettaは「あばら肉」の意味で、有名な「コトレッタ・アラ・ミラネーゼ」(ミラノ風カツレツ)は、仔牛肉を叩いて薄くのばし、パルメザン・チーズ入りのパン粉をつけてフライパンで揚げ焼きした料理である。

ところがスペイン語圏では、この「ミラノ風」だけが一人歩きをして、牛肉のカツレツをあらわすのにコトレッタのほうではなく「ミラネーサ」を称している例がよくある。それにトマトソースをそえた「ミラネーサ・ナポリターナ」(訳せば「ナポリ風ミラノ風」)などというメニューもあって、なんだかわけがわからない。

また、ロシア料理として有名な「キエフ風カツレツ」は、「カトレットゥイ・パ・キエフスキー」というコートレット系の名称でありながら、ヒツジでも仔ウシでもない。ときに「キエフ・チキン」といわれるとおり、ニワトリの胸肉にバターを包み込んでパン粉をつけて揚げたウクライナ料理である。

オーストリアやドイツでは、ミラノ風カツレツと似ているが、衣に粉チーズは入れず、バターで焼く仔ウシのカツレツ「ヴィーナーシュニッツェル」がよく知られている。ヴィーリーは「ウィーン風」、シュニッツェルの方は肉の種類や部位とは関係なく、「切れ端」とか「薄切り」という意味だが、とくに叩いて薄くした肉を使うこの料理をさしていて、ときには豚肉のカツレツも同じ名でよばれる。

一説に、ヨハン・シュトラウスに『ラデツキー行進曲』をささげられたナポレオン戦争の功労者、ラデツキー将軍が「ミラノ風カツレツ」をイタリアから持ち帰ってウィーンに紹介したというが、真偽のほどはわからない。

この「ヴィーナーシュニッツェル」はフランスで、レモンの輪切りや茹で卵のみじん切りなどで飾られて、本格フランス料理の一皿となった。フランス語では仔ウシの背肉なら「コート・デュ・ヴォー・ア・ラ・ヴィエノワーズ」（ウィーン風仔牛の背肉）、もも肉なら「エスカロップ・デュ・ヴォー・ヴィエノワーズ」（ウィーン風仔牛の薄切り肉）と区別している。もちろん、ヒツジのための名称である「コートレット」は使わない。

なおフランス料理としてのこのカツレツは、「ウィーン風」ではなく「リエージュ風」とよばれることがあった。これはフランスとオーストリアが敵国どうしだった時代に、フランスの友好国ベルギーの地名を借りてきたためである。

シュニッツェルはドイツ系移民によって東欧でも広く知られている。またやはりドイツ系ユダヤ人が伝えたものだろう、イスラエルにも同じ名の料理があるのだが、なぜかそこでは牛肉ではなくシチメンチョウのカツレツとなっている。

「イスラエル料理」は存在しない

よく知られているとおり、ユダヤ教には食べてよいものといけないものを分けるきびしい規定がある。具体的にはブタは食べてはいけない、エビ・カニのたぐいもいけない、肉料理には乳製品を使ってはいけないなどだ。食の掟をどの程度守るかは個人や家庭によって差があるにせよ、こうした規定から、ユダヤ人の食の特徴を一般論として述べることは難しくない。けれども、そういう食材の問題ではなく、イスラエル料理一般の特徴はどうかというと、ことはそう単純ではない。

あえて言えば、イスラエルにイスラエル料理といえるものはほとんど存在しない。国家としての歴史の浅いこの国で伝統的料理とは、東欧、中東、あるいはドイツ、スペイン、グルジア、モロッコなどから移住してきたユダヤ人がもたらしたそれぞれの料理にほかならない。つまり、イスラエルには世界中の料理が存在することになる。

とりわけ多いのが中東系の料理で、シシュ・ケバブと似たシシュリクという串焼きやドルマ（トルコの詰め物料理）など、アラブ諸国で一般的な食べ物がイスラエルでも好まれている。国内に住む少数のアラブ・パレスティナ人だけでなく、スファラディとよばれる中近東系のユダヤ人が広めてきたものだ。

もう一つ特徴的なのは、アシュケナジとよばれる東欧系ユダヤ人の料理である。当然、ポーランドやチェコの料理と共通点が多い。そのなかで一つ、いかにもユダヤの料理らしいのが、「チョレント」とよばれる煮込みである。

煮込む材料は、牛肉、鶏肉、タマネギ、ニンジン、ジャガイモ、マメ、茹で卵など。煮込みに向く材料で、宗教的に禁じられていないものならばなんでもよい。なぜそれがユダヤ的かというと、火の使用を含むいっさいの労働が禁じられる安息日の料理として、オーヴンの残り火を利用して作ったのが起源とされるからだ。「アダフィーナ」という似たような料埋もあるが、とにかく安息日のために前日に仕込んでおくというところが、ユダヤ教徒ならではといえる。

ほかにも祭日のための特別な料理がいくつかあるが、多くはニワトリの丸焼きのようにどこにでもあるごちそうか、逆に出自のはっきりわかるものだ。移民国家アメリカで長い時をかけてさまざまな折衷料理が生まれてきたように、あるいは次に述べるように同じく移民国家オーストラリアで「新オーストラリア料理」と称される料理が生まれつつあるように、イスラエルにも今後、独自の料理があらわれるのだろうか。

究極の折衷料理

少し前までは、オーストラリア料理など存在しない、というのが定説だった。アメリカと同じ移民の国といっても、クック船長がこの大陸に上陸してイギリス領有を宣言したのは、アメリカにイギリスの最初の植民地ができてから一世紀半以上たった一七七〇年のことである。しかも当初は、「島流し」ならぬ「大陸流し」の地、流刑地として植民が進められたのだった。一九世紀半ばに金鉱が発見されると、世界中から人が集まってきて人口は増大したが、事実上の独立国となったのは一九〇一年のことで、国としての歴史は浅い。

アメリカ大陸にアメリカン・インディアンやインディオがいたように、オーストラリアにもアボリジニとよばれる多くの先住民がいたが、彼らはおよそ五万年前から狩猟採集の暮らしを続けていた人びとである。アメリカの先住民の栽培作物や加工、調理の技術が白人移住者に影響を与え、独自の食文化が育まれたアメリカ大陸のような事例は、オーストラリアではおこらなかった。

アボリジニという語は大文字Aを頭文字とすればオーストラリア先住の諸民族集団の総称だが、もとは「原住民」を意味する一般名詞である。狩猟採集民とはいっても精神文化は豊かで、部族ごとにそれぞれの伝統を受け継いできた人びとだが、ヨーロッパ人からは石器時代の「未開人」と決めつけられた。虐殺・搾取に続き、白人文化の押しつけなどで差別され続けたアボリジニの悲劇は、ここに記すまでもない。白人には利用価値が低いとみなされた広大な土地(ノーザン・テリトリー)がアボリジニの伝統的生活のために残されはしたが、近年まで、彼らの食文化などに注目する白人はほとんどいなかった。

さて、かつての悪名高い「白豪主義」が少なくとも表面的には影をひそめ、保守派の白人を代表するアングロ・オーストラリアンですら「多文化主義」を認めざるを得なくなったころからだろうか、オーストラリアの食文化にも変化がみられるようになった。

長いあいだステーキやバーベキューなどイギリスやアメリカの食文化の域を出なかったのが、アジア系の移民が急増するにつれ、前からあったチャイニーズ・レストランに加え、タイやフィリピン、インドネシアなどの料理店が目立つようになった。そして一九八〇年代には、いわゆるエスニック料理ブームもおこり、以後、一般家庭にもアジアン・テイストが少しずつ浸透してきたという。

私たちになじみ深いところでは、まず醬油の普及だろう。オーストラリアに限ったことではないが、醬油ベースの照り焼き風味は、もはやスタンダードともいえる。日本の発明品、即席麵も定着し、中華鍋で作る肉野菜炒めのような料理も、ステア・フライの名で家庭に採り入れられるようになってきた。

同時に、エスニックな食材や調理法を採り入れた無国籍料理やハイブリッド料理を目玉とするレストランが次々に登場した。その延長線上にあるのが、近ごろ話題の「新オーストラリア料理」である。フランス料理の修業を積んだシェフたちが先頭にたっているので、フランス語で料理を意味するキュイジーヌという語をまじえて、「オーストラリアン・ヌーヴェル・キュイジーヌ」とか「モダン・オーストラリアン・キュイジーヌ」などとよばれる。

この新しいオーストラリア料理を模索する人びとはさらに、オーストラリアならではの食材に目をつけるようになった。長い間、白人には見向きもされなかったアボリジニの食材、いわゆるブッシュ・フードである。

ブッシュ・フードというと、日本ではテレビ番組などで採りあげられることの多い昆虫の幼虫をはじめ、とかく「いかもの」を想像しがちだが、レストランで使われるのは、まずはルーミートとよばれるカンガルーの肉、それにエミューやブッシュ・ターキーなどの鳥の肉である。それからかつては白人が見向きもしなかった各種の野草や種子のたぐいが、オーストラリアの味としてさまざまな料理に利用されるようになってきたのだ。

メルボルンあたりの流行のレストランのメニューをのぞいてみよう。ワニのワンタンやエミューのパテなどのオードブル、カンガルー肉のステーキ、サツマイモのホットケーキとチンゲンサイ添え、ベトナム風ピクルス、トルコ風ドーナツなど。日本の海苔巻きも、あっと驚く奇抜な盛りつけの一皿となっている。

アボリジニの伝統的な食材は、アジアの食材とともに、いまや低カロリーの健康食品として観光に、外食産業に引っ張りだこになってきた。だが皮肉なことにアボリジニの多くは、アメリカ風のジャンクフードに慣らされて久しい。もちろん伝統的な狩猟採集を好む人びともいて、徒歩ではなくランドクルーザーに乗り、投げ槍やブーメランを猟銃に持ち替えてカンガルー狩りに行くこともあるという。観光ツアーにブッシュ・フードなどを食べてみる「体験」が組み込まれていたりもする。

だが一方で、都会暮らしのアボリジニばかりか、ノーザン・テリトリーに住む人びとも、多くは高いお金を払ってハンバーガーやコーラを買い求め、フライド・ポテトに大量のケチャップをかけているのが現実だ。

白人社会の意識の底にいまだ白豪主義が見え隠れするなかで、アジアン・テイストがもてはやされる。アボリジニの伝統と尊厳はなかなか回復されないまま、ブッシュ・フードが話題となる。そのような何やらいびつな構図のなかで、さまざまな味覚を融合する折衷の試み「新オーストラリア料理」は、今後どのような役割を果たすのだろうか。

伝統文化を守るイヌイット・ユイットの知恵

イヌイット・ユイット民族という人びとをご存じだろうか。かつてエスキモーと総称されていた狩猟民のことである。彼らは北極圏から北米大陸のツンドラ地帯を中心に生活していた民族である。

エスキモーという呼称は自分たちからつけたものではない。交流のあった北米大陸のインディアン（ネイティブ・アメリカン）たちが彼らをさしてよんだ名称であり、それをさらに北アメリカ東部に進出してきたイギリス人たちが採用したことで広く知られるようになったという説や、実はフランス語であるといった説までさまざまである。意味についても「生肉を食う輩《やから》」

イヌイット　20世紀初頭、伝統的なカリブーの皮の衣服を着た女性

であるとか「よその土地の言葉を話す」である、という説がよく知られているが、決定的な説はない。

いずれにせよ現在、カナダでは「エスキモー」は蔑称と考えられ、イヌイットが正式名称となっている。しかし、それぞれの集団がそれぞれの自称をもっていたり、アラスカでは逆に「エスキモー」という呼称に自らが固執している場合などあり、彼らを一くくりにする名称はないというのが現状である。そこで本書では彼らをイヌイットとよぶことにする。

イヌイットの住んでいた（そしてまだその多くが住んでいる）北極圏から北米大陸のツンドラ地帯の自然環境は決して楽ではない。むしろかなりきびしく、夏から秋にかけての無雪期以外、つまり一年のほとんどが雪に埋もれている。ツンドラ地帯の端には針葉樹などの森林もあるが、グリーンランドなどの奥地へ進めば進むほど目にとまる植物は減っていき苔の占める割合が増えていく。この過酷な状況を生き抜くために、彼らの習慣や食生活が編み出されていったのである。

イヌイットの食事というと、生肉を食べるというのが一般的な見方である。実際、彼らの伝統的な食生活では、生で獲物を食する割合が非常に高かった。これは熱を加えると貴重なビタミンCが失われてしまうからで、野菜や果物といったものでそれを補うことが容易でなかった環境から行われるようになったと考えられている。事実、初期の北極探検家たちの多く、そして一九四八フランクリン探検隊一二九名が全滅した大きな要因が、生肉を食べなかったことで起こったビタミンC不足による壊血病の蔓延であった。生肉を食べることは野蛮な行為ではなく、生き抜くために必要なことをしていたに過ぎないのである。

イヌイットが主に狩る動物は、夏の獲物と冬の獲物の二つに大きく分けられている。冬の獲物はカリブーやホッキョクグマ、アザラシ、セイウチなどである。氷が厚く、海へ犬ぞりで出かけることができる時期であり、また、寒さに向かって身体に脂肪を厚くため込んだこれらの動物はイヌイットにとって欠かすことのできない獲物であった。また、カリブーなどは冬毛になるから、この極寒地帯で生き抜くために絶対不可欠な毛皮を得ることにもなる。

射止めた獲物はすぐに解体する。これは獲物の体温があるうちにおこなわないと凍ってしまうことや、大きなままでは運ぶのが困難になることなどが大きな要因である。このとき、少しずつ狩人が食べるのは仕留めた者たちの役得である。一般に内臓もすべて食べるといわれているが、犬ぞりを牽いてきた犬たちに与えられたり、近年ではおおかた捨てられてしまうようである。アザラシの皮と肉の間にある脂肪層は五センチほどの厚みがあり、食用にするだけでなくランプの油などにも活用される。また、現在このアザラシの脂肪層を貯めておくと自然に採れるシールオイルが健康食品として見直され、日本でも商品化されている。

冬以外の時期は、漁労がおもな食糧確保の手段である。魚はそのまま食べることも多かったが、三枚におろして乾かした後、天然の冷蔵庫である石塚に保存した。このほかに一年中いるジャコウウシ、ウサギ、キツネ、ライチョウ、ガンなども狩ることもあった。多く獲れればこれらも薄い肉片にして干し肉を作り、冬に備えた。カモメやウミガラスのタマゴも夏の時期に採れる重要な栄養源である。茹で卵にするほか生で食すこともあった。

無雪期になると、大地は緑の苔に覆われ、また、低木や草花がいっせいに息を吹き返す。コケモモの実は広く集めることができ、大人から子供まで非常に好んで口にする。サーモン・ベリーやブルー・ベリー、スグリといったベリー類が豊富に実り、そのまま食べたり、アザラシやカリブーの脂肪（カリブーの茹でた肉を入れることもある）と混ぜて、俗に「エスキモー・アイスクリーム」とよばれるアクータックを作ったりもする。また、海岸や道ばたで見られるエゾルリソウの仲間の青く可憐な花と葉やツンドラの流れや残雪近くの湿った場所に生えるスベリヒユ科のピンクの花と葉などをサラダとしたり、乾燥した葉からハーブ・ティーを作ったりもする。ユキノシタ科のチシマイワブキの仲間の葉はビタミンAとBが多く、サラダが一般的だったが、最近では炒め物にもする。この葉はシールオイルと食べたり、シールオイルに漬けて冬まで残しておくこともある。

それだけ寒い場所であれば身体が温まるものを食べるのではないか、と考えたくなる。しかし、先にも述べたようにイヌイットの場合はビタミンなどの栄養を減らさないようにするためか、焼いたり焙ったりすることはほとんど記録がない。

ただ、まれにカリブーの肉などを鍋で煮て食べることはあったようだ。これは「煮る」というよりも「茹でる」といったほうがふさわしいかもしれない。調味料などで味を調えたりはしないからだ。イヌイットの世界に調味料が入り込んできたのはいわゆる白人との接触がはじまってからであり、それまでは素材の味だけであった。加えるとしても脂ぐらいである。

ところで、かつてイヌイットの人びとの間では季節は大きく冬と夏の二つに分けられるとすでに紹介したが、この二つの季節の獲物をいっしょに食べることはタブーだと考えられていた。これはその食べられる獲物の霊が強く嫌がる行為で、このようなことをすると獲物を得られなくなると考えられていた。このタブーは近年まで慎重に守られてきていた。

第3章 食べものの起源と語源

「カレー」風味の煮込み料理（インド）

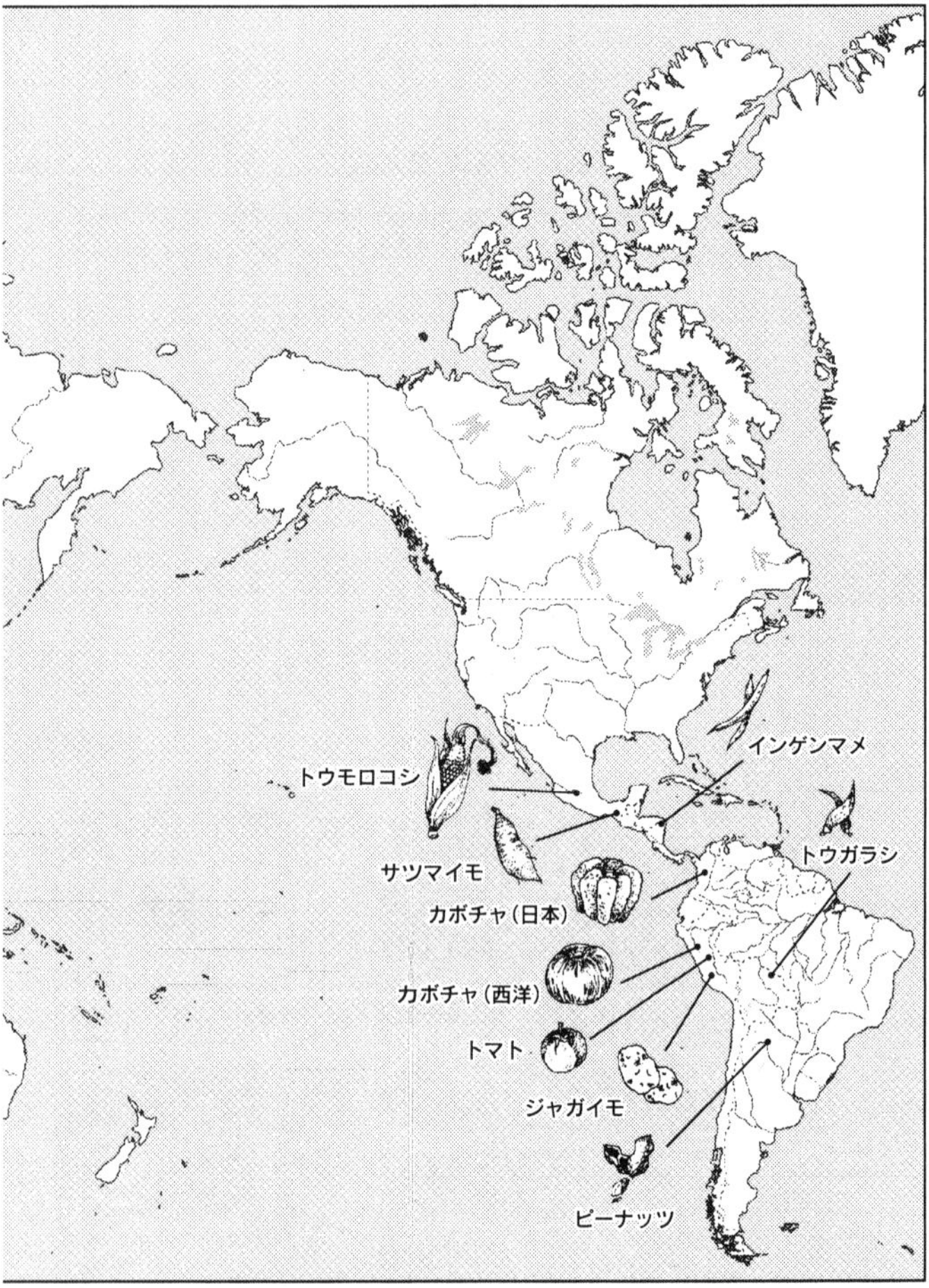

トウモロコシ
インゲンマメ
サツマイモ
トウガラシ
カボチャ(日本)
カボチャ(西洋)
トマト
ジャガイモ
ピーナッツ

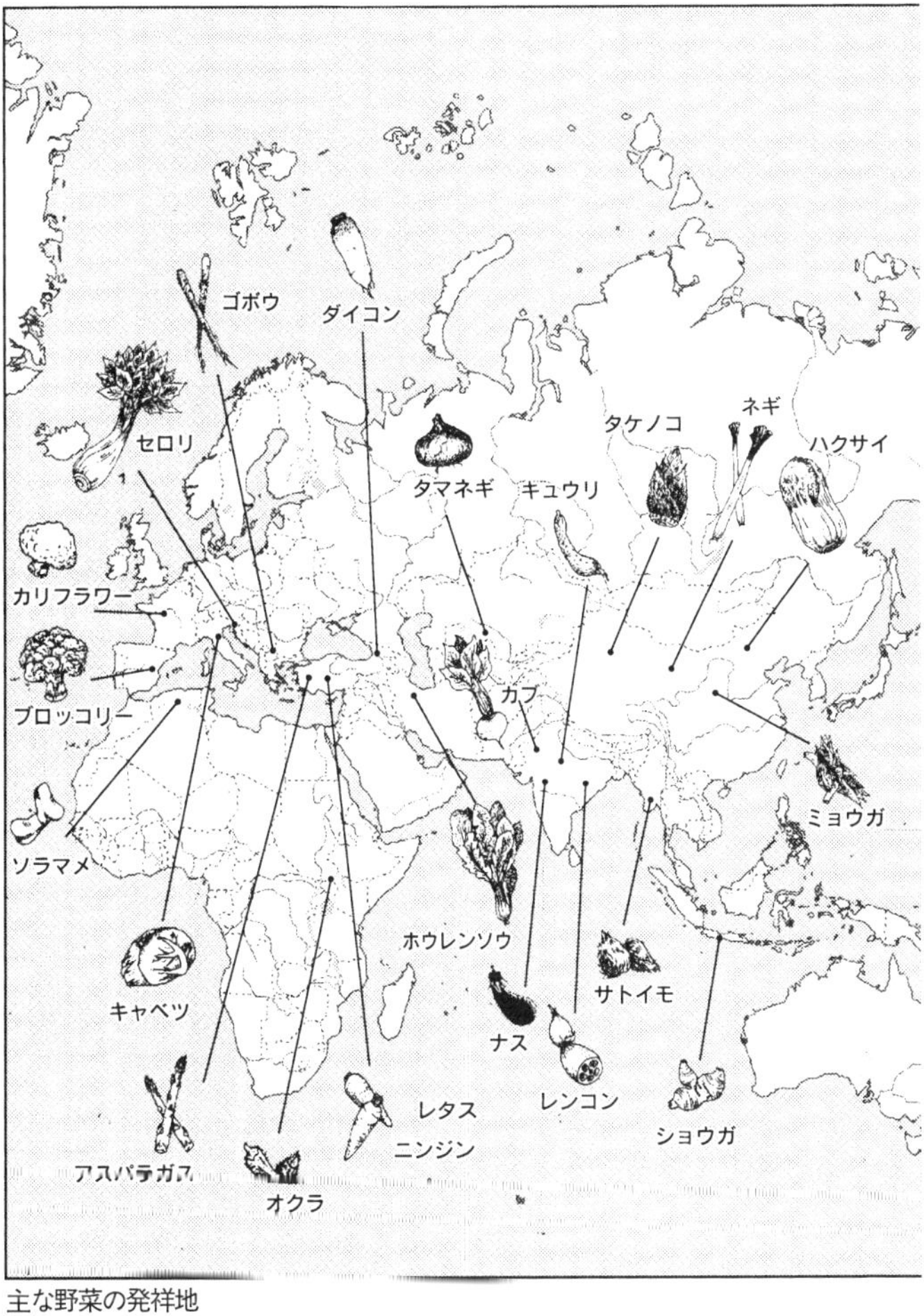

主な野菜の発祥地

発祥地には諸説あるが一般的に有力とされているものをもとにしている。また黒丸部分は場所を限定したものではなく、広範囲な地域を指す。

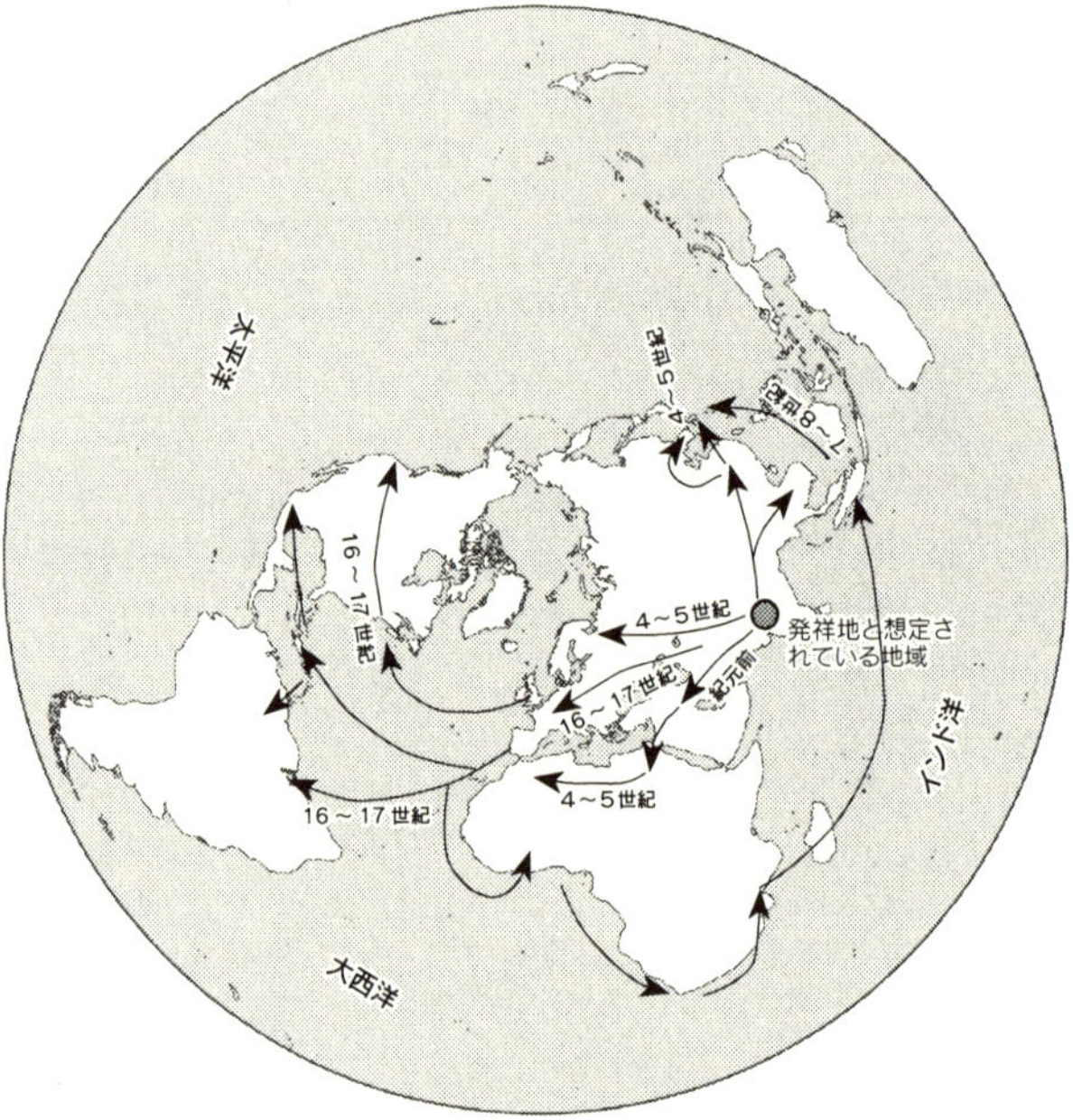

ナスの主な伝播経路　インド原産のナスが日本へ伝わったのは、中国、朝鮮半島、東南アジアの３つのルートがあったと考えられている。西へは、古代ペルシアを経由して西アジア、エジプト、北アフリカへ伝わった。ヨーロッパで広範にひろまったのは13～15世紀で、イギリスでは食用としてよりも花を観賞するために育てられていた。アメリカ大陸へはヨーロッパからの移民が伝えた。

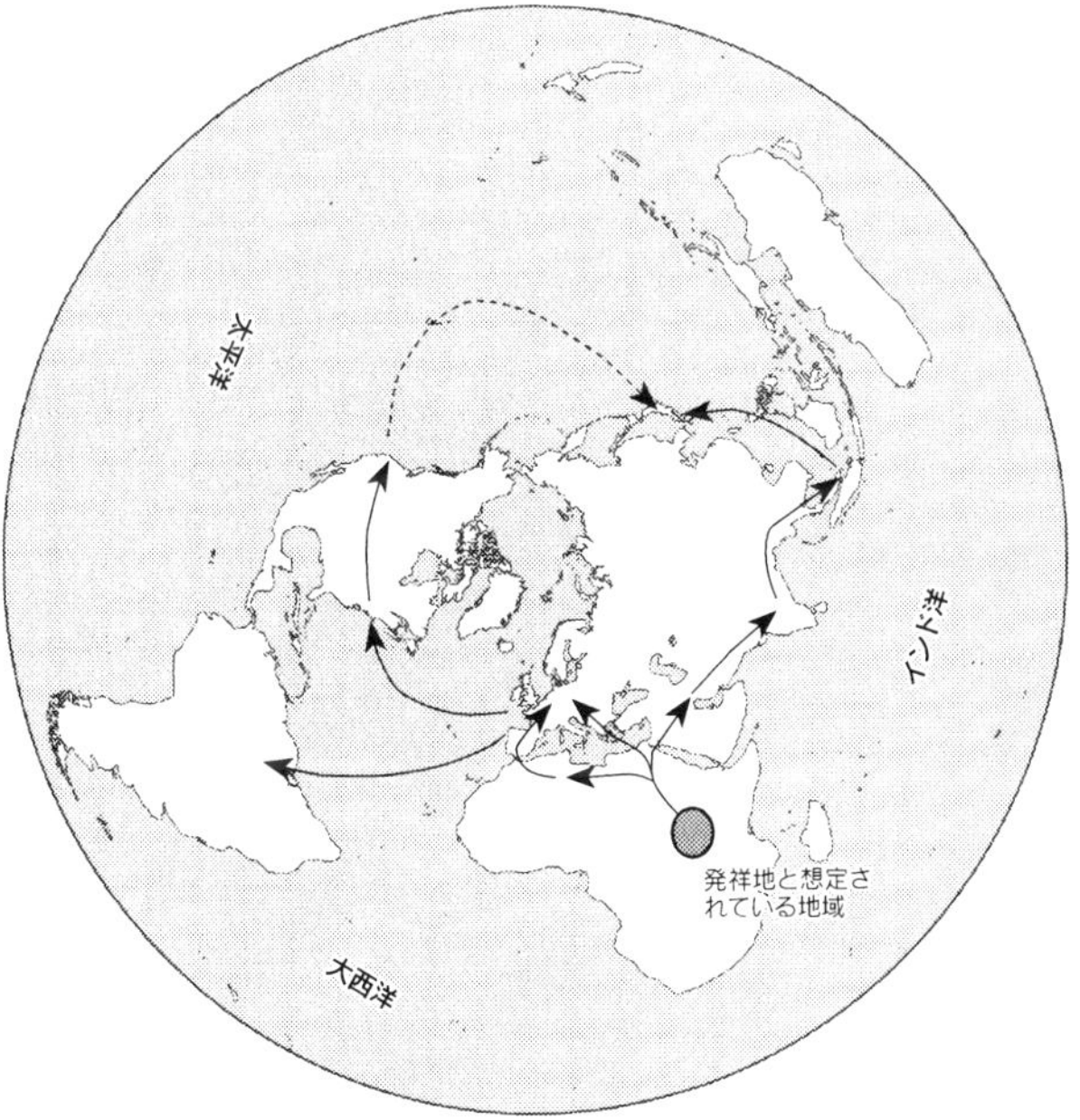

オクラの主な伝播経路　オクラの起源は白ナイル川源流地域と言われ、古代エジプトを経て西アジア、北アフリカ経由でヨーロッパへとひろがっていった。北アメリカへは、17〜18世紀にフランスからの移民が、南アメリカへは奴隷貿易がきっかけでもたらされたと考えられている。日本へは東南アジアから伝わったものの、その拡大は明治期以降、アメリカ文化の流入による食文化の影響が大きい。

実りはじめると次から次へと実ができるので、アフリカでは多産を象徴するものとされている。また、時期を逸すると硬くなって食べられなくなるので、女性の婚期をうながす言い回しに使われたりしている。

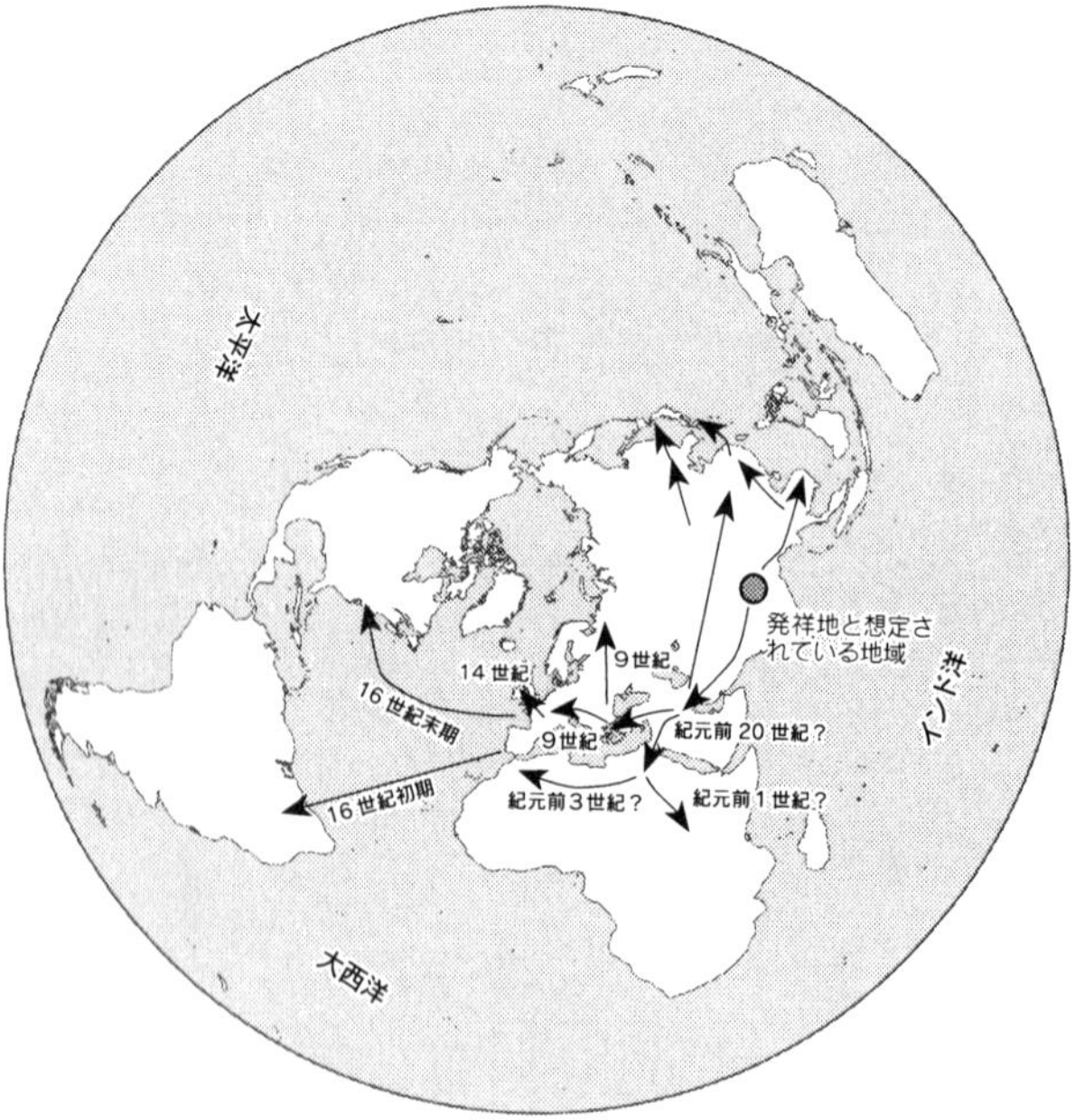

キュウリの主な伝播経路　キュウリは漢字では「胡瓜」と書く。「胡」とは西方の異国を意味するように、紀元前122年、漢の武帝につかえていた張騫（ちょうけん）が、ペルシアからもたらしたとの伝説がある。日本へは、東南アジア〜中国・華南地方からの黒イボキュウリと中央アジア〜中国・華北地方から朝鮮を経由してきた白イボキュウリがある。

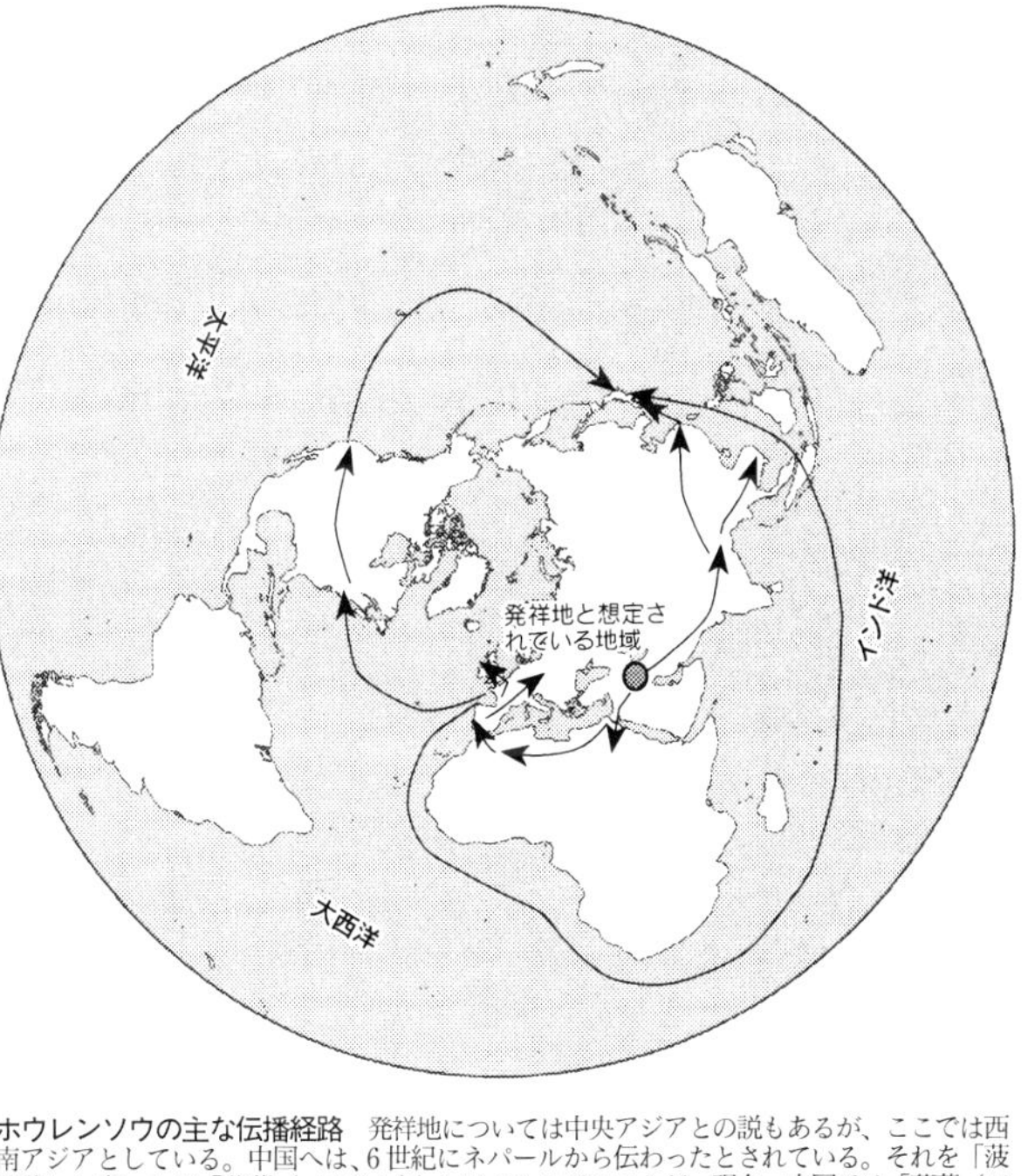

ホウレンソウの主な伝播経路　発祥地については中央アジアとの説もあるが、ここでは西南アジアとしている。中国へは、6世紀にネパールから伝わったとされている。それを「菠稜菜」と書いたが、「菠稜（パウリン）」とはペルシアのことだ。現在、中国では「菠菜（パオツァイ）」という。この系統のホウレンソウは葉がギザギザで東洋系の品種である。

ヨーロッパへは7世紀以降のイスラームの侵攻に合わせて進み、11世紀になってモロッコからスペインへ伝わったと考えられている。その後、オランダで葉にギザギザのない西洋系の品種が生まれた。アメリカへは19世紀末から20世紀はじめにかけて伝わり、栽培がさかんになった。

日本へは16世紀に中国から、19世紀にフランスから伝わってきた。

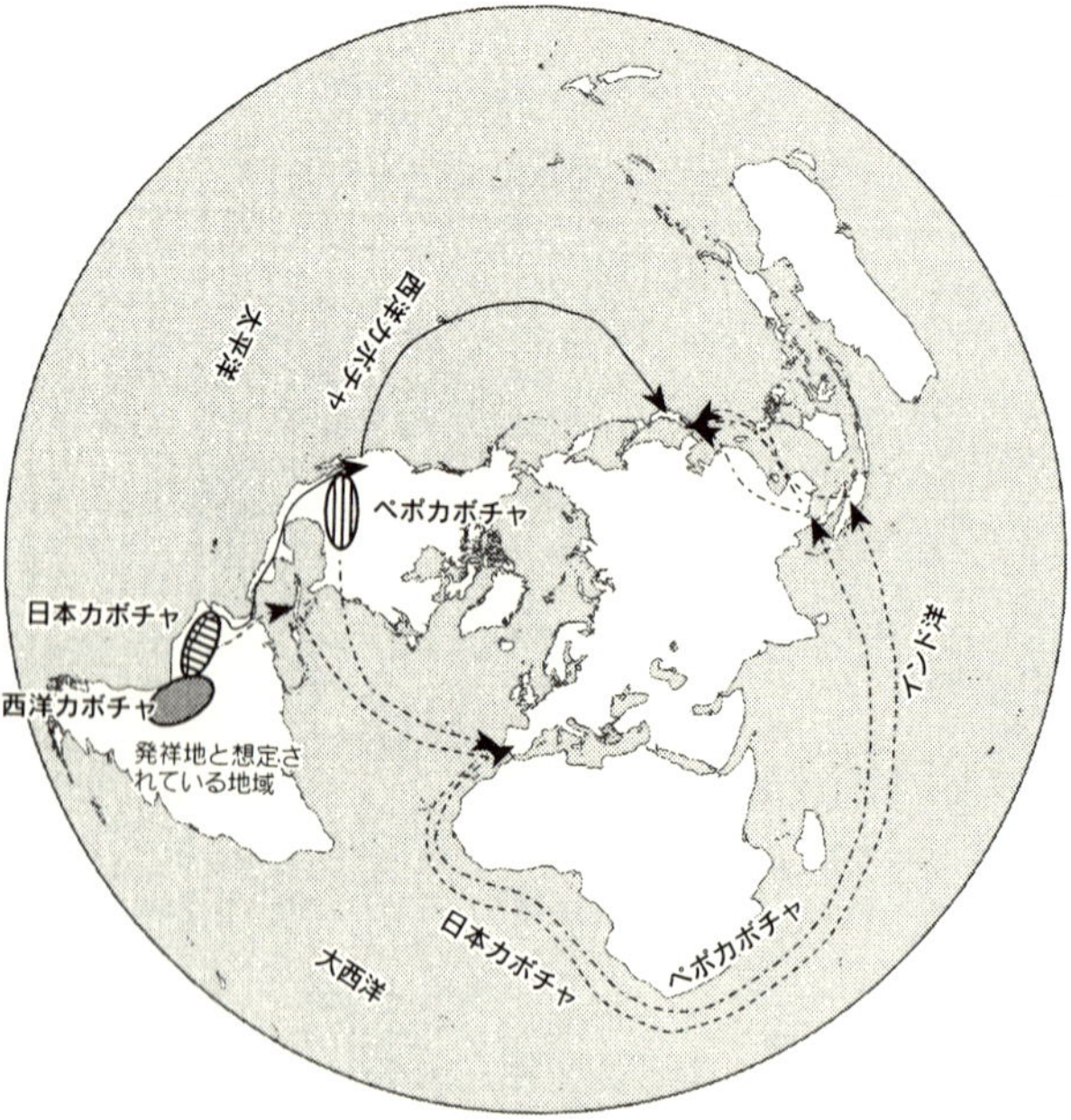

カボチャの主な伝播経路　ヨーロッパへ伝わったのは15世紀以後、日本への渡来は16世紀なかばである。ポルトガル船が現在の大分県に漂着したことがきっかけで貿易がはじまってからと言われている。このとき、カンボジア産であるとの情報がもとになって「カボチャ」の呼び名が生まれた。「ナンキン（南瓜）」とは南のほうから来たウリ、「トウナス(唐茄子)」とは中国経由で伝来したペポカボチャで、ナスの形に似ていたからである。「ボウブラ」と呼ぶ地方もあるが、これはポルトガル語のアボウブラに由来する。
　現在一般的な西洋カボチャが日本に伝わったのは明治時代で、広く食卓にのぼるようになったのは戦後のことである。

ローマ軍が発見したサクランボウ

古代ギリシア時代におこった都市のひとつで、黒海の南沿岸にケラソスKerasos（現トルコのギレスンGiresun）という町があった。ここはやがてポントス国の治めるところとなっていたが、紀元前七四年、ローマ軍がポントスに侵攻した。そしてケラソスの町の近くに駐屯することになったローマ軍は、この地方特産の小さくて赤い木の実に魅了されてしまったのだった。サクランボウである。

兵士たちはこの実をケラシアcerasia（ケラソスの実）とよんだ（ケラソスはラテン語ではCerasusとなる）。もっとも、町の名が先にあったのか、この実の名のほうが先にあって町の名前にされたのかは明らかにはなっていないという。

古代の遠征ではしばしば、香木や果樹など、珍しい樹木を根こそぎ持ち帰って植えてみるということがおこなわれた。このときも、実を食べつくしてしまったであろうローマの兵士たちは、種を残しただけでなく、何本かの樹木を本国に持ち帰った。そしてそれは根付き、ローマ帝国の拡大によって、広くヨーロッパへと伝播していった。

ノルマン人の国でもその実は好まれ、ケラシアはシェリーズcheriseに、イングランドにわたってシェリーcherryになり、今日のチェリーcherryに変化したといわれている。

英語で「サクランボウ色」のことをスリーズceriseというが、こちらのほうはノルマン系の名称の名残りである。
いまや、欧米をはじめ、東洋にも広がり、甘味として欠かせない存在になっている現実は、説明するまでもなかろう。

モモはペルシア？

アレクサンドロス大王の東方遠征では、東西の文化の融合など、大きな変化があった。大国ペルシアを破り、この地に侵攻したギリシア軍兵士は、ここでもある果物とその果樹を持ち帰った。甘く、みずみずしいその果物は、ペルシアの地で得たということで「ペルシアのメロン」melon persikonとよんだという。ただこの場合のメロンとは、「果物」という意味であって、今日のメロンとは違う。

ちなみに、英語のフルーツfruitは、ラテン語の「楽しみ」を意味するfructusという言葉から生まれたもので、つまりは甘い香りや風味を「楽しむ」食べ物ということだったのだろう。

さて、やがてペルシアのメロンがローマに伝わり、ペルシクムpersicumと略してよばれるようになる。さらに、ローマ帝国の拡大とともに現在のフランスに伝わり、ペーシュpêche、イングランドにまでいたってピーチpeachとなった。

日常の英会話のなかで、このピーチpeachは「いけてる」「いかしている」「すてきな女の子」を表現するときに使われるが、これがもともとペルシアのことだったというのは皮肉である。現在のイランはアメリカにとって、口が裂けても「いかしてる」国とは言えないはずなのだが……。

ところで一説には、モモは中国原産で、それがペルシアに伝わったとされる。中国に文明がおこった初期の頃から、モモの存在は確認されているというから、その可能性は高い。人の動きによって、中央アジアからペルシアに伝わったということだろう。実際、中国の伝説には、「モモの種を他の地に移植する」という話がある。

中国には古くから「桃源郷」という理想郷の話がある。六朝時代の詩人陶淵明（三六五〜四二七）の詩にある「桃花源記」によるものだが、楽園にはモモのような甘味が強く、甘い香りのする果物が理想的だったのだろう。

また別の話では、秦の時代、動乱から逃げた人びとが、現在の湖南省の武陵にあったモモの木に囲まれたある村に引っ越し、時代の流れとは無縁の平和で豊かな暮らしをしたというのだが、これはモモのもつ霊力によるものだという。不老長寿の仙果ということだ。

また、漢の武帝は神仙を求め、伝説の仙人の西王母を訪ねたという伝説もある。このとき、武帝が西王母からいただいたモモをたいそう気に入り、種を持ち帰ろうとしたのだが、「この種は三〇〇〇年にひとつしか実をつけないし、中国（中夏）では地が薄いので、種を植えても無駄でしょう」と西王母に言われたという。そして孫悟空はこの西王母のモモを盗んだために天界を追放されたことになっている。

コリントスの運河　エーゲ海とイオニア海を結び、交通の要衝として栄えている。

『三国志演義』では史実にはない「桃園結義」の巻が加えられているが、それも劉備・関羽・張飛の盟約が神聖だとする演出だったのだろうか。

仙果としてのモモは、日本にも影響している。『古事記』では、イザナギノミコトが黄泉の国から逃れるとき、モモの実を三つ投げて難を逃れているし、『桃太郎』の鬼退治、モモの節句の厄払いなどは、今も私たちの身近なところにある。

種なしの干しブドウ

ギリシアの諸都市のなかでコリントスKorinthos（現在の名はコリント）は、その地理的な環境から特異な発展を遂げた。大地のくびれ（地峡）に位置し、エーゲ海側（サラミス湾の東端）、イオニア海側（コリンティアコス湾の西端）の両方に港をもっていたのだ。一九世紀には、ここに運河が開かれた。

コリントスは、ギリシア文明の曙光から東西の国々を結ぶ貿易、陶器の生産など商工業によって繁栄し、植民地を開くなどして紀元前七世紀～紀元前六世紀には、経済的にアテナイをしのぐほどになっていた。前五世紀以降は政治的には衰退し、他国に支配されるなどしたが、町そのものの繁栄は続き、ローマ時代には地中海世界の各地からさまざまな人が集まり、自由都市として栄えた。

このコリントスから船積みされたもののなかで、もっとも人気があったものが種なしの干しブドウだった。中世のフランスでは、「コローントのブドウ」raisins de Corauntzとよばれるようになり、簡略にされて英語ではカランツcurrantsとあらわされるようになったのである。

一方でコリントスは国際的な港町ゆえ、歓楽の町として栄える一面もみせた。新約聖書「コリント人への手紙」にもあるように、アプロディテの神殿では一〇〇〇人もの娼婦が仕えるなど、頽廃しきっていた。その地のキリスト教徒の信仰のあり方さえも誤った方向に進んでしまったため、使徒パウロが手紙を送ったという。

コリントスの干しブドウの人気は、そんな地中海の自由、快楽の風味が加わって、高まったのかもしれない。

めずらしい外国産の木の実

クルミは、古代ギリシア時代には「ゼウスの木の実」、古代ローマ時代には「ユピテル（ジュピター）の木の実」と、それぞれ主神の名でよばれていたように、この木の実は古くから特別視されていた。その栄養価の高さから、豊穣、それも農作物というよりも多産のシンボルとされていたのである。結婚が決まってから食べることをすすめられたり、結婚の祝いに配られたりした。

ローマの兵士達は、クルミをおそらくペルシア遠征の際に知り、地元に持ち帰ったようだ。今日でも東欧南部で人気があるのは、アメリカ原産のクログルミではなくて、ペルシアグルミという種類である。

ヨーロッパへは、ローマ帝国の拡大、ゲルマン民族の移動を経て広まったと考えられている。それがイングランドへ上陸したとき、当時の言葉で「外国の木の実」とよばれ、今日の名称ウォルナットwalnutに変化したという。walとは外国という意味である。

先住のケルト系ブリトン人にとって、ゲルマン系のアングロ・サクソン人は対立する関係にあった。ブリトン人が追われて住んだ半島はコーンウォールCornwall（外国の岬）であるし、このグレート・ブリテン島南西部のウェールズWales地方も古英語のWealhas（外国）に由来する。

ところでクルミを漢字で書くと胡桃である。「胡」とは、中国にとっては外国のことだ。西域との交易によってもたらされたから名づけられたといわれているが、英語のwalnutと意味が同じというのは、偶然とはいえ、人の発想方法が見えておもしろい。

古代エジプトの野菜

紀元前三一〇〇年頃におこった古代エジプト文明は、聖書にもヨセフやアブラハム、モーセ、

野菜を育てる古代エジプト人　メレルカの墓の壁画、サッカラ

聖家族らが、その豊かさの恩恵にあずかったことが記されているように、長く、オリエント、地中海世界で大きな影響力をもっていた。古代ローマ帝国もエジプトの生産性の高い土壌に注目し、獲得に乗り出し、紀元前三〇年、属領とした。このときエジプトの最後の支配者となったのが、かの女王クレオパトラである。

古代エジプトにどのような食べ物があったかは、壁画をはじめ、その実物が死者とともに墓に納められ、それが発見されているので、ほとんどが明らかになっている。

野菜についてみてみると、ラディッシュ、ニンニク、リーキ（ポロネギ）、タマネギ、葉レタス、セロリ、キュウリ、豆類、スイカ（ウリ）などがあった。

興味深いのは、ラディッシュ、葉レタス、キュウリ、タマネギなど、遠く地中海北部や中央アジア、南アジアなどに原産するものが、文明が発祥する以前に何らかの経緯で、それも栽培種として伝わってきていたという点である。動物が運んだものもあろうが、人の移動によるものも大きく、その歴史は奥深い。

なかでもレタスは、畑の野菜の代表的なものだったのだろう。太古からの豊穣の神と結びつけられて表現されているものが多い。ちなみに日本へは、一〇世紀頃、平安時代に伝わったといわれる。チシャの名前で知られているが、今のようなレタスと違って、茎が立ち上がり葉は結球しない茎チシャとか掻きチシャとよばれるタイプのものだった。

日本料理では生野菜を利用することはめずらしかったので、チシャも葉より茎のほうが人気があった。チシャの直径三センチほどの茎の皮を薄めにむくと鮮やかな黄緑色なのだが、これは千社塔《ちしゃとう》という縁起のいい字があてられる。

チシャは古くは「乳草」とよばれ、それがなまって「ちしゃ」となったという。茎や葉を切ると、乳のような白い汁が切り口ににじむことからの命名だろう。英名のレタスlettuceの語源であるラテン語lactucaにも「乳」を意味するlacが含まれている。これもクルミ同様、東西の名前に奇しくも同じ発想があらわれている一例である。

菜の花の仲間たち

キャベツもまた、たいへん古くから利用されていた野菜である。古代ギリシアでは薬用にされていたし、ローマ時代も身体、とくに胃腸によい食べ物と認識されていた。起源については、トルコあたりの地中海沿岸やイギリス南部の野生種がルーツではないかとされるが、とにかく有史以前からキャベツの原種のケールがヨーロッパ各地で栽培されていたらしい。ヨーロッパ北部、ドイツやオーストリア、ポーランドなどで、ザウアークラウトなどキャベツの漬り物が今もたくさん利用されていることからも、キャベツの歴史がかいま見える。

もう一つ、ヨーロッパでよく利用されてきた野菜が、カブである。ギリシア時代には栽培されており、一六世紀以降フランスやイギリスでも一般的になった。民話『大きなカブ』で想像されるようにロシアでも古くから利用されていたようだが、ヨーロッパでは、どちらかというと飼料としての用途のほうが大きかったようだ。

ジャガイモが庶民の食として定着するまで野菜らしい野菜が少なかったヨーロッパで、早くから知られていたこの二つの植物は、どちらもアブラナ科である。

日本の春の田園を一面に黄色く染める菜の花はナタネをとるアブラナの花だが、それだけでなく畑で栽培されている野菜の花もやはり「菜」の花である。よく見ると畑のなかにわずかに残されたキャベツが割れて花芽が伸びたところに花が咲いていたり、ダイコン、カブといった根菜の葉から茎が伸びたものだったり、ミズナ、カラシナ、コマツナといった葉菜の長けたものだったり、花を咲かせる菜はずいぶんと種類が多い。これらもすべて、アブラナ科である。

日本では縄文時代から菜の花があったといわれるから、「一面の菜の花」は日本人にとっての原風景といってもいいのかもしれないが、時代が下るに連れて、同じような花を咲かせる野菜も、人の手をかけられたさまざまな形の栽培種として渡来してきた。たとえばカブやダイコンはおそらく弥生時代の末頃には伝わっていたものと考えられている。同じくアブラナ科のハクサイは案外に新しくて、日本各地に広まったのは、じつは大正時代になってからだ。

シベリア経由のカブと中央アジアからチベット経由で入ってきたチンゲンサイが中国は黄河の下流域で出会い、交雑を繰り返すなかでハクサイが誕生したといわれている。日本へは江戸時代末期には伝わっていたようだが、本格的な栽培がはじまったのは、日清戦争で兵士が現地でハクサイの種と情報を持ち帰ってきてからのことだ。

ヨーロッパに話をもどそう。「青汁」の主原料として知られるケールからさまざまに分化した野菜に限っても、こまかく名をあげればきりがない。フランスにはキャベツだけでも六〇を超える種類があるという。世界中の菜の花系作物、つまりアブラナ科全体をみれば、葉が結球するキャベツやハクサイの類のほか、結球しないカラシナやコマツナの類、おもに根を食用とするカブ、ダイコンの類、花蕾を食べるブロッコリーやカリフラワー、そして種子から油を採るアブラナなどなど。これほど多種多様に改良され、いまなお新たな栽培種が生まれている野菜の一族は、ほかに例がない。料理の主役となることはなくても、世界の食卓で、存在感のある食材グループといえよう。

「イチジクを詰められた」フォワ・グラ

世界三大珍味の一つ、フォワ・グラは、古代エジプトですでに食べられていたことがわかっている。ガチョウは、数千キロにもおよぶ空の旅に飛び立つ直前、大量に食べてエネルギーをたくわえる。その肝臓が大きくて美味であることを発見したエジプト人は、ガチョウを家禽化し、漏斗で無理矢理、餌を押し込んで強制肥育することを思いついた。エジプトからギリシアへ、そしてローマへ。フォワ・グラは、ファラオやスパルタ王やローマ皇帝をはじめとする古代の権力者の食卓をつねに飾ってきた。

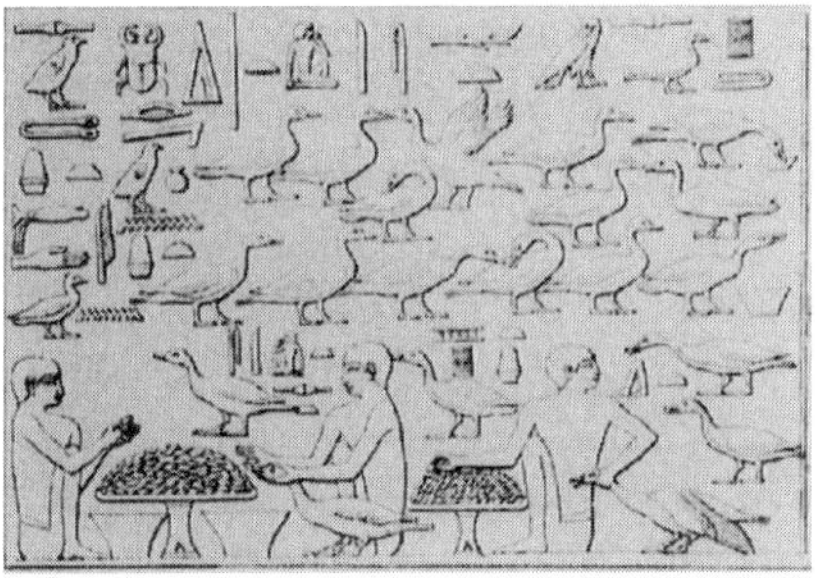

ガチョウを育てる古代エジプト人　無理矢理に餌を食べさせ、太らせる。　ティの墓の壁画、サッカラ

ローマ人はガチョウを太らせるのにとくに乾燥イチジクを餌にした。フォワ・グラのフォワfoieはフランス語で「肝臓」、グラgrasは「脂肪質の」という意味だが、フォワはもともと「イチジクを詰められた」を意味するラテン語ficatumを語源とする。ローマ時代に、イエクール・フィカトゥムjecur ficatum（イチジクで育てられた肝臓）とよばれていたのだが、ケルト系民族のガリア人が本来の「肝臓」を落として「イチジク」のフィカトゥムだけを呼称としてしまった。それがいろいろと形を変えてフランス語のフォワとなったのである。

なお、ローマ時代、乾燥イチジクを与えられたのは、ガチョウだけではない。これを餌として強制肥育されたブタの肝臓も珍重されたことが、後述する『アピキウスの料理書』からうかがえる。

不思議なことに中世にはいると、フォワ・グラはあまり好まれなくなる。ガリア、つまり今日のフランスにローマからの植民者が伝えた肥育の習慣は途絶えはしなかったものの、およそ一〇〇〇年ものあいだ、フォワ・グラが権力者たちの宴に登場することはほとんどなかったようだ。一五、六世紀よりフォワ・グラはぽつぽつと文献資料にあらわれてくるが、それがふたたび脚光を浴びたのは、一七八〇年頃に創出された一つの料理によってである。

アルザスの総督コンタード侯爵に仕える料理長ジャン＝ピエール・クローズは、美食家の侯爵のためにフォワ・グラの上にブタと仔ヒツジの挽き肉をのせ、パイ生地で包んだ料理を創案した。この「コンタード風パテ」はルイ一六世にも献上され、喜んだ王は侯爵にピカルディの領地を、天才料理人クローズには賞金を与えた。

のちにニコラ・ドワイアンという別の料理人が、このパテにトリュフを組み合わせることを思いつく。ボルドーにいたドワイアンはフランス革命のあおりで失職し、クローズのいたストラスブールにやってきた。そこで知った噂の美味にふるさとフランス南西部特産のトリュフを加えてみては、とクローズにすすめ、自身でもトリュフ入りパテを売り出したのである。

ガリアはローマの台所

カキは古今東西を問わず愛されてきた食材である。ローマ人のためのカキは、ガリア地方で養殖されたものが生きたまま運ばれた。先に記したフォワ・グラもそうだが、北イタリアからフランス、ベルギーにかけての広大な地の住人、ガリア人が、ローマ人のために供給した食材は膨大だ。ガチョウの肥育はローマ人がガリア人に伝えたが、カキの養殖はガリア人のほうが先んじている。

カキのフランス語ユイトルhuîtreは、同義のギリシア語ostreonに由来するラテン語ostreaから変化したものだ。英語のオイスターoysterも同様だ。余談ながら、古代ギリシアの「陶片追放《オストラキスモス》」(好ましくない人物を排除するための秘密投票制度)に使われた投票用紙代わりの陶片《オストラコン》は、カキやその殻を意味するostreonと同語源である。

このほかにもワインやチーズなど、東方由来、ギリシア経由でローマにもたらされ、ガリアで製法が発達してローマに逆輸入された食品は少なくない。ハムもやはりガリアからローマまで運ばれたが、これはもともとガリア人の発明である。

なお、ハムhamという英語は元来ブタのもも肉のことである。ドイツ語のシンケンSchinkenも同じで、フランス語のジャンボンjambonは、「脚」を意味するjambeの派生語だ。ハムとは、単なる保存食ではなく、そのまま料理するにはかたいもも肉をおいしく食べるための工夫でもある。ももより上質の背肉(ロース)などは、ハムのように加工せず生の状態から調理されるのがふつうである。日本ではロースハムの人気が高いが、この名称は英語にはない。

紀元前一世紀、カエサルによるガリア遠征によってケルト系民族の地がローマに併合されて

ポンペイのモザイク画　スズキ、ハタ、メバル、エイ、ウツボ、サメ、イカ、タコ、イセエビ、カキなど、当時の人びとに身近だった海の食材があらわされている。濃厚な塩水に魚を漬け込んだガルムという一種の魚もあった。　ナポリ国立博物館

以来、ガリアはローマの権力者の食卓を支えてきた。そしてローマ帝国崩壊後、ローマの食文化の少なくとも一部が、イタリアよりむしろフランスの特定の地方で継承されたのは、ガリアがローマの台所だったという理由による。

ウナギはヘビの仲間？

さて、五世紀後半の西ローマ帝国の崩壊は、西地中海における商品の流通を完全に遮断してしまった。ローマに代わってゲルマン系の諸民族による支配が及んだ地域では、魚介類やオリーヴ油、そしてローマ人がとくに好んだ魚醬の一種、ガルムのような地中海地方

の特産物だけでなく、各種野菜や香辛料も姿を消した。ただし、どのような種類の食品が消えて、どのような食品が残ったのかはひとことでは片づけられない。

たとえばローマの哲学者キケロが好んだアオイの葉は中世には食べられなくなったが、ギリシアの詩人で美食家のアルケストラトゥスが「食卓の王者、美味の極み」とたたえたウナギは、ローマ以降近世まで貴重な食材として養殖がおこなわれた。キリスト教社会ではかつて、肉を食べてはいけない精進日が非常に多かったためである。

なお、古代の人々はウナギやアナゴ、ウツボ、ヤツメウナギをあまり区別せず、同じように調理していたようだ。カエサルが凱旋式のあと三〇万人の市民を招いてもよおしたという大宴会では、六〇〇〇匹の大ウツボがふるまわれたという。

ウナギが中世にも高級食材だったことを物語るのが、一三世紀の教皇マルティヌス四世はウナギの食べ過ぎで死んだという伝説だ。マルティヌス四世は決して暗愚な権力者ではなかったが、白ワインにおぼれさせたウナギを焙り焼きしたものを毎日食べるという習慣だけはやめがたく、あげく食べ過ぎで命を落としたという。ダンテはこれを『神曲』の題材に使った。貪食は、傲慢・貪欲・邪淫・嫉妬・憤怒・怠惰に並ぶ七つの罪源の一つである。天国と地獄のあいだにある煉獄で断食し、貪食の罪を浄める老人が、マルティヌス四世というわけだ。

ウナギはフランス語でアンギーユ anguille という。同義のラテン語に由来するが、さらにさかのぼるとラテン語でヘビを意味する anguis に行き着く。ウナギはその形状から、魚ではなくヘビの仲間だと考えられたのだろう。フランス語で「岩の下にウナギらしきものがいる」というと「どうも何かあやしい」というニュアンスになるが、この言い回しは油断のならないものの象徴であるヘビとの連想による。

また、顕微鏡もなく、変態する生物に関する知識もなかった時代、ウナギはふつうの魚のような産卵と成長の過程を観察することができなかったため、謎の生き物だった。古代ギリシアのアリストテレスはウナギをいくら調べても生殖器や卵が見つからないため、ウナギには生殖能力がなく、大地のはらわたから生まれるのだと考えたという。

じつは春の西ヨーロッパ海岸にやってくるウナギの稚魚シラスウナギは、すべて大西洋はバミューダ諸島付近のサルガッソー海から押し寄せる。デンマークの一人の科学者がこのことをつきとめたのは、ようやく一九二二年のことだった。それまでウナギは、おいしいけれど謎にみちたあやしい生物だったのである。

レディは「パンをこねる人」

日本でいうパンはポルトガル語に由来し、語源をさかのぼればラテン語のpanisに行き着く。イタリア語のパーネpaneやスペイン語のパンpan、フランス語のパンpainがこのラテン語系の名称を引き継いでいる。

対して英語のブレッドbreadは古英語で「一切れ、小片」を意味する語に由来するが、英単語のなかにもパンを含むものがある。「ともにパンを」食べるところから仲間や相手を意味するようになったコンパニオンcompanionがそのよい例だ。

中世、上層階級の人々はトランショワール（まな板）とよばれる厚切りのパンを、肉料理を載せる皿代わりにもちいていた。このトランショワールは一人に一つではなく、会食者二人に一つずつというのがならわしだった。ここから「ともにcom、パンpanis」を食べる「仲間」が生まれたというわけだ。

コンパニオンはラテン語の流れをくむ古フランス語が英語化したものだが、このようにラテン語起源、フランス語経由の単語が英語でよく使われるようになったのには歴史的な事情がある。一一世紀、フランスのノルマンディー公ウィリアムが、イングランドにノルマン王朝を樹立した。世に言う「ノルマン・コンクエスト」である。以後、フランス語の一方言であったノルマンディー語はおよそ三世紀にわたって、イギリスの貴族社会ではいわば公用語の立場にあった。その間、おびただしい数のノルマンディー語が、しだいに庶民の会話のなかにまで入りこんでいった。

英語で畜牛はオックスとかカウとかいい、牛肉になるとフランス語のブフbœufと同語源のビーフbeefとよぶのも、同じウシでも生きているウシをあつかったのは農民で、食卓の肉に接していたのはノルマンディー語を使う貴族だったからだろう。ちなみにフランス語では食用とする去勢されたウシは生きていても肉となってもブフである。

コンパニオンと語源を同じくする語に、カンパニーcompanyがある。つまり会社仲間というのは原義に照らせば、パンを分け合う仲、日本語なら同じ釜の飯を喰う仲ということだ。もっとも会食者は実際には、この皿代わりのパンを食べることはなかったようだ。おいしいソースがしみこんだトランショワールは、食堂をうろつくイヌや食堂の外で待ち受ける貧しい人びとに与えられたという。

さて、英語のブレッドは大きなパンを切り分けた一切れという意味である。切り分ける前のパンのかたまりはローフloafという。転じて、パン型に成形して焼いた料理もそうよぶようになったので、ミートローフmeat loafという名の肉料理があるのだが、それはまた別の話だ。

ローフ（パン）をこねる人という意味の古英語から生まれたのがレディlady、そして焼けたローフの持ち主がロードloadだ。つまり、支配者、主人そして貴族をあらわすロードも、その夫人のレディも、もとの意味からすればパンを作ったり番をしたりする人だったのである。ちなみにドイツ語でロードにあたるヘルHerrとパンを意味するブロートBrotを組み合わせたブロートヘルBrotherrという語は、「雇い主」を意味する。

ところでコーヒーミルのミルmilは石臼を意味するラテン語に由来する言葉で、製粉機という意味だが、より広く工場とか製作所をも意味する。ミルという語は、パンを作る前の段階の製粉という作業が、もっとも古く重要な工業だったことをあらわしている。

ミルの派生語ミラーは、水車で粉を挽く粉屋、製粉業者の意味である。ヨーロッパには、職業名がそのまま姓となった例が多いが、英語圏でいえば、鍛冶屋を意味するスミスや仕立屋を意味するテイラーとならんで、ミラーMiller姓が多い。粉屋がいかにたいせつな職業だったかが、人名からもうかがえるのである。

フランス語では粉屋はムニエmeunierで、その女性名詞はムニエルmeunièreとなる。魚などに小麦粉をはたいてバターで焼いたムニエルはつまり、粉屋の娘さんとかおかみさんという意味だ。粉屋で働く娘が魚を料理しようとして、うっかり小麦粉のなかに魚を落としてしまい、それをそのまま焼いてみたのがムニエルのはじまりなどという話もあるが、これは眉唾ものといえよう。

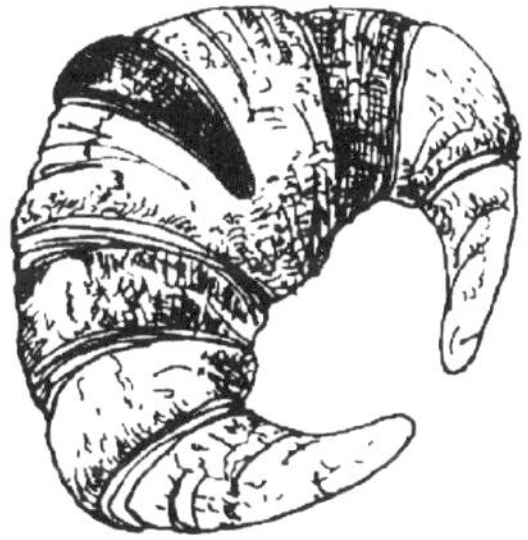

クロワッサンと現在のトルコ国旗

クロワッサンはオスマン帝国の旗印

ヨーロッパの発酵パンは、大きく二系統に分けられる。小麦粉、イースト、水と塩で作るシンプルなコンチネンタル・タイプと、バターなど副材料の多いアングロアメリカン・タイプである。前者を代表するのが、バゲット（棒）などのいわゆるフランスパンだが、フランス人はもちろんフランスパンなどとはよばない。バゲット以外にもバタール（中間の）やエピ（麦の穂）など、形も大きさもさまざまなパンがあるが、材料と配合は同じだ。

フランスの朝食といえばクロワッサンとカフェオレというイメージが強いが、バターをたっぷり練りこんだ折り込みパイ生地で作るクロワッサンは、フランスの伝統的なパンとは一線を画す。クロワッサンはじつはオーストリアが本場で、バターや卵、砂糖などをもちいたブリオッシュのような菓子パンとともに、フランスではヴィエノワズリvienoiseries（ウィーン趣味）とよばれる。

ウィーンはバロック、ロココ期のヨーロッパにおける文化の中心地だったので、日常食としての素朴なパンのほかに、このようなぜいたくな菓子パンやイースト菓子が生まれた。一九世紀にヴィエノワズリはデンマークに伝わり、カスタード・クリームやフルーツを詰めたものなどさらにいろいろな種類が開発された。それらは英語でデニッシュ・ペストリーdanish pastry、つまり「デンマークの焼き菓子」とよばれる。

さて、ウィーン発祥とされるクロワッサンだが、その起源をさらにさかのぼれば、ハンガリーに攻め込んできたオスマン帝国の旗印の三日月をかたどって、ハンガリーで作られたものが最初という説がある。クロワッサンcroissantはフランス語でクロワートルcroître（増える、大きくなる）という動詞の現在分詞で、つまりこれから大きくなる月、三日月のことをいう。

なぜ、敵の旗印がパンの形になったのかについてはいくつかの説があるが、なかでも夜明け前から働いていた一人のパン職人がオスマン・トルコ軍の奇襲を察して町を救ったからだというもっともらしい話がよく知られている。

サンドウィッチ伯の大発明？

食べる間も惜しんでカード・ゲームに興じるあまり、パンにロースト・ビーフをはさんだ軽食を作らせたサンドウィッチ伯ジョン・モンタギューの話は、あまりにも有名だ。だがこんな単純な工夫が、ただ一人の発明に帰するということはないだろうし、実際フランスなどではずっと昔から、切れ込みを入れたパンに具をはさんだものが庶民の昼食として食べられてきた。

先にもふれたように、個人の取り分け皿がなかった時代には、パンは皿代わりにも使われた。この発想の延長線上にあるのがカナッペcanapéで、これはフランス語で長椅子の意味である。「サンドウィッチ」の定義を、四角いイギリスパンの薄切りに具をはさんだものと限定すれば、たしかにそれはサンドウィッチ伯の考案なのかもしれない。だが、それ以外の、たとえばバゲットに切れ込みを入れて具をはさんだものや、カナッペのようなオープン・サンドなどは、食器と食物を兼ねることができるというパンの特性を生かした、古代からの庶民の知恵の集成といってよい。

ちなみに、チーズとハムをはさんだフランスのホット・サンドウィッチ「クロク・ムシュウcroque-monsier」は、「パリパリと音がする」という意味のcroquerと「男性、紳士」の

monsierの合成語である。日本語でなまってコロッケとなったクロケットcroquetteも同様だが、パリパリ、カリカリが身上の食べ物だ。二〇世紀初頭、パリのオペラ座近くのカフェで生まれたこのサンドウィッチは、ぱりっと焼かれているため食べるとき音がして上品ではない、だから男性用、というわけでこの名称になったという。

ヨーロッパを離れると、インドのチャパティや中東起源のナン、なかが空洞になったピタなど、おかずを包んだりはさんだりするものとして使われる平焼き状のパンが非常に多いことに気がつく。北京ダックを包む薄餅などもその系列にあるといってよいだろう。

小麦粉以外の穀物を原料とする平焼きパンもある。たとえばエチオピアのインジェラはテフという穀物の粉を練って少し発酵させてから薄く焼いたもので、特有の酸味がある。

メキシコのトルティーヤはよく知られているとおりトウモロコシの粉で作る主食で、おかずやスープとともにそのまま食べるほか、おかずを巻いたりはさんだりしてタコスに、また汁気の多い具をかけてエンチラーダスにするなどさまざまな料理にもちいられる。タコスはいってみれば、メキシコ版サンドウィッチなのである。

メキシコ北部やアメリカには小麦粉で作るトルティーヤもあるが、本来のトルティーヤはトウモロコシの香りの強い独特の風味だ。ちなみにスペインではトルティーリャtortilla（トルティーヤもつづりは同じ）といえば、厚い円盤状に焼いたオムレツを意味する。語源は丸く焼いたケーキやパイをさすラテン語由来のスペイン語トルタtortaなのだが、メキシコでトルタというと、楕円形のパンを割ってハムやチーズなどをはさんだサンドウィッチのことになる。

救荒食だったクレープ

ヨーロッパにも、小麦粉以外で作られる平焼きパンの長い歴史がある。古くはオオムギも平焼きに利用されることがあったが、ヨーロッパでは小麦粉のかわりにそば粉がかなり多く利用されてきた。瘦せた土地でも育つソバをコムギに代わる主穀物としてきた地域は、フランス北部やロシア、東欧などに少なくない。

ソバはフランス語でサラザンsarrasinという。サラザンとは、十字軍の時代にイスラーム教徒をさしていったサラセンのことだ。実際、一四世紀末にヨーロッパにソバをもたらしたのはイスラームだったが、ソバの実が黒っぽいこととアラブ人の肌の色との連想もあったらしい。

イタリア北部には現在、日本のそば切り、つまり麵状のいわゆる「そば」のようにした一種のパスタ料理があるがこれはかなりめずらしい例で、そば粉はふつうそばがきのように練って粥状あるいは団子状にするか、薄い平焼きにすることがほとんどである。

ロシアのブリニはそば粉の平焼きの代表だが、上品な菓子のイメージのあるフランスのクレープも、元来、一六世紀頃のブルターニュ地方の農民がソバ粉で作っていたパンの代用品だったのである。クレープcrêpeという名称はラテン語で「縮れた、波打った」を意味する語crispusに由来し、絹織物の一種をもさす。そば粉で作った本来のクレープは、粉を練って平たく焼いたものを広く意味するガレットという名でもよばれる。

農民の救荒食だったクレープはやがて、小麦粉を使うことで格段に洗練されていった。そば粉の素朴なクレープが生まれてから数百年後には、オレンジ・ソースで煮て皿にならべてから、キュラソーとシャンパンをかけて火をつけるという派手な演出がほどこされ、世界的に有名になったデザートも登場した。クレープ・シュゼットというこのデザートは一九世紀末、イギリスのエドワード皇太子に料理人エスコフィエが作ったのがはじまりとされる。

シュゼットはシュザンヌという女性名の愛称だが、皇太子の同伴者の名だったとか、パリのクレープ好きの女優の名だったとか諸説ある。ちなみにキュラソーとはオレンジの皮で作るリキュールで、ベネズエラ沖のオランダ領キュラソー島の名産だ。

現在フランスでは、デザート用のクレープは小麦粉だけで作るが、ハムやチーズ、卵などを包む料理としてのクレープないしガレットは、そば粉を混ぜることも多い。本場ブルターニュでは、カフェより親しまれているクレープリーというクレープ料理店で、名産のシードル（リンゴの発泡酒）を飲みながらそば粉入りガレットを食べ、デザートにクレープを楽しむのが地元流だ。

菓子を彩る女性の名

シュゼットのような女性名は、繊細な菓子や料理の名を彩るのにふさわしいと考えられたのだろう。神話や伝説に登場する女神や歴史に残る有名女性、そしてどこの誰かもわからない女性まで、おびただしい数の女性の名が菓子や料理に利用されている。

まず旧約聖書からはエヴァ（イブ）である。エヴァといえば禁断の果実だろう。「エヴァ風サラダ」は、くりぬいたリンゴにパイナップルなどを詰めたフルーツ・サラダだ。

またシバの女王、フランス語で「レーヌ・ド・サヴァ」は、軽く焼き上げたチョコレート菓子の名前である。シバとはアラビア半島南西部（現在のイエメン）の古代名とされる。褐色の菓子にシバの女王とは、彼女のおそらくは浅黒かっただろう肌色からの連想だろうか。

女性ではないが旧約聖書からもう一つ、大天使ミカエルの名もあげておこう。聖ミカエルは菓子職人の守護聖人とされるため、「サン・ミシェル」（聖ミカエルのフランス語名）というケーキの名になっている。

ローマ神話からは女神ディアナが登場するが、狩猟の守護神でもあるディアナの名が引用されるのは菓子ではない。フランス料理で「ディアーヌ風」とあれば、キジやシカなどジビエ（野生の鳥獣）の料理なのだ。

アウロラはローマ神話の暁の女神である。「ソース・オロール」（オーロラ・ソース。オロールはアウロラのフランス語）はその名にふさわしく、トマト・ピュレを使った色合いが美しい。ただし「美しきオロールの枕型パテ」と名づけられた料理は、美食家として名高いブリア＝サヴァランの母親の名オロールを引き合いに出したものだ。

歴史上の人物で古いところではクレオパトラが、「鱒のクレオパトラ風」に名を残しているが、理由はさだかではない。

近代の人名の引用では、フィンガー・ビスケットやスポンジケーキなどをぐるりとめぐらした内側に、ババロアやリンゴのジャムなどを詰めたケーキ「シャルロット」がある。これはイギリス国王ジョージ三世の妃のシャルロットの名に由来するというのが通説だが、ほかにも同じ名の女性帽に形が似ているからとか、ゲーテの『若きウェルテルの悩み』に登場するロッテという女性の名を引用したなどの説もある。

ほかにも「アデル風」、「カトリーヌ風」など、菓子や料理に動員されている女性名はあげればきりがない。またムースやケーキなどに、優雅なイメージをねらって「マルキーズ」つまり「侯爵夫人」などと名づけたような例も多い。

カエサルとは無関係のシーザー・サラダ

先にクレオパトラが登場したので、ついでにシーザー（カエサル）の名のつく料理、シーザー・サラダにもふれておこう。古代ローマ帝国の礎を築いた英雄の名から、贅の限りをつくしたサラダか、それとも権力者ならではのこだわりが秘められたサラダかと連想してしまうが、実際に注文してみるとレタスと半熟のゆで卵、クルトンを、ちょっとこくのあるドレッシングであえたものである。

実はこのサラダ、ユリウス・カエサルとはまったく関係がない。そもそも、もとの名前は「飛行士のサラダ」だったのだから、縁があろうはずがない。

それは一九二四年のある日、場所はメキシコのティファナで偶然に生まれた。アレックス・カーディニーという男が、ティファナでレストランCaesar's Palaceを経営する兄シーザー・カーディニーのもとで働いていたときのことだ。

突然、カリフォルニアからの行楽客が団体でやってきたという。いつもどおりの食材の仕込みしかしていなかった店では、とにかく厨房にあるありったけの材料をかき集めた。そして客の目の前で混ぜ合わせたのが、このサラダだった。そのときの材料とは、レタス、茹で卵、ガーリックオイル、レモン、パルメザン・チーズ、ウスター・ソース、クルトンとコショウだと伝えられる。クルトンなどはかたくなったパンで代用したのだそうだ。また、イタリア系移民のこの兄弟は、本当はアンチョビを使いたかったが、代用としてアンチョビ風味のあるウスター・ソースを使ったとも伝えられている。

ところが、にわかごしらえのそのサラダが意外にも大好評だったのだ。それを店のメニューに載せるにあたり、当初は、空港に近かったことから、「飛行士のサラダ」と名づけたのだとか。しかしのちに、名物となったそのサラダにオーナーであるシーザーの名を冠することにした。シーザー・サラダとカエサルのあいだにわずかに関係があるとすれば、兄のシーザーの名前が、カエサルにあやかったものだったということだろうか。

シーザーはのちに会社をおこして、「オリジナル・シーザー・ドレッシング」の販売をはじめた。これをまねた同じ名前のドレッシングが、いまいくつものメーカーから売り出されている。

プリンの先祖は血の腸詰め?

日本でいうプリンが、英語のプディングのなまりだということはよく知られている。だがプディングと名のつく多くの種類の食べ物のなかには、たとえば血の腸詰めのブラック・プディングのようなものもある。プディングという語は、ソーセージにも料理にもデザートにも使われ、どうも一言では定義しにくい。強いていえば、コムギ粉やパン、コメなどに卵、牛乳などを混ぜて蒸したり焼いたりしたやわらかい食べ物ということになる。

日本人にもおなじみのデザートと、ブタの血の腸詰めに、同じ名称がついているのは何だか合点がいかないが、ともかくプリンの正式名カスタード・プディングや、クリスマス・プディングともいわれるプラム・プディングはデザートとしてのプディングで、かたやブラック・プディングや、ロースト・ビーフの付け合わせの定番ヨークシャー・プディングは食事としてのプディングなのである。

プディングpuddingの語源は確定していないが、中世イギリスの腸詰めの一種ポディングpodingから転訛したとする説や、フランスの血の腸詰めブーダンboudinを語源とする説などがある。これらの説から想像されるように、プディングの祖型は腸詰めだったと考えられている。どろりとしてそのままでは成形しづらいものを、腸に詰める代わりに型に流し入れたり布に包んだりして加熱したのがプディングのはじまりというわけだ。

さて、いま記したフランスのブーダンは、古くから非常に愛されてきた腸詰めで、古フランス語で「膨らみ」とか「太鼓腹」を意味する言葉が語源だろうとされている。

ブーダンまたはブーダン・ノワール（黒ブーダン）が本来の血の腸詰めだが、ニワトリのささ身などに牛乳を混ぜたブーダン・ブラン（白ブーダン）という腸詰めもある。またクネルというすり身団子のような料理にブーダンの語をあてることもあって、ちょっとややこしい。クネルはプディングのように型に入れずに、スプーンなどで形を整えて茹でたものだ。

本来のブーダンは、ナポレオンの好物の一つだった。ナポレオンは美食とは縁が薄かったと伝えられている。だが食にまったく関心がなかったわけではなく、セント・ヘレナ島に流された後ですら、相当な財力にものをいわせて、質量ともにけっこうな食事をしていたことが記録からわかっている。

好物は鶏料理で、後で紹介するマレンゴ風をはじめプロヴァンス風、イタリア風、タルタル風などがたびたび食卓にあがったらしい。ほかにもパイのケースのなかに詰め物をしたヴォロ・ヴァンや半球形の型の内側にマカロニを張って詰め物をしたマカロニのタンバル（タンバルは楽器のティンパニの意味）など、手の込んだ料理が好物だったとされるが、一方、インゲン豆とレンズ豆のサラダとか、ブーダンのような素朴な食べ物も、好んでよく食べたということだ。

ナポレオンの失脚後、パリに凱旋したルイ一八世は、たいへんな美食家で、かつ大食家だった。ルイ一八世は食に興味を示さない人間を嫌い、あるとき、一人の貴族を重職からはずすにあたって、「あいつはブーダンのリシュリュー風も知らない」と蔑んだという。このブーダンのリシュリュー風とは、家禽とトリュフとシャンピニオンを成形し、揚げてからさらにトリュフ入りのソースを添えたもので、ナポレオンが好きだった血の腸詰めとは似ても似つかない高級料理である。ちなみにリシュリューとは、前章でマヨネーズの名の由来にまつわる話に登場した人物のことだと思われる。

不思議なクリスマス・プディング

「床にうずたかく積み上げられ、玉座のような形をなしているのは七面鳥や鵞鳥、猟禽、家禽、野猪の肉、輪切り肉、子豚、長くつないだソーセージの輪、ミンス・パイ、李の入ったプディング、牡蠣の樽詰、赤く焼けた栗、桜色の頬をした林檎、汁気の多いみかん、頬の落ちそうに美味しい梨、すてきに大きな公現祭の祝菓子、煮え立っているポンス酒」

チャールズ・ディケンズの『クリスマス・カロル』(ここでの引用は新潮文庫版による)で、第二の幽霊とともにあらわれたクリスマスのごちそうである。一九世紀イギリスのクリスマスの様子を活写したこの中編小説に登場するごちそうのいくつかは、いまもなお、イギリス人のクリスマスに欠かせない。

　主役はよく知られているとおり、シチメンチョウやガチョウの丸焼きだ。シチメンチョウはとにかくその大きさが珍重され、いまもイギリスをはじめ欧米各地でクリスマスの食卓の中心を飾っている。ただし『クリスマス・カロル』で庶民の食卓に載せられるのは、ガチョウのほうである。

　そしてここには書かれていないが、のちの別の場面で登場するクリスマスの食卓の準主役が、食後に出されるクリスマス・プディングである。

　クリスマス・プディングは、『イギリスは愉快だ』などの著作で知られる林望氏にして、製

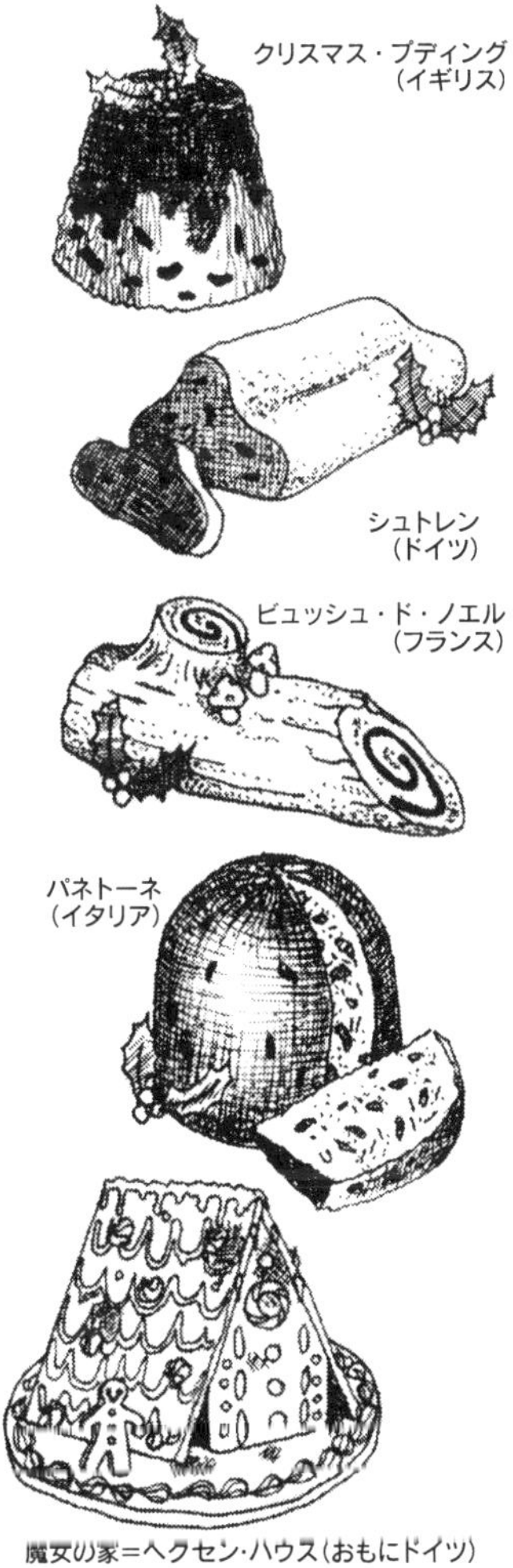

よく知られているクリスマス菓子

法をたしかめることができなかったという不思議なデザートである。各家庭に古くから守り伝えられてきたレシピがあるが、伝統的な作り方の特徴は、粉と脂肪、干しブドウやナッツなどを混ぜてふきんで包んだまま、温度の低い場所に一ヶ月もつるしておくことだ。こうすると風味がまろやかになるという。それを型に詰め、何時間もかけて蒸し煮する。バターソースをかけ、最後にブランデーをかけて火をつけるのが、ただのプラム・プディングではない本格的なクリスマス・プディングである。ちなみに、林望氏がふるまわれたクリスマス・プディングは、一年前に作ったものを当日に温めなおしたものだったという。

菓子やケーキにはふつうバターを使うものだが、このプディングにはケンネ脂やスエットという上質の牛脂を使う。バターと小麦粉を使う上品なプディングもあるが、本来はかたくなったパンを粉にしたものにたっぷりの牛脂と、とっておきの砂糖とドライフルーツやナッツを加えて、手間暇かけて作る。満腹になるまで食べることがなによりの喜びだった時代の庶民にとって、このクリスマス・プディングこそ、お腹に詰め物をしたシチメンチョウやガチョウのローストとともに贅沢の象徴だったのだ。

クリスマス・プディングの起源については、ケルト神話に登場する粥と関係があるという説がある。収穫の神ダグダは地上で穫れるよいものをすべて煮込んだ大釜をたえずかき混ぜており、古代ケルトの人々もそれをまねて穀物に肉類や果物を混ぜた粥を作って豊作を祈った。その粥が次第に濃厚になり、肉類が消え、そして布に包んで加熱するプディングと変わったという。時代は一七世紀のことらしい。

かつてはこのプディングを作るのに、家族全員が材料をかき混ぜるとか、かき混ぜるときには太陽の運行どおり東から西へ杓子を動かすとか、豊饒神ダグダにちなんでの呪術めいた決まり事があった。食卓に載せる前にブランデーなどをかけて火をつけるのも、単なる演出というより太陽の熱をあらわす儀式だったらしい。

クリスマスの諸行事の多くが本来はキリスト教にはかかわりなく、古代ローマやケルトやゲルマンなど異教の習俗に由来するというのはよく知られた事実である。イギリスのクリスマスを象徴する不思議なプディングにもやはり、ケルトの神話時代から伝わる何らかのいわれがぎっしりと詰まっているのである。

肉の入らないミンチ・パイ

ディケンズが並べたクリスマスのごちそうのなかに、もう一つ日本ではなじみのないミンス・パイmince pieというものがあった。ミンスは日本の表記ではミンチ、つまり細かく刻んだ肉である。その名のとおり、もともとは中世のクリスマスのごちそうだった肉入りのパイが起源だが、現在はほとんど肉なしで作られる。ミンス・パイの中身は、干しブドウやリンゴを細かく刻んで砂糖とともにねっとりと煮た餡（ミンス・ミート）で、いまでもクリスマス・プディングとならぶデザートだ。

このパイを作り出した中世のキリスト教徒は、はじめキリスト降誕の言い伝えにならってパイを飼い葉桶の形に作り、さらにパイ生地で焼いた小さな人形をその上に置いたという。ところが清教徒革命以後、御子をかたどったパイは「偶像崇拝」だとしてピューリタンからやり玉にあがり、クロムウェルの議会によって作ることも食べることも禁じられた。そこで庶民はこのパイをただの丸い形に作り、呼び名から「クリスマス」をはずした。

ミンス・パイ（古くはミンスト・パイ）はその後もクリスマスのごちそうとしてもてはやされたが、一九世紀には肉を入れない製法が一般的になった。クリスマス・プディング同様にスエットなどの牛脂を入れるのは、かつて肉入りパイだったことの名残りだと考えられる。

ところで、パイpieの語源はカササギだという説がある。カササギは英語でマグパイmag-pieともたんにパイpieともいう。この鳥は木の枝のひもの切れ端だの何でもくわえていっては巣作りに利用することで知られている。残り物を無駄にしないように粉を練った皮に包んで焼いた中世以来のありあわせ料理が、カササギの巣にたとえられたのではないかというのだ。

練り粉の皮に肉などを包んで焼くこのような料理は古代ローマで知られていたが、それをパイの起源といいきってよいかどうかはわからない。パイときいて日本人がふつう思い浮かべるのは、バターの香り高いサクサクとした生地が層をなす折り込みパイだが、あれは厳密にはフイユタージュといってフランスの発明品だ。イギリスはじめヨーロッパ各地には、ずっと素朴な練り粉のパイ料理のたぐいが古くから伝えられている。

クリスマス・ケーキあれこれ

イギリスのクリスマスにはクリスマス・プディングやミンス・パイとは別に、クリスマス・ケーキと称する砂糖衣をかけたフルーツ・ケーキも登場する。これら伝統的なデザートは、日本のいわゆるクリスマス・ケーキとは似ても似つかない素朴な菓子だ。ほかにもさまざまなクリスマスの菓子がヨーロッパ各国にあるが、イーストを使ったパンのような焼き菓子が多い。

たとえば、北欧のクリスマス・ケーキ「ユール・カーケ」は、ドライフルーツを入れて焼いたイースト菓子を砂糖衣で覆ったものだ。近頃は日本でもよく見かけるドイツの「シュトレン」は、ドライフルーツとナッツを入れたイースト菓子に粉砂糖をかけたものだが、どっしりと重くて、ケーキというよりもかなりパンに近い。日持ちもよく、クリスマスの何日も前から、少しずつ食べていくのだという。シュトレンは「棒」という意味だ。

イタリアの「パネトーネ」も同じくドライフルーツとナッツ入りで、シュトレンに比べればふんわりと柔らかいが、やはり菓子パンといったふうである。イタリアのクリスマス・ケーキとしては、ナッツなどは入れず、粉砂糖をまぶして食べるパンドーロも有名だ。「黄金のパン」という意味のこの菓子はシフォン・ケーキのようにやわらかだが、やはりイーストで発酵させる菓子パンの一種である。

オーストリアの「ヴァイナハツ・プルンダー」は、ドーナツ型に焼いたナッツ入りのイースト菓子で、四本のろうそくを立てるのがならわしだ。

フランスで「クリスマスの薪」を意味する「ビュッシュ・ド・ノエル」だけは、イーストを使わず、卵を泡立ててふくらませるスポンジ生地を使ったケーキである。薄く焼いたスポンジ生地を巻き、木の皮に似せてクリームで飾ったこのケーキは、パリの菓子職人が一八七〇年頃に初めて作ったというから、庶民が守り伝えてきた素朴な祝い菓子とはならべられないかもしれない。

ただし、なぜ薪なのかという点では、ヨーロッパの古くからの習俗をよく思いおこさせる。かつてヨーロッパ各地で、クリスマスにはカシやリンゴなどの巨大な薪を燃やす習慣があったが、これはキリスト教以前からあった冬至の儀式に由来するという。

こうしたケーキやイースト菓子とは別に、ドイツ、オーストリアや北欧の主婦は、一二月に入るとくり返しクッキーを焼いては保存したり、クリスマス・ツリーにつるして飾りとする。ナッツ入り、ショウガ入りなど種類もさまざまだが、クリスマスに欠かせないのがレープクーヘンという蜂蜜入りのかたいクッキーだ。一三世紀から一四世紀の頃にニュルンベルクで作られた世界最古のクッキーともいわれ、シナモンの香りが特徴的である。クリスマス・シーズン、菓子屋のウィンドウは、このクッキーで組み立てたヘンゼルとグレーテルの物語に出てきた魔女の家＝お菓子の家で飾られる。

香辛料入りの甘く熱い酒

伝統的なクリスマス菓子にフルーツやナッツ、そしてシナモンなどの香辛料がたっぷりと使われるのには理由がある。貴重な保存食としてのドライフルーツとナッツ類は、クリスマスを祝うのにふさわしい贅沢品であるとともに、翌年の豊饒を願う意味も込められていた。ナッツはローマ時代に、祭の贈り物とされていたことも関係するのかもしれない。また香辛料の使用は、東方の三博士がキリストの誕生を祝って香料を贈ったことにちなむという。

シナモンやクローブなどの香辛料は、菓子のほかクリスマスの温かいアルコール飲料にも入れられる。ドイツではクリスマス・シーズンになると、クリスマス用の品物を売る屋台が軒を並べたヴァイナハツマルクト（クリスマス・マーケット）が町ごとにあらわれるが、香辛料入りの温かい赤ワイン、グリューヴァインはその市に欠かせない飲み物だ。またデンマークやスウェーデンでは、一二月一三日の聖ルチア祭の日に、オレンジ、レモン、シナモン、クローブの香りを効かせた温かい赤ワイン、グルッグを飲む風習がある。

『クリスマス・カロル』のなかで「煮え立っているポンス酒」とか「薬味入りのぶどう酒」と訳されているのは、湯に砂糖、レモンジュース、ブランデー、ラム酒、香辛料などを加えた飲み物で、ふつうパンチといい、発祥はキリスト教以前の冬至の祭までさかのぼるという。

中世にはエール（ビールの一種）を温めて砂糖や香辛料を加え、焼きリンゴや小さく切ったトーストを浮かべた「子羊の毛」という飲み物が、クリスマスにふるまわれた。変わった名称の理由はおそらく、小さなリンゴの白い実や、飲む前に浮かべたクリームのためだろう。

このような祝いの酒や乾杯用のワインにトーストを添えたり浸しておくのは中世初期以来の伝統だ。イギリスで、誰かの健康を祝して乾杯することを「トースト」ということがあるが、それはこのようなトースト入りの祝い酒に由来する。

トーストにまつわる逸話を一つ。英国国教会成立のきっかけとなったのは、よく知られるようにヘンリー八世の離婚問題である。二人目の妃として迎え入れられたのは、当時イギリス一の美女とうたわれたアン・ブーリン。彼女は女官時代のある日、取り巻きの貴族たちに文字どおりまわりを取り囲ませて、風呂を使っていた（当時はこんなことがよくおこなわれていたのだ！）。この女性のご機嫌を取るために貴族たちがそれぞれ風呂桶の湯をすくっては飲むという愚行を繰り返したが、一人だけ仲間に加わらない者がいた。理由を問われてその紳士いわく、「トーストの番がまわってくるのをお待ち申す」。デュマは著『大料理事典』のトーストの項でこの話を、イギリス人にしてはなかなか粋であると紹介している。

なお、「ハリー・ポッター」シリーズの第三巻には、「泡立った熱いバタービール」なる飲み物がでてくる。主人公のハリーが「こんなおいしいものは飲んだことがない」というその飲み物について本ではとくに説明もないが、一七世紀のあるフランス人の旅行者の記録に同じ名の飲み物のことが記されている。記録によれば当時のイギリスでは、夕食代わりに「ホップの入らないビールに砂糖とシナモンとバターを添加して作られた」あつあつのバタービールを飲む習慣があったそうだ。

誰に当たるか、王様の菓子

日本ではクリスマス行事のクライマックスはイヴのパーティーで、翌二五日を過ぎればツリーなどもさっさとかたづけて、気分一新、正月の用意にかかる。だが本来ヨーロッパのクリスマス・シーズンは、一月六日の公現祭をもって終わりとされ、クリスマス・ツリーなどは、この日かその前日まで飾られている。公現祭とは幼子イエスが東方の三博士の礼拝を受けたことを記念する日で、クリスマスからこの日までの期間を十二夜とか十二日祭という。クリスマス・シーズンのはじまりは一二月二五日の四週間前の日曜日とするところも多く、その場合はおよそ六週間にもわたって、段階的にさまざまな行事がおこなわれるわけだ。

ドライフルーツや香辛料がたっぷり入ったイギリスのクリスマス・ケーキは、本来は公現祭の前日の夜（これも十二夜という）のための特別な菓子だった。一八七〇年代、十二夜の祝い事があまりに派手になっていたため、ヴィクトリア女王はそれを禁じた

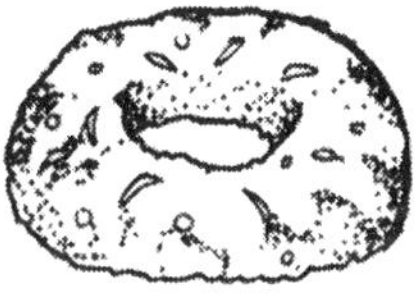
ロスコン・デ・レジェデス（スペイン）

ボーロ・デ・レイ（ポルトガル）

ガレット・デ・ロワ（フランス）

おもな王様の菓子

のだが、ケーキだけはクリスマスの食べ物として生き残ったのだという。

かつて、この十二夜の菓子にはさまざまなしきたりがつきものだった。なかに仕込まれた豆にあたると、その夜の王、または女王となって、パーティーの参加者にあれこれ命じることができるという遊びはとくに有名である。この習慣はクリスマス・ケーキではなく、クリスマス・プディングのほうに引き継がれた。今もクリスマス・プディングには指輪やコインやボタンをひそませることがあって、これがあたった人には幸運が訪れるといわれている。

ケーキのなかに豊饒のシンボルである豆などを隠しておく遊びは、イギリスだけでなくヨーロッパ各地で知られている。フランスではイースト菓子やパイ生地で作ったガレット・デ・ロワ（王様の菓子）のなかに、ソラマメや陶器の小さい人形を隠しておく。これは公現祭の日、子どもたちのために用意される。

ポルトガルのクリスマスのケーキ、ボーロ・デ・レイも「王様の菓子」の意味で、なかに指輪とかメダルが入っている。余談ながらボーロという語は、日本の幼児向けの小さな丸い焼き菓子（「たまごボーロ」など）の名称となっている。

デンマークでは、クリスマス・イヴの昼食にコメを牛乳で煮た甘い粥を食べるが、そのなかにアーモンドを一個だけしのばせておく。あたった人には、マジパンで作ったブタがプレゼントされる。

ギリシアの人びとは、一月一日の聖ヴァシレイオスの日に贈り物の交換をするなど、カトリックやプロテスタントの文化圏とは異なる風習をもつ。だがその前の晩の真夜中に供されるヴァシロスというケーキには、やはり金貨や銀貨などが埋め込まれている。

またアイルランドでは、クリスマスではなく、ケルト時代の祭の名残りとされるハロウィンのための特別なパンのなかに、指輪を入れる風習が伝えられている。これにあたった人は近い将来に結婚するという占いなのだそうだ。

なお、菓子のなかに豆をひそませる奇妙な習慣の起源は、古代ローマまでさかのぼる。ローマの農耕神サトゥルヌスをたたえるサトゥルナリアの祭の日は、奴隷と主人の立場が入れ替わる無礼講の日だった。奴隷のためにもよおされ、主人らが給仕までする宴のさいに、奴隷たちのなかから一人だけ「王」を選ぶのに、ソラマメが使われたのだという。

なぜソラマメか、という点については、胎児の形に似たこの豆がとくに、死と再生の象徴だったからという説明がなされる。

パスタもパテもペストリーも

パンやイースト菓子などの話が続いたが、もう一つの小麦粉食品、パスタについてもふれておこう。ラテン語由来のイタリア語パスタpastaは、日本語でもふつうにもちいられるペーストと語源を同じくしており、元来「練り粉」の意味である。だからスパゲッティに代表される小麦粉食品だけでなく、パンやパイの生地もパスタという。さらにアンチョビ・ペーストのような練り合わせた食材もパスタ、ついでに糊や練り歯磨きもパスタなのだ。

フランス語でも、スパゲッティのたぐいとパンやパイの生地をともにパートpâteという。このパートから、パイ生地などで下ごしらえした肉や魚などを詰めて焼いた料理を意味するパテpâtéの語が生まれたが、パテにはテリーヌのように生地をもちいないペースト状の料理もふくまれるので、ますますややこしい。

英語ではふつう、スパゲッティの類にはイタリア語のパスタをそのまま借用し、パン生地はドウdough、そのほかの練り製品はペーストpasteと使い分ける。ただし、ペーストの派生語として、パイやタルト、菓子パン、ケーキなどを広く総称するペストリーpastryがある。

ほかにもパイを意味するスペイン語のパステルpastelやドイツ語のパステーテPastete、フランス語で菓子製造を意味するパティスリpâtisserieや菓子職人のパティシエpâtissierなど、「練り粉」に由来する語はとても多い。穀物を粉にして練ったものがヨーロッパの食の基本であることが、これら類語の多さからもよくわかる。なお、パティスリやパティシエの語は最近では日本でもよく聞かれるようになったが、これらはもともとは、菓子ではなくパテ作りにかかわるものだった。

さて、イタリアン・パスタの話にもどろう。スパゲッティのたぐいはマルコ・ポーロが中国から持ち帰ったものという俗説が広まっている。『東方見聞録』の著者として知られるヴェネツィアの商人マルコ・ポーロは、一二七四年、元王朝の首都大都（現在の北京）を訪れた。彼は元王朝の開祖フビライ＝ハンに会い、元に仕えることにした。彼は中国各地を旅行することを許され、見聞きしたことをフビライ＝ハンに報告していたのだった。

その彼も、一二九〇年、元の王女がイル・ハン国（現在のイランを中心とした地域）へ嫁ぐにあたって、その一行に同行して中国を発ち、そのままイタリアへ帰国した。このとき、彼が中国の麵をイタリアへ持ち帰ったことがきっかけで、スパゲッティとして定着したというのが、スパゲッティ中国起源説である。

話としてはおもしろいが、この説は研究者らからは否定されている。では起源はどこにあるかというと中近東からの伝来とか、ジェノヴァ人による考案とか、古代ローマの粥が起源とか諸説まとまらず、結局のところよくわかっていないのだ。

たしからしいことは、一四、五世紀のイタリアでは、小麦粉を練って成形し、茹でて料理するものの総称として、マッケローニmaccheroniの語が使われていたという点である。つまり、水団《すいとん》のような団子状のものから、当時よりヴェルミチェッリと名づけられていた細いひも状のものまで、今日パスタと総称されるものがマッケローニ、つまりマカロニの名でよばれていたというのだ。マカロニが今日のように穴あきの形状になったのは一七世紀以後のことである。

マッケローニの語源については、古代ギリシアのオオムギの料理マカリアmakariaにあるともいうが、あまりはっきりしていない。ヴェルミチェッリ、英語でヴァーミセリのほうは、イタリア語でミミズなどを意味するヴェルメvermeの派生語で、いまではスパゲッティより細い

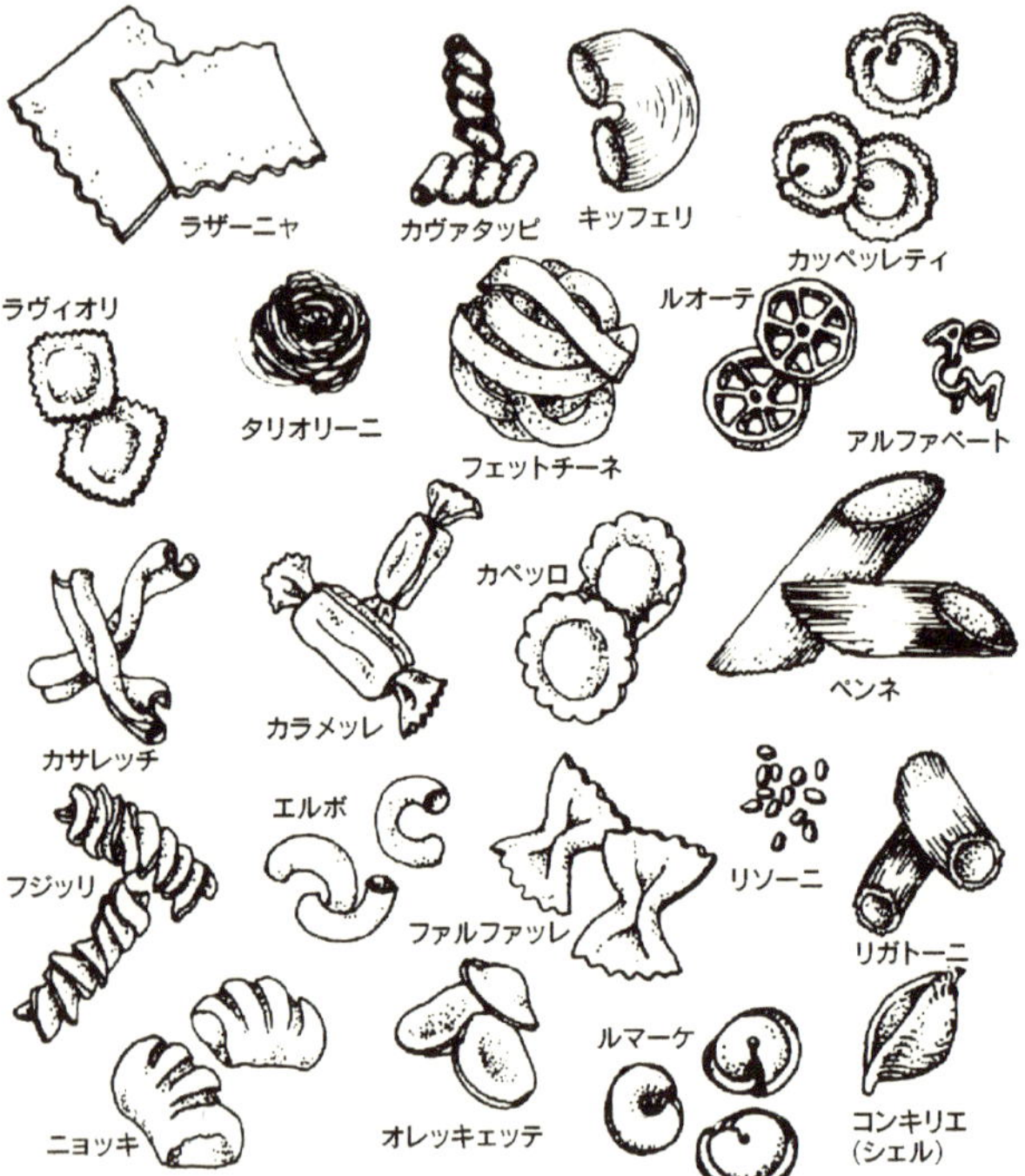

さまざまなパスタ

ものをさす。ちなみに即席麺でおなじみのヌードルnoodleという英語も、ギリシア語でミミズや寄生虫のようなひも状の虫をあらわすnudelが語源だ。パスタの代表のスパゲッティspaghettiは、ひもを意味するspagoが語源だが、この語がイタリアにあらわれるのは一八世紀前半と比較的新しい。

「中国のラヴィオリ」

中国では前漢の頃、西アジアからシルクロードを経て回転式の石臼とともに製

世界の麺マップ

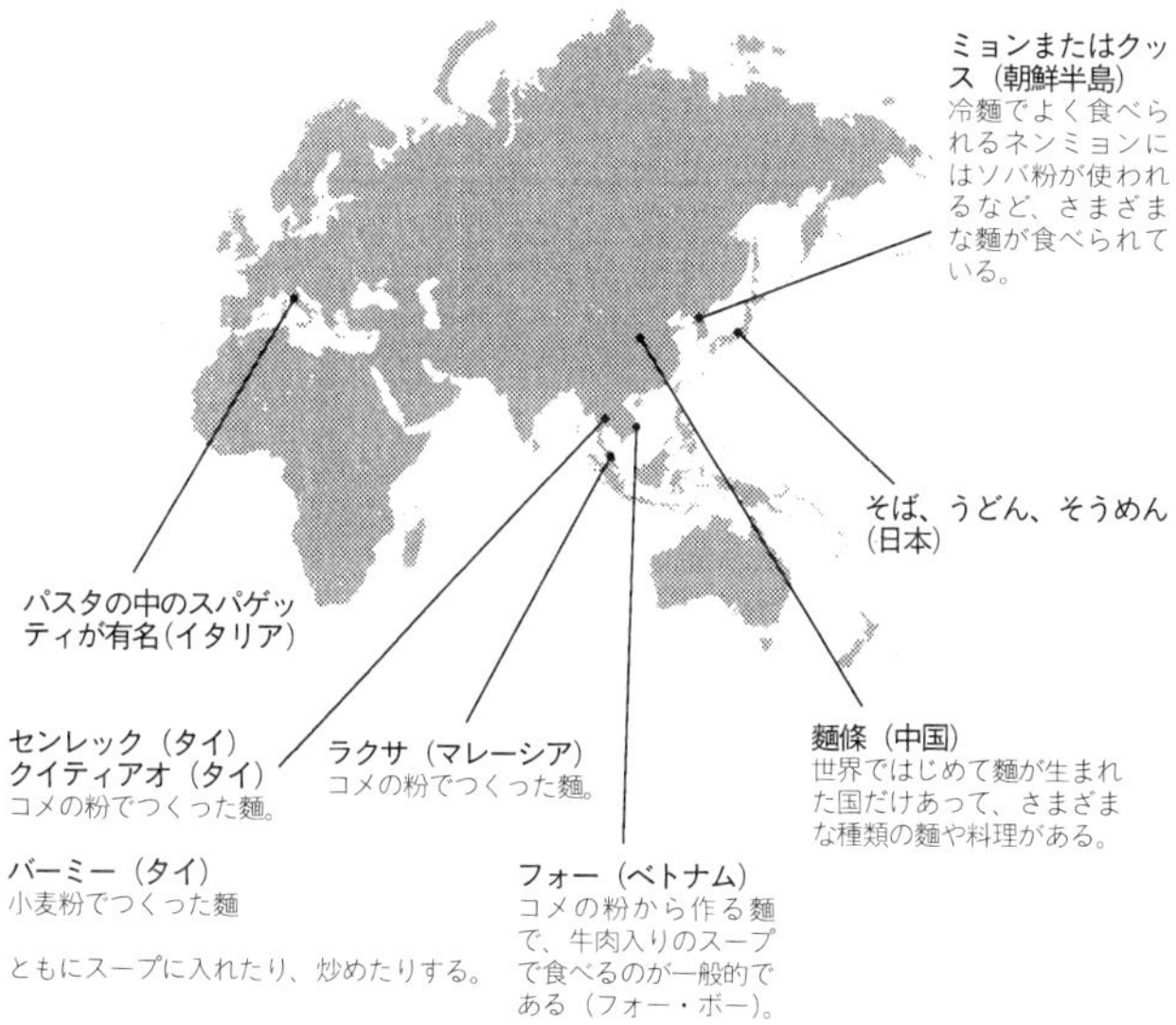
ミョンまたはクッス（朝鮮半島）
冷麺でよく食べられるネンミョンにはソバ粉が使われるなど、さまざまな麺が食べられている。
そば、うどん、そうめん（日本）
パスタの中のスパゲッティが有名（イタリア）
麺條（中国）
世界ではじめて麺が生まれた国だけあって、さまざまな種類の麺や料理がある。
センレック（タイ）
クイティアオ（タイ）
コメの粉でつくった麺。
ラクサ（マレーシア）
コメの粉でつくった麺。
バーミー（タイ）
小麦粉でつくった麺
ともにスープに入れたり、炒めたりする。
フォー（ベトナム）
コメの粉から作る麺で、牛肉入りのスープで食べるのが一般的である（フォー・ボー）。

粉法が伝わった。はじめは小麦粉は水団風にして食べていたのが、後漢の頃には細長くひも状にしたいわゆる「麺」があらわれる。およそ二〇〇〇年前のことである。「胡食」とよばれた小麦粉料理はシルクロードの起点である長安を中心に唐代に発展し、宋代には中国全土に普及した。

　中国に当初、西から伝わったのは窯で焼く平焼きの発酵パンのたぐいのはずである。それが中国ではいつしか蒸しパン型の饅頭に置き換わったようだ。小麦粉の生地を窯で焼くパン系の食品が中国で受け入れられなかった理由は何なのだろうか。

パンの分布は、それを焼く窯、英語でいえばオーヴンの分布と一致するのだが、中国の人々は新石器時代より蒸気で蒸すという西洋にはない独特の加熱法を発展させてきた。パンを焼くためだけに窯を設けるよりも、慣れたせいろでパン生地を蒸して饅頭にするほうを選んだのは当然かもしれない。そしてさらに、包子や麵など非常に多くの中国独自の小麦粉料理が育まれていった。

ところで、日本語で麵といえば細長いものと決まっていて、小麦粉で作られるうどんやそうめんだけでなく、そばも合わせて「麵類」と称される。けれども本来、麵は、その形状よりも原材料が小麦粉であることが肝要らしい。中国では麵とは基本的に小麦粉をさし、小麦粉で作った食品は餅と総称する。日本でいうところの細長い麵は、中国ではふつう麵條などという(ただし、それを日本と同じように、ただ麵といいあらわす地域もあるのでややこしい。ここでは麵を、細長い食品の意味で使う)。

先に述べたように、スパゲッティとマルコ・ポーロの伝説は作り話で、パスタと中国の麵には少なくとも直接的な関係はない。製法の上でも両者は異なる。中国の麵類のなかには、沸騰した湯のなかに小麦粉の生地を包丁で削りとばす、山西省名物の刀削麵のような変わり種もあるが、細長い麵は一般に、その加工法から大きく三種類に分けられる。

まずは棒状にした生地を引っ張って二つ折りにすることを繰り返す、手延べ方式である。一本が二本に、二本が四本に、という作業を繰り返す手延べ麵の代表が拉麵だ。拉とは手で引っ張ることを意味する。異説もあるが、日本のラーメンの語源はこの拉麵だろうとされている。

一方、生地を薄くのしてから包丁で細く切る方式の切り麵も、私たちには手打ちうどんなどでなじみ深い。中国語では切麵といい、いろいろな種類がある。この手延べ麵と切り麵が、中国では小麦粉を麵状に加工するときの一般的な方法だが、スパゲッティはこのどちらでもない。

中国で細長い麵を作るための三つめの方法は、トコロテン式に押し出すというものだ。日本ではあまりなじみのない方法だが、リョクトウの澱粉で作る春雨や米粉で作るビーフンなど、押出し式の麵の種類は数多い。朝鮮半島で冷麵などにもちいる非常にコシの強い独特の麵も、そば粉とでんぷんで作る押出し麵だ。中国をはじめアジア一帯ではふつう小麦粉以外の材料で麵を作るときの製法だが、イタリアのマカロニやスパゲッティは原理的にはこの押し出し式で作られるのである（フェットチーネなどの平たい麵は、のして切るタイプである）。

麵條とロング・パスタのように作り方は違っても見かけは似ているという例は、ほかにもいくつかある。挽き肉などの具を詰めた小さな四角いパスタのラヴィオリは、これまたマルコ・ポーロが中国のワンタンを伝えたものなどという話もあるが、もちろん根も葉もない。ラヴィオリraviolиはカブの薄切りにチーズをはさんだ中世の料理に由来し、語源は「カブ」を意味するイタリア語ラパrapaだとされている。

ワンタンに「雲吞」の字をあてるのは、科挙の試験にのぞむ受験生の大志を、雲を吞むという壮大な名にこめているという。ただし雲吞は広東語での表記で、標準語では餛飩である。

ちなみにラヴィオリのことをかつて日本では「イタリア風水餃子」などと紹介することがあったが、フランスでは逆に餃子や焼売を「中国のラヴィオリ」とよんでいる。ついでながら同じくフランスで「中国のヴァーミセリ」といえば、春雨やビーフンのことだ。

諸葛孔明と饅頭

饅頭と書いて日本語では「まんじゅう」と読むが、中国では「マントウ」である。小麦粉を練って発酵させた生地を半球形にして蒸したもので、先に書いたように西から伝わったパンが、中国では窯で焼かずにせいろを使った蒸しパンに変化したのだ。

日本ですっかり定着した中華まんじゅうは、なかに肉餡が入っているが、中国で饅頭といえば、ふつうは餡を入れないものをさし、肉や野菜などの餡の入ったものは、包子とよぶことが多い。餡なしの饅頭は白饅頭ともいい、中国北部では主食の扱いである。

この饅頭の起源について、『三国志』の英雄諸葛孔明と結びつけた言い伝えがある。三国時代の天才的な軍師・政治家であった諸葛亮（孔明は字《あざな》）は、人民を愛する厚情の人物でもあった。故事によれば、あるとき諸葛亮の率いる大軍が、辺境地を平定して帰路についたところ、荒波の立つ瀘水という川にさしかかって立ち往生したという。その理由が、長年の戦乱で命を落とした戦士たちの霊魂が悪さをするためと聞いた諸葛亮は、すぐさま鎮魂の祭事をおこなうことにした。ところがその地の支配者で、いまは諸葛亮に従う孟獲は、川を鎮めるには四九の首を供えなければならないという。

そこで諸葛亮は、人身御供の代わりになるものを考えた。ウシとヒツジの肉を細かくして餡を作り、小麦粉で包んで人の頭の形に整え、せいろで蒸すよう士卒に命じたのである。これを瀘水の岸辺に供え、自ら祈禱した後、一つ一つを瀘水に投げ入れた。すると風がやみ、波もおさまって、諸葛亮の軍は無事に川を渡ることができた。

諸葛亮が作らせた供物は饅首とよばれたが、いつしか首と同義の頭に入れ替わって、饅頭と称されるようになり、また祭儀に供えた後は食用に供されるようになったという。

何かの起源を特定の人物の業績とする「始祖伝説」は数限りない。諸葛亮と饅頭の逸話も伝説の域を出ないものではあるが、人臣や民衆の命を惜しみ、知恵で難関を乗り切ったという逸話はいかにも諸葛亮にふさわしく、広く世の人に知れわたっているのである。

故宮　中国最後の清王朝まで王宮として利用されていた。

民族融和の満漢全席

中国の宴席料理の歴史は古い。およそ四〇〇〇年前には酒食でもてなす習慣があったといわれ、春秋戦国時代には宴席の形がすでにできていた。

ただし、時代とともに発展してきた宴席の料理と様式が、今日のいわゆる中国料理という形で確立したのは、清代になってからである。宴席には目的によって、また地域や食材によってたくさんの種類がある。名にしおう満漢全席は、なかでも、最大にして最高の宴席といわれる。

満漢の満は満洲族、漢は漢族のことである。当然、満漢全席ないし満漢席は、満洲族による清王朝が繁栄する以前は存在しなかった。清朝において料理が大きく発展したのは、一八世紀の第六代乾隆帝の時代である。乾隆帝の六〇年におよぶ治世は清朝がもっとも国力のあった時代で、宮廷料理も発達しレシピが整理された。

もともと遊牧の民であった満洲族の食習慣は、肉といえばブタ（中国語では猪）の漢民族と違って、ヒツジやウシをよくもちいるものだった。今日、中国で羊肉といえば、回族などイスラーム教徒の食としても有名だが、宮廷料理として伝えられてきた羊肉の料理は満洲族の古来の嗜好を受け継いだものである。たとえば冬の北京名物「涮羊肉」は羊肉の薄切りの鍋料理で、日本のしゃぶしゃぶの祖型でもある。これは清真菜とよばれる回族の料理の代表としても知られるが、一七世紀の清の宮廷料理にはすでに「涮肉被鍋」という料理名があらわれている。

一方、漢族の料理は地方によってたいへんバラエティに富むが、なかでも山東料理は古代よりもっとも水準が高く、明朝の宮廷料理人も山東人が大多数だった。明朝が南京から北京に遷都したさいに、北京にも山東料理がもたらされ、清朝の宮廷でもそのまま山東料理を基本とする習慣が受け継がれた。今日の北京料理は、山東料理を母体に、満洲や蒙古など北方の民族の食と、さらに全国の主要な食材、調理法を採り入れたものといえる。

さて、乾隆帝の宮中で粋を集めた贅沢料理は、やがて民間にも伝わった。満漢席というと清代の揚州の塩商人がもよおしたものが有名だが、もとは地方の官吏が政府の高官や賓客をもてなすために開いた宴席だったようだ。その献立は豪華さを競いながら時代とともに品数を増し、三日間九食に分けて二〇〇品を超える料理を供するなどという大宴会も開かれた。その食材・調理法などを調べ、再現したＤＶＤが日本で作られたが、全一五巻にもなる。現在ではたいていの場合、山海の珍味を中心としつつも、日数も品数も少ない略式でおこなわれる。

満漢席の献立はとくに決まっているわけではない。クマの掌の煮込みやフカヒレの姿煮などは定番といってもよいが、ふつう北京風味のほか四川風味、広東風味、福建風味など地方の名物料理を生かしたコースが組まれる。一般には前菜からはじまって、頭菜とよばれるメイン料理をふくむ主要な品々、スープ、麵・米料理、デザート、フルーツ、菓子と続く。ただし地方によって、また規模によってメニューはかなり自由に組み替えられるようだ。宴席の格を決めるのが頭菜で、フカヒレ料理が多い。

フカヒレのような乾物は「乾貨」とよばれる。「貨」という字があらわすとおり、非常に高価なものが多く、なかでも干しアワビ、干しナマコ、魚の浮き袋または海ツバメの巣、そしてフカヒレが四大海味として珍重されている。もっとも乾隆帝はフカヒレを好まず、宮中にその料理が出たのは、一九世紀中頃、清代末期の西太后のときからだという。山の幸のほうでは、クマの掌、ゾウの鼻、ラクダのこぶ、シカのアキレス腱などが珍味の代表格だ。現在では捕獲が禁じられている野生動物も多い。

お釈迦様でも飛んでくるスープ

中国料理の名称はたいてい材料を羅列したり材料に調理法を組み合わせたもので、字をみれば日本人にも見当がつくことが多い。地名や人名を冠した料理名もあるがフランス料理などに比べれば格段に少ない。むしろ挽き肉をアリに見立てた「螞蟻上樹」（春雨と挽き肉の煮込み）とか、卵白の白を芙蓉すなわちハスに見立てた「芙蓉鶏片」（卵白と鶏すり身の炒めもの）など、視覚的なイメージをあらわした名称のほうが印象的である。

とくに宴会料理ともなると、龍やら玉やら名月やらへの見立てがやたらに多くなる。見立てではないが、「白髪三千丈」式のおおげさな名称でおもしろいのが、「佛跳墻」だ。これは福建料理として有名な珍味類の壺蒸しスープで、お釈迦様（あるいは修行中の僧侶という説も）ですらその香りをかいだら、がまんできずに塀を跳び越えてくるだろうという意味である。

また、庶民的な料理にも「八宝菜」のように縁起のよい数字と文字を組み合わせた名前があるが、宴会料理ではそれが徹底していて、たとえば魚の姿蒸しが「富貴有餘」とよばれたりする。これは「魚」が余裕があるという意味の有餘の「餘」と同音であるための命名だ。コースの主要な料理の最後によく魚料理が出されるのも同様に、「余るほど食べた」という意味に通じるからである。

このような同音異義の語を利用した語呂合わせは数多い。髪菜という乾物は、見た目が本当に黒い髪の毛のような淡水産の藻の一種なのだが、金がもうかるという意味の「発財」と同音のため、宴会料理によく登場する。また、中国南部の正月料理「生菜猪手」（ブタのすね肉の煮込み）は、同音の「生財就手」と書きあらわされる。意味はやはり「財を成す」ということだ。逆に、宴会料理名とは限らないが、日本でスルメを「アタリメ」と言い換えるのとよく似た例もある。見立てや語呂合わせによる縁起担ぎは、中国の宴会料理名の特徴といえる。

李鴻章のお気に入り料理

先にふれた「八宝菜」とよく似た料理に、「什砕」（チャプスイ）がある。またの名を「李鴻章什砕」という。李鴻章（一八二三～一九〇一）とは、日清戦争の講和会議で下関条約に調印した清朝末期の政治家だ。五目炒め煮のような大衆料理に、名高い政治家の名がつけられたいわれは、次のように伝えられている。

李には呉継善という親友がいた。同じく政界にあったが、李が大物政治家として名を馳せる一方で、呉は病に倒れた後は職もなく、郷里で妻とともに細々と暮らしていた。呉は職を得るために何度か李のもとを訪れるが、そのことは李に知らされないまま、いつも門前払いである。

しまいには絶望して、遺書をしたためている呉のもとに、間一髪、李の遣いが到着する。ようやく事情を知った李が、迎えをよこしたのである。

再会の喜びもさめやらぬ翌日、今度は李が呉の家を訪ねる。このとき、賓客をもてなすための特別な材料もなく、呉の妻がありあわせで作ったのが、什砕だったというわけだ。その名の由来は、李から「たいへんおいしい、いったい何という料理ですか」と聞かれた妻が、「名をつけるほどのものでもございません。ただ材料を、什々、砕々（こまごまと）に刻みこんで煮ただけのものでございます」と答えたことによるという。

李はこの素朴な料理を非常に気に入って、外交官として赴任した外国でも大使館主催の宴会で必ず作らせたため、アメリカにも広まって「チャプスイ」は中国料理の代名詞のようになった。

以上は、広東生まれの料理人の楊萬里氏がその著書『中国の味』（主婦と生活社）で紹介している話だが、チャプスイの誕生伝には、もっと単純なものもある。李鴻章がアメリカ滞在中、料理人の作った中国料理が口に合わなくて、すべての料理を刻んで煮たところ、おどろくほどおいしいごった煮ができあがったというのだ。親友の妻が作ったという話にくらべればおもしろみは欠けるが、こちらのほうが現実にありそうな感じはする。

なお、英語でチャプスイがchop sueyと綴られるのは、chopに「切り刻む」という意味があるからだろう。

名詩人がつくった東坡肉

日本の「豚の角煮」の元祖といえる杭州料理の東坡肉は、人名を冠した中国料理の代表である。北宋時代の官僚にして詩人、書も画もよくした蘇軾（一〇三六～一一〇一）は、政敵に疎まれ、南シナ海に浮かぶ海南島に流刑となってしまった。ただし、俗世の毀誉褒貶《きよほうへん》などにはまどわされぬ大人物のこと、粗末な家に妻子とともに住み、住まいの東方の高台をたがやし、地元の人びとと交わりつつ、最良の詩を生み、書画をあらわした。のちに彼は、畑を作った東の高台を意味する東坡を号とし、蘇東坡として後世に名を残す。

蘇東坡はいかにも中国の詩人らしく、酒を愛で、美味を好んだ。彼がこの地で手に入りやすい豚肉をおいしく食べるために考えたのが、東坡肉だといわれる。皮つきの豚バラ肉を一度茹でるか揚げるかして余分な脂を抜いてから、醤油と酒と砂糖でじっくり煮込んだこの杭州名物料理は、後に沖縄に伝わって泡盛を使ったラフティとなり、長崎では卓袱《しっぽく》料理の東坡煮《とうばに》となった。

人名を冠した中国料理を、もう一例あげておこう。中国の数限りない麺の一種に、伊府麺ないし伊麺というものがある（ただし前述したように中国では麺とは基本的に小麦粉をさし、日本でいうところの細長い麺は、中国ではふつう麺條などというのだが）。拉麺のような手延べ麺ではなく、手打ちうどんのように生地を薄くのしてから包丁で細く切る切り麺の一種なのだが、水を加えず卵だけで粉を練るという製法と、切った麺を玉にして油で揚げる点が独特だ。名称の由来は、伊という人物の家（府）で作り出されたからという。

揚げてふわっと膨らんだ伊府麺はさっと茹でてもどしてから広東風にスープで煮込んだりするのだが、麺を揚げて水分を抜いてしまうというのは、じつは、即席麺の製法と同じである。日本生まれの即席麺は伊府麺と同様に、揚げた麺を湯でもどす「チキンラーメン」からはじまった。発明者の安藤百福氏は台湾生まれだが、伊府麺とは別に、試行錯誤のうえ独自に開発したものという。

ところで中国の四川料理を代表する「麻婆豆腐」の麻婆は、あばた顔のおばさんという意味で、固有名ではない。この料理で評判をとった店のおかみさんが、親しみをこめて麻婆とよばれていたのである。それから一〇〇年たったいま、四川省の成都にある陳麻婆豆腐店は観光名所となり、東京にも支店を出している。

元祖の陳麻婆豆腐店以外では、「麻辣豆腐」と称するところが多いが、この場合の「麻」はあばたの意味ではなく麻痺の麻、しびれるという意味で、舌をしびれさせるサンショウの辛みのことだ。「辣」はラー油で思い出されるとおり、トウガラシの辛みである。皿に盛ったあと四川のサンショウをこれでもか、というほどふりかけるため、慣れない日本人はトウガラシの辛さよりもサンショウの刺激で口がきけなくなってしまう。

第4章

美食家にちなんだ料理

エスカルゴ（フランス）

エピクロスは美食家ではなかった

食道楽、美食家のことをよくグルメgourmetという。このフランス語は一説に、古くは利き酒をする人を意味していたというが、利き酒といっても今日のソムリエのように繊細な舌と豊富な語彙でワインを鑑定するような専門職とは違う。ワインを仕入れるときに味をみるワイン商人の、それも使用人を意味していた言葉が、グルメの起源だというのだ。

よく似たグルマンgourmandという言葉も、食道楽というよりは大食漢というイメージで知られているが、フランスではグルメとグルマンの違いはほとんど意識されない。食道楽なら当然、たくさん食べる人というのが前提としてあるからだ。この二つの言葉は語源も両者の関係もはっきりとはわからないのだが、同じような意味で「胃」に由来するガストロノムgastronomeという語もある。

これらとは別に、エピキュールepicureという言葉も知られている。エピキュールとは最高のものを最高の状態で味わうことを追求する人であり、また、洗練された趣味をもつ人という意味でももちいられる。一般に「快楽主義者、エピクロス派」と訳されるエピキュリアンepicurienとは少しニュアンスが違うようだが、語源はどちらも古代ギリシアの哲学者エピクロスEpikurosの名前にある。さて、そのエピクロスの飲食物へのこだわりはいかばかりだったのだろう。

エピクロスは、紀元前三四二年頃（三四一年の説もあり）、小アジアに近いサモス島に生まれた。父から充分な教育を受け、二〇歳を前にしてアテナイを訪れ、地方で教鞭をとったのち、紀元前三〇七年頃（三〇六年の説もあり）、永住するためにアテナイにやってきた。アテナイで彼は、のちに「エピクロスの園」とよばれる学校を開き、研究、教育にたずさわった。そこは、はじめて女子学生を受け入れた学校といわれている。

彼がその学校で追求した説のひとつに「快楽」は善ということがある。快楽とは、ほかに比較し得ない善であり、そのために一生を捧げることが人生の目標だというのだ。文字通りに解釈するなら、食べるということについてみれば、満腹になるまでおいしいものを食べたり、飲んだりすることが善だということになる。

しかし、おいしい飲食物がふんだんにあるからといって、それを食べ過ぎると不快になるばかりか、腹痛に苦しむことになってしまうかもしれない。太ってしまって醜い姿態に悩むことになるかもしれない。だから、彼のいうところでは、ただおいしい飲食物がたくさんあればいいというものではない。精神的な快楽、喜びを追求するのであれば、未来までもよく考えなければならないということだ。目先のおいしい飲食物をただ満腹になるまで食べるのではなく、節度を知り、のちに起こるであろう不快さをやめさせなくてはならない。

エピクロスの説いた快楽とは、賢明なうえに自制心をそなえたうえでの豊かな生活だったのである。この彼の哲学は、その知的さゆえに上流階級の人びとの人気をよんだ。ギリシア時代を経て、ローマ時代には、彼の哲学はかなりの人気だったが、快楽を追求するなかでいつしか節度という言葉は忘れられ、それが頽廃に結びついていった。こうして、彼の哲学は単純な快楽主義として誤った解釈をされてしまうことになったのだ。

エピキュールという言葉もただ「食道楽」と解釈してしまえば、エピクロスの真意からは離れてしまうわけだ。

豪華な食事をルーカランというわけ

今日ではほとんど使われない言葉だが、英語で、宴会、パーティーなどの豪華な食事を形容するのにルーカランLucullanという言葉がある。この語は、腕はたつものの部下に慕われることのなかった、ある古代ローマ軍の将軍の名前によるものだ。

その将軍とは、カエサルが登場する以前の紀元前七〇年頃、歴史の舞台にあがっていたルキウス・リキニウス・ルクルスLucius Licinius Lucullusである。

彼は、その戦功をかわれて、小アジア、黒海の南東あたりにあったポントスという小国の鎮圧に向かった。彼の戦いはすさまじく、敵を追いつめ、当時のポントスの国王ミトリダテス六世の軍をアルメニアに敗走させた。その後もルクルスは手を緩めず、一気にアルメニアにまで侵攻しようと、部下に奮起をうながしたのだが、ここは日頃、部下との信頼関係が築けていなかっただけあって、部下たちはリスクが大きいとみるや、命令に従わないばかりか謀反をくわだてる者まであらわれた。

統率がとれずに作戦が遂行できないのは上司の責任である。このことは、やがてローマ本国の知るところとなり、ルクルスは解任され、ローマへ戻されてしまった。そして別の将軍が任命されてきて、作戦を成就してしまった。このとき兵士たちがサクランボをローマに持ち帰ったことはすでに述べた。

ルクルスは、最後の息の根を止める寸前まで頑張ったのに、手柄はすっかり新任の将軍のものとなってしまったのだからおもしろくない。これ以後、彼は余生をごく限られた友人、知人とだけ接するというように、寂しく暮らしたようだ。

しかし功績のあった人物だけに、裕福だったことに変わりはなく、時折開かれる宴会は豪奢をきわめたものだった。その饗宴は、いつしかローマで噂の的になり、「ルクルスの饗宴」という言葉が、贅をつくしたご馳走の代名詞のようにして使われるようになったという。

そして、極めつけの饗宴料理を賞讃するのに「ルクルスがルクルスと食事をする」という言い回しまで生まれた。つまり彼がひとりぼっちで自分のために用意したご馳走が最高だろうということだが、何とも侘びしい話である。

「シャリアピン・ステーキ」は日本にしかない

「シャリアピン・ステーキ」に「ビーフ・ストロガノフ」。どちらもロシア人の名前のついた有名料理である。二〇世紀最大のバス歌手の一人といわれるフョードル・イヴァノヴィッチ・シャリアピン（一八七三～一九三八）の名にちなむシャリアピン・ステーキは、一九三六年に彼が来日したとき、歯が悪かった彼のために帝国ホテルの料理長《シェフ》、筒井福夫氏が発案したものだ。叩いて薄くのばした牛もも肉をタマネギの絞り汁に漬け込んでから焼くので、タマネギの酵素によって肉がやわらかくなる。だが残念なことに、この名の料理がよく知られているのは日本だけなのだ。ロシア人の名前がついているからといってロシア料理とは限らないのである。

かたやビーフ・ストロガノフは、正統ロシア料理といってよい。そもそもビーフ・ストロガノフのビーフは英語の「牛肉」ではなくて、ロシア語で「～流」を意味するベフだったのである。

ストロガノフは何世紀にもわたって栄えたロシア商人の家名である。ストロガノフ家は、ロシアの主要産業だった毛皮、木材、鉱山の資源で財をなした。そのなかで、この料理を生み出すきっかけとなったのが、一九世紀はじめ、外交官の職にあったパヴェル・ストロガノフ伯爵だ。美食家だった彼は晩餐会をもよおすのが好きだった。そんな彼のある晩餐会でのこと、牛肉がかたいことを不満に感じた彼は、料理人にその旨を告げ、調理の工夫を頼んだ。そうして考え出されたのが、牛肉を細切りにしてからタマネギ、マッシュルーム、サワークリーム、薬味などと煮込む料理だったというのが通説だ。

「ストロガノフ流」を意味するベフ・ストロガノフはいつしか、「ストロガノフ家の牛肉料理」

を思わせるビーフ・ストロガノフと名を変えて、ヨーロッパ料理の一つとして定着したのである。

日本では料理に人の名前をつけるという習慣があまり一般的ではないが、ヨーロッパ、とくにフランスではこの種の料理名がずいぶん多い。芸術家や貴族などの名を冠したり、名のある料理人、美食家にちなんで名づけられたものだ。いずれも、たんに有名人の名前が利用されているだけといった場合もあれば、発案者として料理名に名を残すなど人物と料理が深く結びついている場合もある。

メルバと名づけられた二つの料理

極端に薄く切って、パリパリ、カリカリに焼いたトーストのことをメルバ・トーストという。バニラ・アイスクリームの上にモモのシロップ煮を載せ、上からラズベリー・ソースをかけたもの、正式にはそれを白鳥をかたどった氷細工の中に盛るという、贅沢なデザートのことはピーチ・メルバという。

かたや、素っ気ないダイエット食、かたやダイエットとは無縁の甘いデザートだが、このあまりにもかけ離れた料理に、メルバという人の名がつけられたのにはどういうわけがあったのだろう。

メルバとは、一九世紀末に一世を風靡したソプラノ歌手ネリー・メルバのことだ。本名はヘレン・ポーター・ミッチェル（一八六一〜一九三一）といい、オーストラリアはメルボルン近郊の出身である。一八八七年、ブリュッセルで上演されたヴェルディ作『リゴレット』のジルダ役でデビューし、大好評をはくした。このとき、故郷の名にちなんでメルバの芸名をもちい、以後その名でよばれるようになった。

一八九〇年代には、彼女の名前は世界で知られることとなる。一八九二年のロンドン公演のとき、彼女はサヴォイ・ホテルに滞在したが、そこで料理長を務めていたのが、後述する料理界の巨匠オーギュスト・エスコフィエである。

エスコフィエも、ワーグナー作『ローエングリン』の公演でヒロインのエルザ役を演じたメルバに感動し、一夜のうちにファンになってしまったという。ホテルにもどった彼は、劇中、伝説の騎士ローエングリンが白鳥の曳く小舟に乗って登場する場面をモチーフとして、その感動をデザートにあらわしたというわけだ。

では、もう一方のカリカリのトーストのほうはどうだろうか。これは、彼女が体型を気にするあまり、極薄のトーストを無理に注文したために、カリカリ、パリパリになってしまったのだが、これがまた香ばしくておいしいと彼女が気に入り、自分のための特別メニューにするようになったのだそうだ。それがやがて、人びとの知るところとなり、メルバ・トーストとしてメニューに載せられるようになったと伝えられている。

ところで、このサヴォイ・ホテルには、メルバのほかにも音楽家の常連客は多かった。プッチーニ、トスカニーニ、ガーシュインなどの名前がすぐにあがってくる。かつては、ヨハン・シュトラウスがタクトを振っているレストランもあったのだ。

ロッシーニ風のステーキとは

同じ音楽家でも、オペラ『セビリャの理髪師』や『ウィリアム・テル』の作曲者として名高いイタリアのジョアキーノ・ロッシーニ（一七九二〜一八六八）は、料理のアイディアをシェフに指示するばかりか、ときには自ら腕をふるい、美食の世界で名を馳せた。ロッシーニはパリでの生活も長かったが、いかにもイタリア人らしく「人生とは食べ《マンジャーレ》、愛し《アモーレ》、歌い《カンターレ》」、そして「消化すること」を信条としていたという。

ロッシーニ

実際にはそれほど愉快なこと続きの単純な生涯ではなかったが、ともあれ「ロッシーニ風」と名づけられた料理には、世界三大珍味のうちの二つ、フォワ・グラとトリュフをもちいた贅沢なものが多い。その代表がフォワ・グラとトリュフを載せ、濃厚なドゥミ・グラス・ソースをかけた牛フィレのステーキだ。題して、「トゥルヌド・ロッシーニ」という。

トゥルヌドとはフィレ肉の中心よりやや頭側にある細い部分で、最高のステーキ肉としてさまざまな調理法が開発されている。トゥルヌドという名称は「くるりと背中を向ける」という意味のフランス語（tourne dos）が語源らしいが、その由来についてはいくつもの逸話が知られているので、おもしろいものを二つばかり紹介しておこう。

フィレ肉は保存が効かず、冷蔵技術の発達していなかった一九世紀半ばまでは格式あるレストランで扱うような食材ではなかった。そのため、注文を受けた給仕長《メートル・ドテル》はほかの客の目から隠すため、客に背を向けて料理を運んだというのがまず一つ目だ。

もう一つは、ある食通がフィレ肉を注文したところ、給仕長は前例がないために客の後ろでとまどってもじもじしていた。それで客が後ろを振り向いたというものである。真偽のほどはわからないが、トゥルヌドがロッシーニの晩年の一八六〇年頃になって初めてレストランのメニューに登場したことだけはたしかだという。

「トゥルヌド・ロッシーニ」は「フィレ肉のロッシーニ風」などという名で、近ごろはファミリー・レストランのメニューにも登場するほど有名だ。

次に、彼が考案した数ある料理のなかで、いまはまったく忘れ去られてしまった奇抜な料理も一つ紹介しておこう。イタリア生まれのロッシーニはナポリ産マカロニが大好物で、その孔の中に特製の銀の注入器を使ってフォワ・グラやトリュフなどをベシャメル・ソースで和えたものを詰め、グラタンを作ったという。おそろしく手間のかかる料理だが、そのたぐいまれなる美味については何人もの証言者がいる。

ロッシーニの料理に関する逸話や伝説には枚挙にいとまがない。作曲よりもむしろ料理の方に自信をもっていたのではないかとさえ思わせるほどだ。

蛇足ながらロッシーニ以外の音楽家では、『動物の謝肉祭』で有名なフランスの作曲家カミーユ・サン＝サーンスの名が、やはりフォワ・グラやトリュフなどを使った贅沢料理に冠されている。またオペラ『ファウスト』の作曲者は、「グリーンピースのポタージュ、グノー風」という料理名に登場する。以上はフランス料理だが、イタリアでも『椿姫』や『アイーダ』で有名なオペラ作曲家の名が、クルミの香り高いソースをかけた「フィレ・ステーキ、ヴェルディ風」という料理に見い出せる。

ロートレックの料理読本

美術界にはロッシーニにならぶほどの人物は見あたらないが、一九世紀末のパリの風俗を生き生きと描いたアンリ・ド・トゥールーズ＝ロートレック、通称ロートレック（一八六四～一九〇一）は、自ら料理読本を著したというところで群を抜いている。裕福な貴族の家に生まれた彼は、幼少の頃から味覚を養っていたのだろう。モンマルトルに居を定めてからは、酒浸りだったにもかかわらず繊細な舌による彼の批評が、近辺のレストランのシェフたちを一喜一憂させた。

ロートレック自画像

ロートレックはまた、自ら台所で立ち働いて、友人をもてなすこともよくした。ときには、カンガルー料理と称してヒツジに牝ウシの尻尾をつけ、腹に袋状のものをこしらえてネズミをしのばせるというような悪ふざけもやったという。

彼の食への飽くことなき探求は、その死後、親友のモーリス・ジョアイヤンが『モモ氏の料理』と題したロートレックの挿し絵入りの美しい本の形で世に残している（モモとはロートレックの筆名。のちに『料理法』と改題して再版。日本語訳『美食三昧』）。そこには、手間のかかる特別なものではないが、独創性のある数々の料理がおさめられている。料理は芸術だと考えていたロートレックのエスプリが感じられる、楽しい一冊だ。

たとえば「山鳩のオリーヴ添え」という一品がある。それはある菓子屋の主人に教わった料理をロートレックなりに完成させたもので、親しい友達にしかふるまわなかったという。気に入らない連中は「山鳩のオリーヴ添え」にあずかる資格もないというわけだ。

画家の名を冠した料理としては、「ロートレック風仔羊の煮込み」と、もう一つ「ピカソ風アワビのグラタン」をあげておこう。天才たちの名は、それらがどんな料理なのか、想像力をかき立てる効果をたしかにもっている。

大デュマの遺作『大料理事典』

文学者で料理界にも名を馳せた人物といえば、『三銃士』や『モンテ・クリスト伯』の作者アレクサンドル・デュマ（一八〇二〜七〇）の名がまっ先にあげられる。デュマは劇作や小説の成功で巨額の稼ぎを得たが、浪費もまた桁はずれだった。四六歳のときにモンテ・クリストの館とよばれる奇想天外な大豪邸をパリ郊外に築いた頃が絶頂期だったが、この館はわずか二年後には差し押さえられている。

時代は一九世紀半ば。二月革命の勃発で世間は芝居どころではなくなってしまい、経営する劇場が立ち行かなくなったという事情もある。だが、館を訪れる無数の食客へのデュマの大盤ぶるまいは、常軌を逸したものだった。モンテ・クリストの館はひらたく言えば、彼にたかる「自称芸術家」たちや愛人たちに食いつぶされたのである。

財産も健康も失った最晩年になって、デュマは『大料理事典』を著した。この本には「私の全作品が読まれなくなっても、この事典だけは残るだろう」と語るほどの思い入れがあったようだが、刊行されたのはその死後のことだった。

たしかにデュマの『大料理事典』は、食材や料理法などAからZまでおよそ七五〇〇の見出し語をもつ大著である。ただし、この破天荒な人物の書いたものだから、単なる実用の料理事典であるはずがない。本人は実用書を目指したといっており、実際、さまざまな資料をもとにしたオーソドックスな料理法を記した箇所も少なくないが、日本語訳で読む限りは、眉唾もののエピソードや小話が満載の楽しい読み物といったふうである。

たとえば、仔ゾウの足の料理法を紹介した「象」という項目や、「世をはかなむと、日本人はほかのどんな破壊手段よりも好んでこの魚を食べる」などというもっともらしい一文をはさんだ「バキュ」という項目がもうけられていたりする。バキュはおそらくフグのことだろうが、なぜ、こんな名称になっているのかはわからない。

体が衰えてからもなお、このような大著に取り組むだけあって、デュマはたんなる美食家の域をはるかに超えた存在であった。たとえばモンテ・クリストの館に客を招いたさいに、ときには自らシェフの格好で料理の腕をふるったという証言がある。女流作家ジョルジュ・サンドも、デュマの「すばらしい料理」について日記に記している。またシャンゼリゼにレストランを開くつもりだと語ったとも伝えられており、料理へ注いだ情熱は並々ならぬものだったようだ。

こんにちの一般的な料理事典には、「オマールのデュマ風」という料理名が見い出せる。またモンテ・クリストの名もケーキや、最高級のハバナ産葉巻のブランド名になっている。ただしデュマ自身は、「羊股肉のジャン・ジャック＝ルソー風」などの例をひいて、料理名に「わざわざ偉人の名をもってくる」ことを、おかしな風潮だと批判していた。

小デュマの「日本風サラダ」

『椿姫』で知られる息子のデュマ・フィス（一八二四〜九五）は、戯曲『フランションン』のなかで「日本風サラダ」の作り方を登場人物に語らせている。

「まず、じゃがいもをブイヨンに入れて煮る。次に、それをふつうのサラダの場合と同じように切る。まだ温かいうちに、塩、胡椒、果物の味のついた良質のオリーヴ油、オルレアン酢、白ワイン――できればシャトー・イケムをコップ半杯分入れて調味する。

さらに、みじん切りにした薬味草をたくさん入れる。同時に、ごく大きい貽《い》貝（ジャガイモの量の三分の一ほど）を、セロリの茎と一緒にクール・ブイヨンで煮ておく。

煮汁は捨てて、すでに味のついたジャガイモに加える。そして、そっと全体をかき混ぜる。サラダが十分に混ざり、できあがったら、その上に、シャンパンで煮込んだトリュフの輪切りをのせる。――できあがりは学者の帽子みたいな半円形になる。

テーブルに出すときにはこのサラダがさめているように、食事の二時間前にすべてつくっておく」

これのどこが「日本風」なのか、まったく不明であるが、二〇世紀前半を代表する美食家キュルノンスキーとドリースは、デュマ・フィスをして「この料理からして、父親の才能を受け継いでいるとは考えられない」と述べている（『美食の歓び』）。

デュマをうらやんだ大食漢バルザック

さて、大デュマが築いたモンテ・クリストの館の新築祝いには、総勢六〇〇人の客が招かれたが、そのなかにフランス写実主義の大御所と称されるオノレ・ド・バルザック（一七九九〜一八五〇）がいた。バルザックは愛人にあてた手紙に、「ああ、モンテ・クリストの館は、かつて人類がなした愚行のうちで、最高に魅力的なものです」と羨望をこめて記している。

行政官をつとめた農民出身の父と裕福なブルジョワ家庭出身の母をもつバルザックは、貴族と貴族的なものにあこがれるあまり、身のほどを上回る贅沢を志向した。当然のように食にも非常なこだわりをみせ、人生半ばにして『フランスの美食あるいは楽しく生きる術』を出版している。また、後述するが、『味覚の生理学』（邦訳『美味礼讃』）の著者として名高い美食家のブリア＝サヴァランの研究書も著している。

バルザックの小説には、食べ物や食卓の様子を描きながら、登場人物の人となりを鮮やかに印象づけている場面が少なくない。以下は、バルザック自身が美食家でかつ大食漢だったことをほうふつとさせる一例だ。

「前菜は別として、オスタンド産の牡蠣六ダース、スービーズ風コトレット六枚、マレンゴ風の若鶏一羽、マヨネーズあえのオマール、グリーンピース、マッシュルーム詰めのクルート、三本のボルドー産葡萄酒、三本のシャンパン、何杯かのコーヒーとリキュール」（『それとは知らぬ喜劇役者』より)。

バルザックの名を料理事典にさがすと、「大麦と芋セロリのバルザック風クリーム・スープ」というものに出会う。ちなみに芋セロリとは、肥大する根の部分を食用とするセロリの一種で、香りはセロリ、歯触りはジャガイモといった感じの根菜だ。

ユゴーがあこがれたシャトーブリアン

デュマ、バルザックとならんで、一八〇〇年前後に生まれ、創作ばかりでなく金銭欲、出世欲、性愛欲すべてにおいて並外れたエネルギーをそそいだ三巨人の一人が、『レ・ミゼラブル』の作者ヴィクトル・ユゴー(一八〇二〜八五)である。ユゴーは美食家というよりも、とちらかといえばたんなる食いしん坊だったようだが、その名はやはり「アーティチョークのホタージュ、ユゴー風」という料理名に残されている。

そのユゴーは、わずか一四歳のときに、「シャトーブリアンのようになりたい。さもなくば無だ」という書き付けを残している。ユゴーが、フランス・ロマン主義文学の先駆者とされるフランソワ・ルネ・ド・シャトーブリアン(一七六八〜一八四八)に本当に心酔していたのかどうかについては議論の余地があるが、それはともかく、このシャトーブリアンの名も料理史を語るうえではずすわけにはいかない。

今日、シャトーブリアンといえば牛フィレ肉の尻尾に近い太い部分の呼び名であり、それを網焼きにして、ドゥミ・グラスを加えた白ワインのソースをかけた料理名でもある。そのソースもまた、ソース・シャトーブリアンとよばれる。由来は、文学者シャトーブリアンの料理人がこの料理を考案したことによるというのが通説だが、シャトーブリアンという地名にちなむという説もある。

さて、『赤と黒』を代表作とするスタンダール（一七八三～一八四二）は、バルザックら三巨人と同じ時代を生きた小説家ではあるが、彼らと違ってその才能は生前にはあまり評価されず、つまりは美食に明け暮れる生活はかなわなかった。ナスにトマトをはさんで焼いた「ナスのスタンダール風」という料理があるが、これはスタンダールが生きていた時代に生まれたものではない。『赤と黒』をイメージさせるこの料理は、現代の三ツ星レストランとして名高い「トロワグロ」の一皿である。

三巨人から少し遅れて登場する『居酒屋』や『ナナ』の作者エミール・ゾラ（一八四〇～一九〇二）は、南フランスのプロヴァンス出身で、父親がイタリア人ということもあってか、地中海料理に関心が高かった。スタンダールと対照的にゾラは、「料理人の王」エスコフィエほか当時の名料理長による傑作を大いに楽しんだ。

革命後に流行った美食ガイド

ところで、右にあげた美食家たちの多くが、一九世紀のパリというほぼ同じ時代、同じ場所に生きていたのは、決して偶然ではない。この時代のパリで食文化が爛熟したのには、歴史的な事情があるのだ。すなわち、フランス革命である。

一七八九年におこったパリの民衆によるバスティーユ監獄の襲撃は革命を象徴する争乱だが、それに先立つ一七八二年、プロヴァンス伯爵（後のルイ一八世）の元料理人のボーヴィリエという人物が、世界初の「レストラン」を開業した。

もっとも、食事を提供する場でレストランという名称が使われたのは、その一世紀以上前、ある酒場の店主が「元気を回復させる」という意味のラテン語に由来するレストランという語を店のスープの名として看板に掲げたことにはじまる。だが、ともあれ革命前夜までは、客の好みでいろいろな種類の料理を出せる今日的な意味でのレストランは存在しなかったのだ。

その理由は、パン屋は菓子を作ることができず、パイ料理屋は煮込み料理を作ることができないという、きびしい同業者組合の制度にあった。だが、革命と前後して、旧体制的な組合制度や特権は廃止されるようになった。それまで酒場や宿屋は、料理を仕出し屋や総菜屋などから必要に応じてあれこれ取り寄せていたのが、自由に料理して売り物にできるようになったのである。

そして同時に、貴族たちに仕えていた大勢の料理人の「失職」が、パリを美食の都に押し上げた。亡命する主人にしたがってイギリス、スイス、ドイツなどへ赴いたり、裕福なブルジョワ家庭の料理人に転職したりできた料理人はよかったのだが、それ以外の、少なからぬ料理人が、ボーヴィリエの先例にならって、パリに豪華なレストランを開業したのである。結果として一〇〇年後には、およそ一〇〇〇軒の「高級」レストランが数えあげられることとなったのだ。

このように革命をきっかけとしてレストランが流行し、そのことが食にこだわる人びとを大量に育んだのは間違いないが、このことについて、一つ二つ付け加えておかなければならないことがある。

まず、食の批評家の登場である。

レストランの流行によって、それまで王侯貴族の館の宴で洗練をきわめてきた贅沢な食文化が、ブルジョワの成金たちにも手の届くものとなった。だが彼らはまだ食の楽しみ方に不案内である。その水先案内人をつとめたのが、美食家といわれる人々だった。同時に、レストランにおいて給仕長《メートル・ドテル》の役割も非常に重視されるようにもなる。美食家はうんちくをかたむけて食の流行を牽引し、給仕長は現場で料理とワイン、さらに食事の作法の指南役をもつとめたわけだ。

一八〇二年、貴族出身のバルタザール・グリモ・ド・ラ・レニエールという弁護士が、美食のガイドブックの元祖といえる『食通年鑑』の発行をはじめた。一八二五年には、先にも触れたが、ジャン・アンテルム・ブリア＝サヴァランという司法官が、『味覚の生理学』で食の楽しみを説いた。この二人を双璧として、以来、美食学の専門家、美食家なる人種が「食通文学」や食談義を著すならわしとなる。デュマの『大料理事典』やロートレックの料理本も、時代は少し下るが、そのような流れのなかで生まれた作品といえる。

○○風という料理名の流行

もう一つ、料理に命名するという習慣も、この時代に爆発的に流行した。もともと家庭料理は何々風などときどった名前でよばれることはない。また貴族の館やブルジョワ家庭で料理人が作る料理でも、単純に食材と調理法をならべた「リ・ド・ヴォの串焼き」とか「カエルのベニェ」といった料理名が多かった。リ・ド・ヴォがどの部位で、あるいはベニェがどのような調理法かわかっていれば、見当がつくというものである。

だが、レストランのメニューを見て客が注文するという時代になって、印象的な人名や地名を織り込んだ特別料理が増えてきた。料理名や調理法の名称などは、この頃かなり整理されてきていたが、同時に「トゥルヌド・ロッシーニ」とか「若鶏のマレンゴ風」などという思わせぶりな料理名も多くなったのだ。有名人にあやかる命名法が多いのは、先にロッシーニやデュマの例で紹介したとおりである。また、後に挙げるが、時の権力者や貴族の名はとくに頻繁に登場した。

料理人や美食家の名ももちろん、メニューをはなばなしく飾ってきた。ただし、本人のあずかり知らない命名も多い。たとえば「サヴァラン」という菓子は前述のブリア＝サヴァランの名にちなむが、べつに彼の考案によるものではない。だが、この有名な菓子にはおもしろい逸話があるので、紹介しておこう。

スポンジ状の焼き菓子をラム酒入りのシロップに浸したサヴァランは、もともとババとよばれていた。このババの原型は一説に、一八世紀に元ポーランド王スタニスラス・レグザンスキーが考案し、ちょうどその頃に読んでいた『千夜一夜物語』にちなんで「アリ・ババ」と名付けたものだと伝えられている。ちなみにシロップに浸す前の焼き菓子のほうも「クグロフ」の名で、フランスで流行した。

一九世紀になって、ポーランドの菓子職人がパリに開いた店「オ・ババ」により、アリ・ババ変じてババはパリじゅうに知れ渡った。その後さらに別の菓子職人がこれを洗練させ、高名な美食家の名を借りたというのが、サヴァラン誕生の物語である。ただし、ブリア゠サヴァランがババに入っていた干しブドウを抜いたので、彼の名がつけられたという説もある。ブリア゠サヴァランには、ほかにもいくつもの料理が捧げられている。

神話化された料理人ヴァテル

このように人名を織り込んだ料理名は一九世紀に非常に増えたのだが、じつはそれより前のブルボン朝時代から、新しいソースや料理に料理人やその主の貴族の家名をもちいるという風潮があった。たとえば一七世紀後半、太陽王ルイ一四世に仕えたベシャメイユという侯爵の名が冠せられているのが「ベシャメル・ソース」、つまり小麦粉をバターで炒め、牛乳でのばして作るホワイト・ソースである。もっともベシャメイユが考案したというのは、通説に過ぎないようだ。

同じ時代、フランソワ・ヴァテルという著名な料理人がいた。ヴァテルが仕えていたのはシャンティイー地方に館を構える大将軍コンデ公である。泡立てた生クリーム、いわゆるホイップ・クリームを「クレーム・シャンティイー」というのはその地名に由来するのだが、伝説では、このクレーム・シャンティイーがヴァテルの発明ということになっている。

ヴァテルの名が料理史上、突出して有名なのは、コンデ公の館にルイ一四世を迎えての大饗宴で、三日目の昼食に供する予定の魚が届かないことを苦に自殺したという事件によってである。事件は恋愛事情をからませて映画化もされており、そのなかでも、卵が腐ってクリームが作れないと嘆く弟子に、ヴァテルが生クリームを泡立ててみせる場面がある。だが、クレーム・シャンティイーは実際は、この地方にもとから伝わっていたものらしい。ベシャメイユもヴァテルも、人物と料理の関係が神話化した典型例といえる。

ちなみにこの二人、どちらも役職名でいえばメートル・ドテルである。メートル・ドテルはいまならレストランの給仕長だが、王家に仕えたベシャメイユの場合は、強いて訳せば大膳職長官、公爵家のヴァテルの場合は、食卓係執事といったところか。いずれも権限は大きかった。ヴァテルのような役職をおく習慣は、のちにイギリス貴族の家に伝わり、あの謹厳の権化のようなイメージの執事《バトラー》を生んだ。

ルイ一五世をとりまく女性たち

ルイ王朝時代はフランス古典料理の基礎が築かれた時代である。前述のルイ一四世は、たいへんな大食漢だったとか、当時一般的になっていたフォークを使わず、優雅に手で食べたとか、オランダ人がもたらした日本の醤油の風味を楽しんだらしいとか、食に関するエピソードが豊富にある。

続くルイ一五世も、ときには自ら厨房に立ってオムレツやヒバリのパテなどをこしらえるほどの食通だったといい、料理事典にも名を残している。またルイ一五世の寵姫として名高いポンパドゥール夫人は、自身、新しいもの好きの王のために数々の料理を考案しただけあって、生前も死後も多くの料理や菓子にその名がつけられている。「羊のコートレット、ポンパドゥール風」はその代表。また、そのまま「ポンパドゥール」という名前の菓子もある。

同じくルイ一五世の寵姫でも、ポンパドゥール夫人のような教養も料理の才覚もなかったデュ・バリー夫人の場合は、当時まだめずらしかったカリフラワーが王の好物だったというだけの理由で、いくつかのカリフラワー料理に名を残している。

ところで、ポンパドゥール夫人の陰にかくれてほとんど姿をあらわさないルイ一五世の正式な妃の名は、ポーランド王女だったマリー・レグザンスカという。父王は、アリ・ババという菓子を考案したと先に触れたスタニスラス・レグザンスキーだ。おいしいもの好きの父親の血をうけてか、マリー・レグザンスカも食べることが大好きで、「王妃風ブーシェ」とよばれる一口パイの料理を考案したとされる。

　スタニスラス・レグザンスキーは、日本でもよく知られている貝殻型の焼き菓子「マドレーヌ」の名の由来にも登場する。マドレーヌはフランス、ロレーヌ地方のコメルシーという町の名物として知られている。ポーランド王位継承戦争に敗れたスタニスラス・レグザンスキーはフランスに亡命し、娘婿のルイ一五世のはからいでロレーヌ公となった。その地である宴会のときに、仕事を放り出してどこかへ行ってしまった菓子職人の代わりに、マドレーヌという召使いが焼いたお菓子が好評だったため、この臨時菓子職人の名で今日まで伝えられたのだという。

マリー・アントワネット

　もっとも、これは、マドレーヌの由来を説くたくさんの伝説の一つにすぎない。別の説では、愛妾ばかりちやほやするルイ一五世をせめておいしいお菓子で王妃マリー・レグザンスカのもとへとどめようと、父親があれこれ贈った銘菓の一つだったとされている。ほかにもマドレーヌはマリー・レグザンスカの女料理人だったとか、パリの街で菓子を売っていた娘の名だったという説もあるが、どれも決め手には欠ける。

ルイ一五世の寵姫や王妃の話へ戻る。ルイ一五世の孫のルイ一六世には、色を好み、食に贅をこらした先代たちのようなエピソードがあまりなく、ただの大食漢だったようである。

一六世とともに断頭台の露と消えた王妃マリー・アントワネットもまた、料理や菓子の名とは縁がない。実際はマリー・アントワネットは贅沢な菓子が大好きで、自ら作りもした。「パンをよこせ」と叫ぶ民衆を見て言ったと伝えられる「パンが食べられなければお菓子を食べればいいのに」というせりふがあるほど有名なことを考えても、彼女にちなむ菓子が知られていないのはちょっと意外な感じがする。ちなみに「お菓子を食べればいいのに」のお菓子とは、例のポーランド王レグザンスキーが「アリ・ババ」を作らせるもととなった焼き菓子のクグロフ(一種のブリオッシュ)のことだったといわれている。

ナポレオンとカマンベール

さて、革命成って、いよいよナポレオンの時代がやってくる。ナポレオン・ボナパルト(一七六九〜一八二一)が活躍した時代、フランス古典料理の数々が豊かに花開いた。ナポレオン自身は、若い頃は小食で、しかも早食い。第3章でもふれたように、晩年は食事を楽しみとしていたようだが、現役時代は凝った料理にはあまり興味がなかったようで、その名が料理名に引用されることもなかった。

ただし高級ブランデーの名称としてはよく知られている。由来は、一八一一年にナポレオンに皇太子が誕生したとき、コニャック一樽が献上されたことによる。この年は彗星が出現し、ブドウは大豊作で、祝いの雰囲気はたいそう盛り上がった。その記念に、同年のコニャックにNの文字をつけて販売したのが「ナポレオン・ブランデー」のはじまりだという。

エジプト遠征におけるナポレオン

ナポレオンはまた、チーズを非常に好んだことでも有名だ。「ジョゼフィーヌ、今夜はだめじゃ」というのは、ナポレオンを起こすために、大好物のチーズを皿にのせて鼻先にもっていくという妙案を実行した臣下に、何を間違えたか半ば寝ぼけてこうのたまったという艶笑小話である。

チーズとナポレオンに関してはもう一つ、白カビチーズの「カマンベール」がナポレオンの命名によるという俗説がある。ナポレオンはあるとき、チーズの名産地ノルマンディーにある小さな村の農婦マリー・アレルが作ったチーズに魅せられて、村の名をとり、カマンベールと名づけたと伝えられているのだ。カマンベールについては、フランス革命を逃れてきたある修道僧がマリー・アレルの家にかくまわれたおりに、この白カビチーズの製法を伝えたという別の話もある。いずれにせよ、カマンベールという名のチーズの誕生がフランス革命の頃のこの地方であるのは間違いない。カマンベール村の隣村ヴィムーティエには、農婦マリー・アレルの像が建てられている。

さて、ナポレオンの周囲に料理名を探してみよう。最初の皇后は、「若鶏のソテー、ジョゼフィーヌ風」に名を残している。二人目の妃マリー・ルイーズは、そのまま一口菓子の名になっている。

戦い済んで「若鶏のマレンゴ風」

マレンゴとはイタリア北西部、ジェノヴァ北の小さな村のことである。一八〇〇年六月、ナポレオン軍がオーストリア軍に勝利した場所として、後世まで知られるようになった。

エジプト遠征に失敗し、フランスに逃げるようにして戻ったナポレオンだったが、ふたたび勢力を盛り返し、次の目標を北イタリアのオーストリア軍に向けた。アルプス越えの奇襲に成功し、ミラノを占領すると、両軍はマレンゴで主力戦となった。戦力ではオーストリアが格段に優位にあったが、その油断がナポレオン軍に勝機をもたらし、フランスが大勝してしまったのだ。

マレンゴ風とは、ソテーした肉を、トマト、ニンニク、白ワインなどで煮込んだ料理に冠されるが、もとは決戦に勝利して人心地ついたナポレオンのために、専属の料理人が近隣の農家から若鶏などありあわせの材料を調達して作ったものだという。目玉焼きとエクルヴィス（ザリガニ）が付け合わせにされたとの言い伝えも、いかにも急ごしらえという一皿をイメージさせるのに一役買っている。

ナポレオンはもとから鶏肉が好物で、このマレンゴ風もいたく気に入ったらしい。後年、セント・ヘレナ島へ流されても、よく食卓にのぼったという。

戦いののちに生まれたと伝えられる「若鶏のマレンゴ風」は、後世、家庭料理になり、またレストランではトリュフなど贅沢な食材が添えられるようになった。また、「仔牛のマレンゴ風」のように応用もされて、フランス古典料理としておそらく永遠に記憶されることとなった。

なお、このマレンゴの戦いに敗れたオーストリアのほうは、フランツ一世（神聖ローマ皇帝としては二世）がヨーロッパ西部から撤退し、ハプスブルク家が守ってきた神聖ローマ皇帝の称号も放棄することになる。素朴な料理名から、重い歴史が思い起こされることもあるのだ。

美食外交の達人タレーラン

ナポレオンの親密な助言者にデュロックという将軍がいた。肉類のソテーなどに付け合わされる「デュロック」はその将軍の名にちなむが、こちらはマレンゴ風とは違って戦場ではなく、パリのレストランで生まれたものである。デュロック元帥は知人の料理人を援助して店を出させてやった。そこで料理人は、焼き色を付けたジャガイモと刻んだトマトをつけ合わせたフィレ・ステーキなどに、「デュロック風」と名つけたという。

今の感覚ではどうということのない付け合わせだが、ジャガイモもトマトもフランスで食用とされるようになってからいくばくもない頃で、当時としては最先端の味覚だったに違いない。この店には、夜ごと文化人たちが集い、芸術談義と美食談義で盛り上がったということだ。

ナポレオンの敵側からも一人、ロシアの将軍バグラシヨンをあげておこう。対ナポレオン戦で数々の功績をあげたこの将軍の名は、ポタージュやサラダなど多くのフランス料理に使われたが、なぜかマカロニ入りのものが多い。「バグラシヨン風」と名づけられたそれらの料理は、後に述べる天才料理人カレームの考案である。

帝政下も王政復古時代も外務大臣をつとめたタレーランは美食家としても名高く、ヨーロッパ一、華やかで洗練された食卓外交でもって、ナポレオンを、そしてのちにはルイ一八世を大いに助けた。とくにメッテルニヒ主宰のウィーン会議では、列強の国々を牽制してフランスに有利な結果をもたらしたとして、その外交手腕が高く評価されている。

このとき表向きの会議とは別に、舞踏会や狩猟遊びの場を利用したさまざまな駆け引きがおこなわれ、映画のタイトルにもなった「会議は踊る」というフレーズが生まれた。もとの文句は「会議は踊る、されど進まず」と続く。会議を踊らせたタレーランの名は、「仔牛のソテー、タレーラン風」など数々の料理に冠せられている。

タレーランとともに、ナポレオンに代わって賓客をもてなしたカンバセレスは、先に触れた食の批評家グリモ・ド・ラ・レニエールの主催する「美食審議会」の審査員をつとめていたほどの食通だった。彼の名もまた、「フォワ・グラのタンバル、カンバセレス風」などの料理名に残されている。

メッテルニヒの館で生まれたザッハ・トルテ

反ナポレオンの大同盟を成立させ、一八一四年にウィーン会議を開いて絶対君主の国際的団結をはかったオーストリアの政治家メッテルニヒの名は、ソースにパプリカをきかせた「鞍下肉のメッテルニヒ風」のほか、サケの料理などにも残されている。鞍下肉というのはあまり聞き慣れないが、ふつうはヒツジと仔ヒツジとシカの肉に使われる用語で、背肉のもっともよい部分である。

だがメッテルニヒにかかわる食べ物で、もっとも有名なのは、ウィーンの銘菓「ザッハ・トルテ」だろう。

ザッハ・トルテはよく知られているとおり、チョコレート味のスポンジをチョコレートでコーティングしたケーキで、一八三二年、メッテルニヒの館の宴席に初めて登場した。作ったのは料理長ではなく、なんと一六歳の見習い料理人だった。名をフランツ・ザッハーという。や

カレーム

がて彼は独立し、その息子は高級ホテル「ザッハー」を開業、ここで売られているのが元祖ザッハ・トルテである。ところが、製法は門外不出だったはずのこのケーキを、オーストリア帝室御用達の有名菓子店デメルが作りはじめたことから、ザッハー側はデメルを提訴した。その裁判は九年にもおよんだという。

もとをただせばザッハー家の娘とデメル家の息子の縁組みによるこの騒動、どちらのケーキも認めるということでめでたく和解し、いまは両方のザッハ・トルテを食べくらべることができる。お菓子の都ウィーンのあまたあるケーキのうちでザッハ・トルテの知名度がとりわけ高いのは、この大騒動に負うところも少なくない。

料理の王国の功労者カレーム

ナポレオン一世の帝国と同時進行で、フランスを料理の王国に仕立て上げた功労者がいる。「革命的料理人」アントナン・カレーム（一七八三〜一八三三）である。パリの貧しい家の末っ子として生まれたカレームは、子どものときに父親から街角に置き去りにされてしまう。それでも、居酒屋の下働きから有名な仕出し料理屋での修業の後、名家の臨時雇いの料理人として一八〇二年に独立する。

その後の出世ぶりは、まさにナポレオンの快進撃と歩をそろえるかのようだ。ただしカレームは、繊細な舌には恵まれなかったナポレオンを、「まったく下司な食い手だ」と蔑んでいたと伝えられる。

ロシア皇帝アレクサンドル一世に望まれてペテルブルクへ、またイギリス王ジョージ四世に請われてロンドンへと赴き、パリに戻ってからは料理界の巨匠として伝説的な大宴会を取り仕切る一方で、カレームは数々の料理関係の著作も残した。デュマは『大料理事典』に「カレーム」という項目を立て、「カレームは詩人だった。料理を他の芸術と同じ高みにまで引き上げた」と讃えている。

カレームはナポレオンの敵側の将軍として先に名をあげたバグラシヨンの家に一時期仕えていたことがある。また前述の「美食外交」のタレーランとの関係も有名だ。タレーランがウィーン会議に赴くときに、「会議には外交官より料理人を連れていきたい」と言ったのははかならぬカレームのことである。ウィーンに同行した彼は、国際会議の舞台裏でみごとにその手腕を発揮した。ちなみにエスカルゴは一七世紀以来美食家には忘れられていた食材だが、これをカレームに料理させて復活させたのがタレーランだといわれる。

晩年は、ヨーロッパの金融王ロートシルト（ロスチャイルド）男爵の館にとどまったが、そこには作曲家ロッシーニもよく訪れた。ロッシーニは男爵家に着くとまっ先に厨房を訪ねては、カレームと食の話題で盛り上がったという。

カレームが得意とした宴会料理は、いまの感覚からはかなり装飾過剰で、やがてそれらは流行遅れとなったものの、軽く焼いたパイのケースに詰め物をした「ヴォロ・ヴァン」など、定番となって知られている料理もある。またカレームが考案したり彼に捧げられたいくつもの料理が、「カレーム風」と名づけられている。

余談ながらカレームCarêmeとは、フランス語で四旬節を意味する。復活祭の前日までの四〇日間、食事を減らし肉を断つのが四旬節のならわしだから、美食のイメージからはほど遠い名だ。だが、カレームはなんと、この時期のための肉をもちいない高級料理を作って教会に届けたりしている。ごちそうといえばとりもなおさず肉だった時代、四旬節《カレーム》の新しい料理は大いにもてはやされたはずだ。

ロシア式のサービスとは

時代は下って、ナポレオンの甥ナポレオン三世（一八〇八～七三）は第二帝政時代の繁栄を築く。フランスにおける産業革命の展開期である。パリは好景気にわき、美食家を自任する文化人らであふれていた。三世も一世同様、料理名にはあらわれないが、その妃ウージェニーのほうが「小エビのポタージュ、ウージェニー風」などの料理名に登場している。また、彼の寵愛を受けたイタリアのカスティリヨーネは「舌平目のソテー、カスティリヨーネ風」などに名を残す。

この時代、食通として知られたロシアの貴族ドゥミドフは、ナポレオン一世の姪マティルド・ボナパルトと結婚し、すぐ離婚してしまった名うての放蕩児である。「肥鶏のドゥミドフ風」という料理は、彼がバルザックやゾラも常連だったメゾン・ドールという当時流行のレストランに作らせたものという。ドゥミドフや先のバグラシヨン、そしてやはりロシアの将軍だったヴォーロフなど、料理にロシア人の名前をつけるのは一種の流行だったようだ。

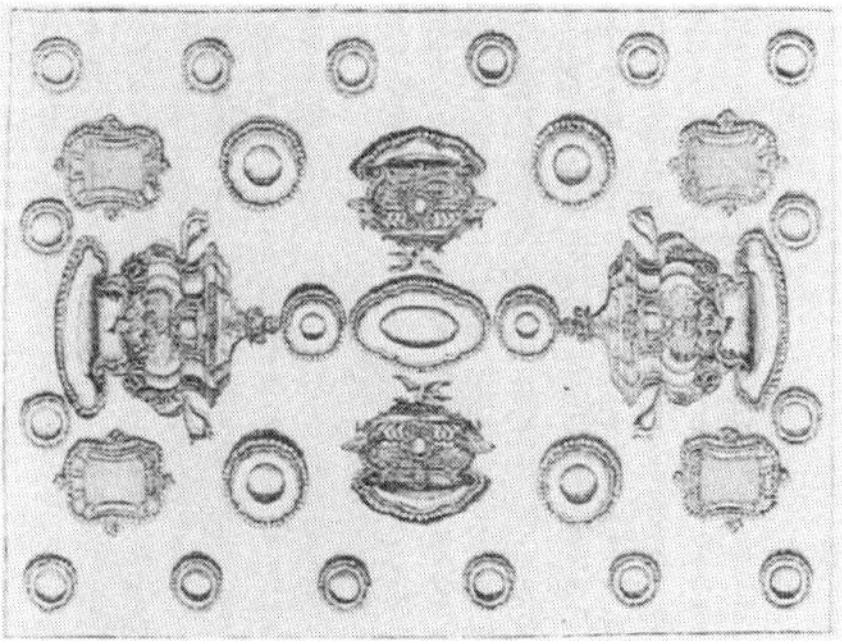

18世紀前期の夕食のテーブル・セッティング　２つのスーピエールと皿は銀製。２種類のスープ、４つの皿に仔牛料理、４つのアントレに鶏料理が盛られたという。 ラドクリフ大学シュレジンジャー図書館蔵

なかでも有名なのが、ロシア皇帝ニコライ一世のパリ大使をつとめていたオルロフ公にちなんだ料理である。たとえばフランス古典料理の名作の一つに、「仔牛の鞍下肉、オルロフ風」とよばれるものがある。タマネギを炒めて裏ごしした「ソース・スビーズ」をもちいるこの料理は、オルロフに捧げられたものだ。ちなみにソース・スビーズのスビーズは、一八世紀のフランスの元帥の名である。

日本のレストランでもときに「仔牛肉のソテー、プリンス・オルロフ風」などと称する料理をメニューに見か

けるが、「オルロフ風」あるいは「プリンス・オルロフ風」は、オルロフ家に仕えたフランス人の料理人デュボワが考案した料理につけられる名前でもある。デュボワは、もちろん名料理人だったが、フランスのレストランの給仕の仕方を変えたという点でも記憶されている。

今日、レストランのコース料理は、一皿ずつサービスされるのが当たり前だ。だがかつて王侯貴族の食卓には、たくさんの料理がいちどきにならべられていた。この「フランス式サービス」では、せっかくの料理が冷めてしまったり、席によっては手の届かない料理があったりする。

温かい料理も冷たい料理も、一番おいしく食べられる状態でタイミングよく運ばれてくる給仕の方法は、第二帝政期にロシア帝国の駐仏大使が伝えたとされる。この「ロシア式サービス」が一般に普及したのは、少し遅れて一八八〇年頃からのことだが、それに一役買ったのが、ロシアから戻った料理人デュボワだったのだ。

ナポレオン三世がつくらせたマーガリン

美食からは話がそれるが、ナポレオン三世とかかわる身近な食品、マーガリンについてふれておこう。マーガリンは一八六九年フランスで、軍の携行用のバターの代用品として開発されたのだが、そのきっかけはナポレオン三世の懸賞募集だった。フランスで料理にもちいる油脂といえば、まず第一にバターである。その基本的食品が、普仏戦争を目前にして欠乏の危機にあったのだ。

ナポレオン三世の期待にこたえたのは、ムーリエという化学者だった。彼は牛脂と牛乳を原材料とした乳化食品を作り、一八七二年には販売をはじめた。マーガリンという名称は、「真珠」を意味するギリシア語に由来する。マーガリンの光沢から真珠を連想して命名したのは、開発者本人である。蛇足だがこの語は、女性名のマーガレット（英語）やマルグリット（フランス語）と同語源だ。スペイン語名のマルガリータはカクテルの名にもなっている。

マーガリンは発祥地のフランスでは結局は好まれず、むしろイギリスやオランダ、デンマークなどで発達し、アメリカで大量生産されるようになった。現在、動物性と植物性の油脂をまぜたものや純植物性のものなど、さまざまな種類がある。

なお、ナポレオン一世も、軍の携行食を懸賞募集して、加熱殺菌した瓶詰め食品を開発させたという。それはのちにイギリスで、缶詰として工場生産されるようになった。そしてナポレオンのロシア遠征失敗から半世紀近く後、アメリカの南北戦争で軍用食として活用されたのである。

料理人の王とホテル王

一九世紀初期に大活躍したカレームは、「フランス近代料理の巨匠」としてその後の料理人たちに多大な影響を与えたが、その流れを大きく変えたのが、本章のはじめに「ピーチ・メルバ」の考案者として登場したオーギュスト・エスコフィエ（一八四六〜一九三五）である。

宴会料理を得意とするカレームが権力者の食卓に一大スペクタクルを出現させたのに対し、エスコフィエはなによりもまず料理の内容を重視した。彼は過剰な飾りつけを嫌い、もったいぶったメニューを廃して料理の簡素化、合理化をはかった。それればかりか厨房の大改革から料理人の社会的地位の向上にまで心をくだいたという。この「現代フランス料理の祖」は、「料理人の王にして王の料理人」とまでうたわれている。

エスコフィエがその才能を十二分に生かすことができたのは、ホテル経営者セザール・リッツ（一八五〇〜一九一八）との出会いによるところが大きい。スイスの羊飼いの家に生まれたリッツは、ホテルのベル・ボーイからはじまって二〇代後半でホテルの支配人の地位を得る。リッツとエスコフィエが知り合ったのはモンテ・カルロの「グラントテル」だ。

最高級のサービスに最高級の料理と、目指すところが一致して、二人の協力は以後、ロンドンの「サヴォイ」、ローマの「グランド・ホテル」、パリの「リッツ」、再びロンドンの「カールトン」と続く。エスコフィエとリッツのいるホテルは、常にその時代のヨーロッパ最大の社交場となった。

辻静雄氏の手による伝記『エスコフィエ　偉大なる料理人の生涯』によれば、エスコフィエをひいきにしていた有名人の一人、女優サラ・ベルナールは、晩年、手術で片足を切断した後も、「カールトン」の厨房にやってきてはエスコフィエと話すのを楽しみにしていたという。

彼女の好物の「いり卵」は、ニンニク嫌いの彼女には内緒で、かすかにニンニクの香りを加えたものだった。

当時の上流社会ではニンニクは毛嫌いされていたが、南フランス生まれのエスコフィエはその効果を知りつくしていた。サラ・ベルナールは最後まで、自分の好物にニンニクが使われていたとは知らなかったという。その後、彼はニンニクを使ったプロヴァンス風ソースの秘密を明かして、そのおいしさをやはりニンニク嫌いだった客に納得させたというエピソードもある。

また、同じく「カールトン」には、「妖精、オーロラ風」と名づけられた評判の一皿があった。これは実はカエルの冷製料理で、そうと知った客が大騒ぎしたという。イギリスではカエルは食べない。カエルを食用とするのでフランス人のことを「カエル野郎《フロッギー》」などとあざけるイギリスならではの「事件」だったわけだ。

この料理に関しては、「サヴォイ」時代の「前科」も知られている。前掲書によれば、エスコフィエをひいきにしていたエドワード皇太子（後のエドワード七世）に、自信作のこのカエル料理を出したところ、皇太子はたいそう気に入って「これは何か」とたずねた。リッツとエスコフィエは、実はカエルですとも言えなくて、「頭が三角になるような思い」をしたということだ。

エスコフィエはそうした多くの創作料理を試みるかたわら、フランスの古典料理や地方料理を整理して、知人らとともに『料理の手引き』にまとめた。これは今でも「フランス料理のバイブル」とされている。

ちなみに、コックの帽子は厨房での地位に比例して高くなり、料理長ともなると五〇センチを超えることもあるというが、それは背の低かったエスコフィエが威厳を出そうとして考えたものと伝えられている。

タイタニック号の「リッツ」レストラン

タイタニック号の生存者によれば、処女航海で沈没したあの豪華客船には、「リッツ・レストラン」とよばれるレストランがあったという。船は一等船客、すなわち上流階級のための食堂と、中流階級を客とする二等、そして労働者階級のための三等の三つの食堂を備えていた。そしてもう一つ、それらの食堂とはスタッフも調理室も別にするア・ラ・カルト・レストランがあった。

三つの食堂がコース料理のみを出すのに対し、ア・ラ・カルト・レストランはその名のとおり、えり抜きの料理をそろえたメニューから客の要望によりサービスをする。「リッツ」はそのア・ラ・カルト・レストランのニック・ネームだった。

「リッツ」の調理人をひきいたのは実際に、ロンドンにセザール・リッツが開業したホテル「カールトン」で修業したイタリア人だったが、タイタニック号のア・ラ・カルト・レストランが「リッツ」とよばれたのはそのためではない。

当時、タイタニック号を就航させたホワイトスター汽船にとって最大のライバルが、ドイツ人の所有するハンブルク・アメリカ汽船だった。そこの最高級客船は、当代随一のホテル「カールトン」をまねて造った「リッツ・ルーム」を備えていた。そしてスタッフの教育はセザール・リッツがじきじきにおこない、料理はエスコフィエが基準を定めていたのである。

タイタニック号のア・ラ・カルト・レストランはライバル客船に負けず劣らず豪華な造りと最高級のサービスを誇っており、「リッツ・ルーム」を知る乗客がタイタニック号のレストランのほうも「リッツ」とよんだのだという。

一五〇〇名を超える犠牲者にとって最後の晩餐となったコース料理については、一等と三等の食堂のものが知られている。一等の料理はもちろん当時として最高に贅沢なコース料理であり、三等のほうも労働者階級の日常の食からすればかなり満足度の高いメニューだったようだ。「リッツ」の料理はア・ラ・カルトだから当然さまざまだが、ある生存者の証言によれば、キャビア、オマール（ロブスター）、ウズラ、チドリの卵、それに新鮮なフルーツを使ったデザートなどがメニューにあったという。残念ながら料理名まではわかっていない。

ただ、断片的な情報と当時の料理の流行から、オマールの料理ならおそらくは「テルミドール」だったろうといった推測で、最後の晩餐のメニューを再現した試みもある（『タイタニックの最後の晩餐』）。

ちなみにテルミドールとは革命暦の十一月、別名「熱月」のことだ。一八九四年にパリの有名なレストランが、コメディ・フランセーズ劇場のこけら落としに上演された同名の劇の名をオマール料理に流用し、思惑どおり好評を得た。日本ではイセエビを使った「テルミドール」が宴会料理としてよく利用されるが、革命期の物騒なイメージがあるので、本当は婚礼などの祝いの席には避けるものだという。

セザール・リッツのレストランをまね、オーギュスト・エスコフィエの料理にならった洋上の最高級レストランは、アメリカの大富豪などの有名人ほか大勢の乗客と船員とともに深い海の底に沈んだ。「リッツ」は一般の食堂からは独立していたため、そのスタッフはホワイトスター汽船の雇用ではなかったのだが、かといって船客ともみなされず、一人を除いて救命ボートに乗ることはできなかった。

タイタニック号の悲劇が起きたのは、第一次世界大戦が勃発する二年前の、一九一二年四月一四日だ。その二年前には、ベル・エポックの象徴であり、人生の快楽、なかんずく美食を愛したエドワード七世が死去している。ヴィクトリア朝の厳格さから一転、抑制をとかれたイギリスの上流階級が、リッツとエスコフィエのサービスに代表される贅沢を享受した時代は、わずか十数年で終わりを遂げたのだった。

第5章　食をめぐることわざ

ソーセージ料理（ドイツ）

パンは生活の糧

欧米人にとってパンは主食ではないとよくいわれる。だが、日本の米飯と同じ意味での主食ではないにせよ、人々にとってもっとも基本的な食であることにはちがいない。それは各国語のさまざまな慣用句やことわざにもあらわれている。

たとえば英語のブレッドには「生計」の意味もある。ブレッド・アンド・バター（パンとバター）はすなわち「生計のための」ということだし、ブレッドウィナー（パンを勝ち取ってくる人）は「一家の稼ぎ手」だ。日本語で「飯のたね」とか「飯の食い上げ」などというのとよく似た感覚といえる。

パンに糧とか生計とか暮らしの意味があるのは、欧米の諸言語に共通するようだ。ドイツの「芸術はパンに従う」ということわざは、いくらりっぱな芸術でも財力がなければはじまらないという意味で、これなどもパンを財のたとえとするものである。中東でも、たとえばトルコのエキメッキというパンには、やはり「暮らし」という意味がある。

よく知られた「人はパンのみにて生くるにあらず」は、悪魔の誘惑に対してイエスが答えた言葉で、人間にはパンという物質的な糧だけでなく精神的な糧が必要であるという意味だ。裏をかえせば聖書の時代から、パンこそ生きるために最低限必要な糧だったことがわかる。英語で「パンと水」は非常に粗末な食事のたとえで、「パンとチーズ」なら簡素な食事の意味になる。「パンも買えないくらい貧乏」という意味のオン・ザ・ブレッド・ラインなどという言い回しもある。ブレッド・ラインとは、パンのほどこしを受ける失業者の列のことだ。

最低限必要な食であるパンからは、「あるだけまし」という意味の慣用句も生まれる。英語には「半分のパンでもないよりまし」ということわざがあるが、同じ意味のことをスペイン語では「かたいパンでもないよりはまし」といいあらわす。

一方、古代ローマ人にかかると、人間の暮らしには「パンとサーカス」、つまり食糧と娯楽がなければということになる。共和制末期、領土拡大にともない、長期にわたる従軍による貧窮と、植民地からの安価な穀物の流入で自作農民らは没落していった。「パンとサーカス」は、土地を捨ててローマ市に流入したそのような農民たちが、権力者たちに要求したものである。派閥争いを繰り広げていた権力者たちも、人気とりのためにその要求にこたえた。

「サーカス」とは具体的にいうと、剣闘士どうし、あるいは剣闘士と猛獣の残酷な殺し合いだ。フランス革命が、「パンをよこせ」と叫ぶパリ市民によるバスティーユ襲撃からはじまったことを考えると、古代ローマ市民の要求はいささか贅沢だったといえよう。

エジプト人はパン食い人、ローマ人は粥食い人

「パンとサーカス」が人々の権利として求められた古代ローマだが、ローマ人がパンを食べるようになったのは遅かった。メソポタミア流域で栽培がはじまったオオムギやコムギを、パン

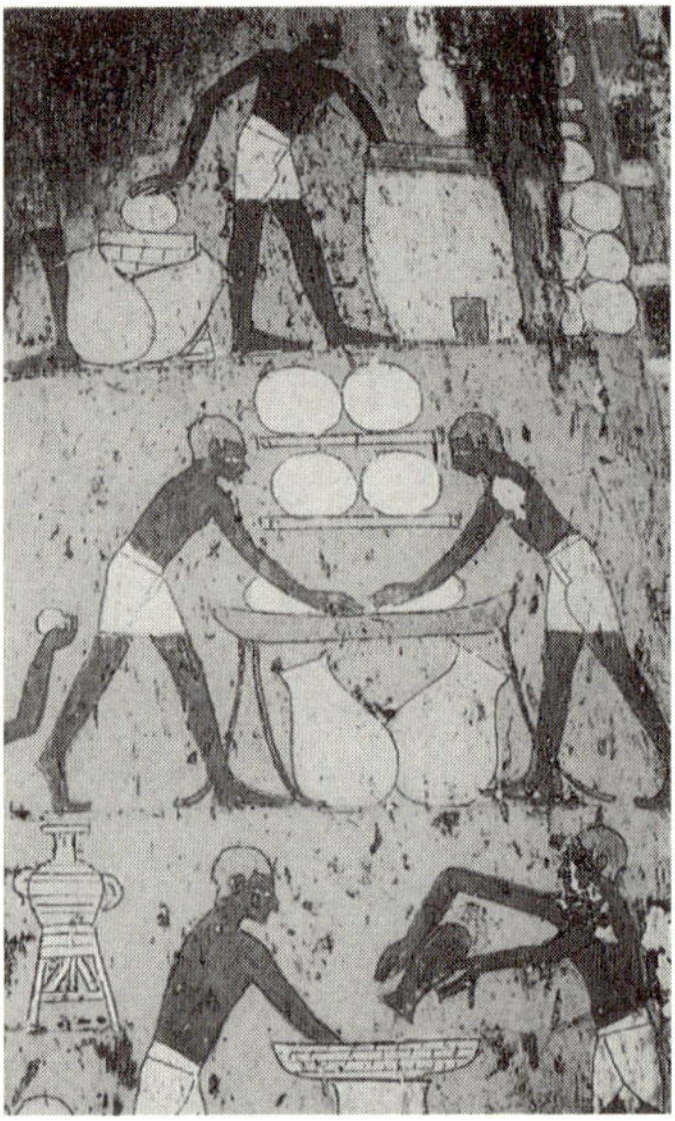

ビールづくり　パンを焼き、それをくだいて壺に入れ、水を加えて発酵させる工程が壁画にあらわされている。　ケンアメンの墓の壁画　ルクソール

のように加工する技術をはじめに発達させたのは、古代エジプトだとされる。

　当初は無発酵のオオムギの平焼きだったものが、やがて酵母を利用したパンへと生まれ変わるのだが、エジプトではそこにビールが深くかかわっている。オオムギの麦芽で作ったパンがビールの発酵のために利用され、またそのビールの酵母がパン種として利用されたのだ。ビールが「飲むパン」ともいわれるゆえんである。やがてエジプト人は、パンにはコムギのほうがずっと適していることを発見した。彼らはまた、素焼きの壺を使った独特のパン焼き器も発明している。

　エジプトのパン作りの技術はギリシアからローマへ、またガリアへと伝わった。ホメロスは人間を「小麦粉を食べる者」と定義しているが、紀元前五世紀にエジプトを訪れたヘロドトスは、「エジプト人はパン食い人だ」と驚いているので、その頃はまだギリシアの製パンはエジプトほどさかんではなかったとみえる。

その後、ギリシアでは専門のパン職人もあらわれ、独自の製パン技術が発達して、非常に多くの種類のパンが作り出された（もっともスパルタではあいかわらずオオムギの粥が食べられていたように、地域や社会的身分によって食習慣は異なる）。

一方ローマは、ギリシアからさまざまな影響を受けながらも長いことパン食が広まらず、粥を常食としていた。そのためローマ人はギリシア人から「粥食い人」と侮蔑的によばれたという。だがローマ軍がギリシアを破り、パン焼き職人を奴隷として連れてきたことで、ローマにもパン屋が出現し、ローマ貴族は美食に目覚める。そしてオオムギは、軍の糧食にあてられるようになった。

ただし、古来の粥食がパンによって消滅したわけではない。ギリシアやローマからガリアへ、そしてヨーロッパじゅうへとパンの製法が広まった後も、上質のパンを作るための細かくて白い小麦粉は、製粉に手間のかかる高価なものだった。そのため、製粉しないまま調理できる碾《ひ》き割りのオオムギやコムギ、エンバクの粥は長く庶民の常食とされた。イギリスの朝食に、いまも登場するオートミールは、ゲルマン人の食習慣に由来するエンバク、別名カラスムギの粥である。また地方によってはアワやクリ、ソバ、そしてのちにはトウモロコシの粉なども粥に利用されてきた。

トウモロコシの粉で作る北イタリア名物のポレンタは、近ごろは日本でもイタリアン・レストランで肉料理の付け合わせなどにされるなどして、知名度があがってきた。だが、もともと大麦粉を意味するポレンタとは、ギリシア人にさげすまれたローマ人の粥食の一種だったのである。イタリアでは今もトウモロコシのポレンタをよく食べる地方の人びとをさして、「ポレンタ食い」ということがある。

パンと塩をともに食べた仲

パンは塩との組み合わせでも、もっともたいせつな糧をあらわしてきた。ともにパンを食すのがコンパニオン（仲間）であるというのは第3章でも述べたが、塩も同様で、アリストテレスは「ことわざにあるとおり、塩をともに食べてからでなければおたがいに知ることはできない」と述べている。

ロシア語のことわざに「人を知るにはともに一プードの塩をなめよ」というのがある。一プードとは約一六キログラム。それだけの塩を費やすほど長い時間をともに過ごせば、本当の仲間といえるだろう。「ともに塩をなめてきた」といえば、同じ釜の飯を食った仲ということだ。「ともにパンと塩を食べる」も似たような意味である。

転じて「パンと塩」は、歓待の象徴ともなっている。ウクライナなどではいまでも遠来の客を、盆に載せた麦の穂と塩で歓迎するという。ロシア語で「パンと塩は断れぬ」というのは、もてなしを断る者はいないということ。逆に「パンと塩を忘れる」は恩を忘れるということである。英語でも、「パンと塩」といえば歓待の象徴である。

ちなみに、もてなしとは逆に客を冷たくあしらう、という意味で使われるのは「冷えた肩肉cold shoulder」である。大切なお客に心のこもった料理をお出しするのは、洋の東西、時代を超えて共通することだ。温かいものは温かいうちに、冷たいものは冷たいうちに、それぞれの料理がもっともおいしい状態で食べていただくということだ。

ここでいう冷えた肩肉とは、冷えてとても食べるには値しない、まずい料理を象徴している。歓待した客であっても、長居しすぎるようだったら、「冷たい肩肉を出す」ことで帰宅をほのめかすことになる。

ただし現代のアメリカでは一般に、cold shoulderのshoulderを肩肉ではなく、肩すかし、肩をそむけるという発想から「冷遇」の意味でもちいている。また、ハイフン入りのcold-shoulderは、「冷たくあしらう」という意味の動詞にもなっている。

ホットケーキは飛ぶように売れる

日本でいうホットケーキは、英語ではふつうパンケーキとよばれる。まれにグリルド・ケーキなどというものの、ホットケーキとはほとんどいわない。だが、「ホットケーキのように売れる」という慣用句が一九世紀から使われているので、かつてはホットケーキの語も一般的だったことがわかる。慣用句の意味は、「飛ぶように売れる」である。

中世のイギリスでは、市場や祭りなどに出るホットケーキの屋台が人気の的で、できあがるそばから飛ぶように売れたという。いまでも、朝食の一メニューやおやつとして、安定した人気を保っていることは、そうした歴史を経てのことである。

ホットケーキやパンケーキのような平焼きパンが古代エジプトから知られていたことは、先に述べた通りだ。現在の中東で一般に食べられているパンは、その流れをくむ。またその頃から、生地にナツメヤシの果肉を混ぜ込んだりして、淡い甘味をつけたパンも焼かれていたことがわかっており、ここにパンケーキの起源があるのではないかといわれている。動物をかたどったパンなど、形も工夫されて、この当時から、子どもたちには人気の食べ物だった。

こうしたパン作りをはじめ、古代エジプトの豊かな食生活は、聖書の人びとにも影響し、多くが受け継がれていった。とくにパンは、キリスト教においてはキリストの肉体であると考えられるほど重要なものとなった。

キリスト教の布教が進み、信者が増えるなか、五世紀になると、十字架にかけられたイエス・キリストの受難をしのんでおこなう斎戒が儀式として定着する。いわゆる復活祭前の四〇日間は、イエスが荒野で断食、修行した四〇日間（四旬）にちなんで心身を清めなければならない。そしてこの四旬節の断食に入る前、つまり日曜日、月曜日、火曜日の三日間は、充分に食べて準備をする三日間とされたが、なかでも、最後の火曜日に、残っている卵やバターなど、ありったけのものでパンケーキを作って食べる習慣ができたと考えられている。

その火曜日は、年に一度、罪の告白をして償いをする特別の日だったので、シュローブ・チューズデーShrove Tuesday（Shroveの語源はShrifts＝罪の告白）とよばれたが、のちの時代になってパンケーキ・デーとかパンケーキ・チューズデーという別名も生まれた。

ところで、このシュローブ・チューズデーに、イギリスのバッキンガム・シャーのオルニーで開かれる、聖ピーター・アンド・ポール教会のパンケーキ・レースは、イギリスを代表する風俗として有名である。アメリカなどでもおこなわれるが、このレースがもっとも古い。

レースでは、帽子をかぶり、エプロンを身につけた女性（一七歳以上）が、パンケーキを入れたフライパンを持って、四一五ヤード（約三八〇メートル）を走る。それも途中で、少なくとも三度、フライパンのなかのパンケーキを返すという条件までついている。

しかしなぜ、この日にパンケーキをフライパンに入れたまま走らなくてはならなくなったのだろうか。伝えられるところによれば、一五世紀のこと、ある女性がシュローブ・チューズデーにパンケーキを焼いていると、突然、教会の鐘が鳴り出した。これを罪の告白をはじめるという合図（パンケーキ・ベル）だと勘違いした彼女は、パンケーキ入りのフライパンをもったまま教会に駆けつけた、という。

現在、レースの優勝者は、この逸話にちなんで、パンケーキ・ベル・リンガー（鳴鐘係）から キスの祝福を受け、教区から祈禱書を授与されることになっている。

ナンはかまどの熱いうちに焼け

パンはキリストの肉の象徴とされるが、イスラームの人びとにとってもやはりパンには特別の意味がある。パン発祥の地の一つイランでは、たとえば道ばたにナン（平焼きの発酵パン）のかけらが落ちていたりすると、誰かが間違えて踏んでしまわないように、そっとわきへのけておくくらい、パンを神聖視するという。

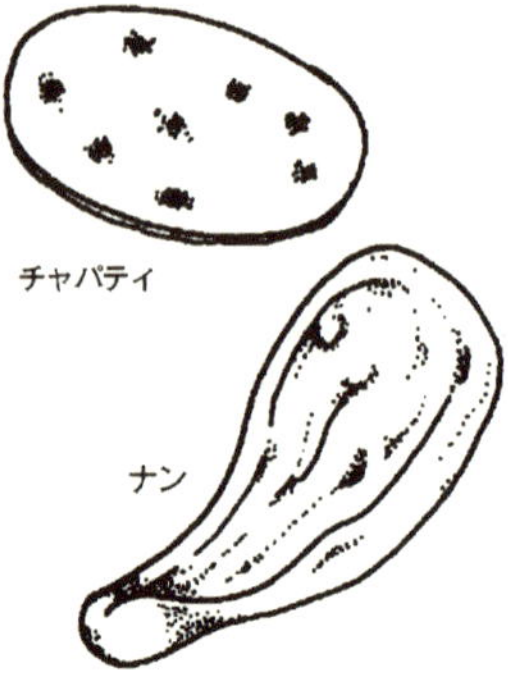

ところでナンというと日本ではインド料理店でカレーとともに食べるものというイメージがあるが、もともとはペルシア語だ。この種の平たい発酵パンはイランをはじめ西アジア一帯に広く普及している。たとえばアフガニスタンではナンといえば「食事」も意味する。日本人がおかずも含めた食事のことを「ご飯」や「めし」というのと同じ感覚だろう。

さて、本場のイランにはさまざまなナンの類があって、ふつうかまどで焼く。「ナンはかまどの熱いうちに焼け」ということわざは、「鉄は熱いうちに鍛えよ」のイラン版である。

一方インドでは、コメよりパンを主食とする北部でも、発酵パンのナンよりもチャパティやその仲間の無発酵パンのほうがずっとよく食べられている。ナンを焼くタンドールという壺型のかまどは北インドのパンジャーブ地方以外では普及していない。高温多湿の南アジアでは、発酵のプロセスをコントロールしにくいことも、発酵パンが普及しなかった理由かもしれない。

無発酵の平焼きパンはふつうかまどをもちいず、鉄板などで焼く。「優しい炎はパンをおいしくする」というのは「急いては事をし損じる」と同じような意味だが、このパンはもちろん高温のタンドールの内側にはりつけて短時間で焼きあげるナンではなくて、フライパンなどで焦がさないようにていねいに焼くチャパティのたぐいのことだろう。

スープはもともとパンだった

「棚の上にパンがある」ということわざがフランスにある。「食うに困らない」とか「生活にゆとりがある」こと、あるいは「仕事をどっさりかかえている」ことをあらわすのだが、このことわざからもわかるように、ヨーロッパの多くの農民にとってパンは、一度にたくさん焼いておくものだった。

焼いて日が経ったパンは、かたくてそのままでは歯がたたない。これを何とか食べやすくするために、煮汁やワインなど液体をかけてふやかすのだが、これは俗ラテン語でsuppaといわれていた。フランス語のスープsoupe、英語のスープsoup、ドイツ語のズッペsuppe、イタリア語のズッパzuppa、スペイン語のソパsopaなどの語源である。ちなみにジャンヌ・ダルクは、水割りのワインに浸したパンを好んだという。

スープの語はやがて、ふやかしたパンよりもそれをふやかすための汁物のほうをさすようになった。ところが一八世紀以降、フランスの富裕階級はスープという語は下品だといって、かわりにポタージュという語を使いはじめた。こちらは「壺」を意味する俗ラテン語potusまたはpotusを語源とする。つまりフランス語でポpotとよばれる壺ないし鍋で煮込んだ中身がポタージュである。

日本では一般に、とろみのあるのがポタージュで、すまし汁のようなのがコンソメだとされるが、このような分け方は英語の用法による。本来フランス語のポタージュは、シチューのような煮込みからコンソメのような「すんだポタージュ《ポタージュ・クレール》」までを含む汁物の総称だ。なお、肉や野菜の旨みだけを抽出したぜいたくなコンソメconsomméは、「完璧にする」という意味の動詞consommerの派生語である。

スープとパンの深い関係は言語的にも料理のなかにもたくさんの痕跡をとどめている。英語やフランス語などで、スープは「飲む」のではなく「食べる」というのは、スープがもともと液体に浸したパンだったことのあらわれである。イタリア語では「五十歩百歩」と同じような意味で、「ズッパでなければぬれたパンだ」という。またフランスにも「スープのようにぬれた」(「ぐしょぬれの」の意味)という言い回しがある。これらはスープのもとの意味を知らなければ理解できないだろう。

料理そのものでは、スープに浮かべる小さなさいの目のパンを揚げたクルトンが、かつてのスープの名残りである。また、マルセイユ名物の魚介類の煮込み「ブイヤベース」は、具とスープを別々にして供するが、このときスープはガーリック・トーストを載せた皿に注がれる。フランス料理の「オニオン・グラタン・スープ」やスペイン料理の「ソパ・デ・アホ」（ニンニクのスープ）などには、調理段階でパンが入れられる。また、ひと頃日本でも流行したスペインのアンダルシア名物の「ガスパチョ」は、トマト、キュウリ、タマネギ、ニンニクなどを生のまますりつぶして漉し、水を加え、塩やレモンで調味した冷たいスープで、パンもともにすりつぶして溶かし、口当たりをよくしてある。

デザートにも、スープのもとの意味をよく残しているものがある。イタリアの「ズッパ・イングレーゼ」がそれで、訳せば「イギリス風スープ」だが、これはリキュールをきかせたシロップをたっぷりしみこませたスポンジとカスタード・クリームを重ねた菓子だ。

パン屋の一ダースは何個？

普通、一ダースというと一二である。ところが英語で「パン屋の一ダース」というと、一つ多い一三をあらわすのである。

その起源は、一三世紀のイギリスでのこと、パン屋がパンの重さをごまかして売っているのではないかとの噂が起こったことにある。これに対して、一二六六年、もしもパン屋が重さをごまかしてパンを売っていた場合、重い罰を下すとの法が成立した。

しかし当時は、どのパンも同じ重さにして焼くだけの設備も、そのためだけの手間をかけることも難しかった。そこで、ぎりぎりのところで重さが違うというだけで罰せられてはたまらないと考えたパン屋たちは、お客が買っていく一ダースのパンに、思い切って一つおまけをつけることで解決をはかったのである。

このときから、「パン屋の一ダース」というと一三ということになった。

ビスケットを持たずに船に乗るな

これはフランスのことわざで、正確にはビスケットではなく、フランス語のビスキュイとなる。ビスキュイといえば上品なクッキーのイメージか、あるいはスポンジ・ケーキを意味する洋菓子の用語として知られている。いずれにしても船乗りにはおよそ似つかわしくない菓子のようだが、じつはビスキュイとはもともとは乾パンのような保存食、携帯食のことだった。「ビスキュイを持たずに船に乗るな」とはつまり、準備怠るべからずという意味である。

フランス語のビスキュイbiscuitのbisは「2」、cuitは料理と同語源で、この場合は「焼く」という意味だ。つまり直訳すれば「二度焼き」である。二度焼いて水分を抜いた乾パン状の保存食をさした語が、フランスでは一八世紀頃から卵白と卵黄を別々に泡立てて加えた生地を焼くふんわりと軽いスポンジ・ケーキをも意味するようになったのだから、言葉とはわからないものである。「二度焼き」を意味する語は、他国でもいろいろな菓子類にあてられている。

例えばスペイン語のビスコーチョbizcochoは、本来の「二度焼き」の堅パンの意味もあるが、ふつうは小麦粉に砂糖と卵を加えて焼いた菓子をさす。これはスポンジ・ケーキの祖型ともいわれ、またポルトガルのパン・デ・ローというよく似た菓子とともに、日本のカステラの母体だともされている。

英語のビスキットbiscuitは、イギリスでは砂糖を加えないで薄く、かたく焼いたクラッカー、つまり本来の保存食に近いものと、甘い味のいわゆるビスケットとの両方をさす。日本語のビスケットはもちろんこの英語からきている。

ところがアメリカでは、同じビスキットの語が重曹でふくらませた小さな丸いパン、イギリスでいうスコーンを意味するのである。ファストフードのフライド・チキンのサイドメニューにあるビスケットがそれだ。では甘い焼き菓子としてのビスケットはというと、アメリカではクッキーcookieとなる。日本ではクッキーとビスケットは似て異なるものだが、英語では両者を区別する定義はない。

ビスキュイに「料理する」という語が含まれるのと同じように、クッキーもクックcookの派生語かと考えたいところだが、これは「小さな焼き菓子」をあらわすオランダ語koekjeに由来し、さらにさかのぼればケイクcake（ケーキ）やバウムクーヘンでおなじみのドイツ語のクーヒェンKuchenと同語源の古スカンディナビア語までいきつく。「料理する」という意味のラテン語coquoに由来するクックと似ているのは偶然だ。

ビスキットが登場する英語のことわざはあまり見あたらないが、「一等になる」とか「並外れている」とか、逆に「最低だ」などという意味の口語テイク・ザ・ケイクtake the cakeのケイクが、ときにビスケットに代わることがある。

それぞれのブタにサン・マルティンの日が来る

ヨーロッパでは昔から、冬を前にブタを屠って、ハムやソーセージなどの保存食を作る習慣がある。雪に覆われる冬のあいだ、すべての家畜に餌を用意できないためだが、塩漬け肉や腸詰めを作ってたくわえるのに適した気候だからという理由にもよる。

スペインの農家ではかつて、十一月十一日の聖マルティンの祝日の頃、一家総出でブタの解体をした。「それぞれの豚にサン・マルティンの日が来る」はつまり、ブタのようなヤツにもやがて最期の日がおとずれる、いつかはツケがまわってくるという意味のスペインのことわざだ。

スペイン語で屠畜を意味するマタンサという語は、この年に一度の行事や、一年分の食糧としてのブタそのものもさす。マタンサの日はまた、その年にできたワインを初めて樽から出し、祝いをかねて試飲をする日でもあった。

マタンサで解体された肉はまず、生ハムや塩漬けに加工する。屑肉は腸に詰めて、チョリソなどのソーセージを作る。また解体のときに出る血も、腸詰めにされてモルシーリャという血のソーセージになる。皮はラードでカリカリに揚げる。見かけや歯ごたえが揚げ煎餅に似たこの皮はチチャロンといい、かつての植民地だったラテン・アメリカやフィリピンでもつまみがわりによく食べられている。豚足や内臓は、マメや野菜と煮込んでコシードという料理に使う。丸ごと一頭のブタをすっかり食べつくすために、さまざまに手をかけるのである。

いまではブタの解体が許可制のため、家の者だけでマタンサをというわけにはいかなくなった。時期もサン・マルティンの日にかかわらず一二月に入ってからがふつうで、冬の初めの風物詩はいくぶん様変わりしたが、「鳴き声以外の」ブタのすべてを利用する食習慣はそのままだ。

ところで、コシードというごった煮は、地方によってはオーリャまたはオージャとよばれる。これは鍋を意味する語だ。昔は素焼きの大鍋をつるし、ありあわせの肉やマメ、野菜などを放りこんで長時間、薪の火にかけた。オージャ・ポドリーダolla podrida（直訳では「腐った鍋」）ともいい、『ドン・キホーテ』にも登場する庶民の食である。このオージャが日本の「おじや」の語源ではないかという説もある。食べるときには、フランスのポ・ト・フと同じように、スープと具を別々にして供する。

ちなみにポ・ト・フpot-au-feuはフランス語で「火にかけた鍋」のこと。ポpotがオージャにあたる。そしてオージャ・ポドリーダはフランス語ではポ・プリpot-pourriとなる。ポプリといえば日本ではもっぱら花びらや香料をビンなどに詰めて芳香を楽しむものと思われているが、フランス語の辞書では第一義に「雑録」とある。とくに音楽のメドレーをさすことが多い。

そして時代をさかのぼればポプリは、かの社会思想家ルソーも好んだと伝えられるごった煮のことだったのだ。

ソーセージにはソーセージ

ドイツではかつて、ブタを屠ったときには、それで作ったソーセージを近所に配る風習があったという。もらったほうも、自分のところで作ったソーセージを贈ってお礼をする。このことをあらわした「ソーセージにはソーセージ」は、たがいに親切にし合うというのが本来の意味だった。ところがいつのまにか逆に、「眼には眼を」式のしっぺ返しを意味するようになってしまい、今ではその意味で通っている。

ドイツはさすがにソーセージの本場だけあって、ソーセージを使った言い回しがいろいろある。「ベーコン（またはハム）を求めてソーセージを投げる」は「えびで鯛を釣る」のドイツ版である。「コックに向かって給仕が言うには、ソーセージを焼いてくれれば、一杯飲ませてやろう」というのは、さしずめ「魚心あれば水心」といったところか。

また「復讐は甘い」というわかりやすいことわざの別ヴァージョンとして、「復讐はブルートヴルスト」というのがある。ブルートヴルストとは、ドイツの有名な血の腸詰めのこと。「復讐は血の腸詰め」の味がするとは何やらおだやかでないが、これは単純に、仕返しにともなう快感を腸詰めの美味にたとえたものだろう。ブルートヴルストは、血に塩とスパイスと脂肪を加えて作るやわらかめのものが多く、想像されるような生臭さはない。パンに載せて食べるとなかなかおいしいものだ。

一五〇〇種類もあるといわれるドイツのソーセージのなかで、日本人観光客はこの種のものをもっとも敬遠するというが、血のソーセージはドイツに限らずヨーロッパ各地で好まれている。先に出てきたスペインのモルシーリャは、血をニンニク、タマネギ、内臓、香辛料などとともに腸詰めにしたもので、スパイシーな風味が特徴だ。フランスのブーダンは、第3章で紹介したとおりで、地方によってはリンゴ入りやクルミ入りなどもある。イギリスのブラッド・ソーセージまたはブラック・プディングは、ブタの血にオートミールなどを混ぜて作る。

なお、腸詰めならぬ「胃袋詰め」も、各地で知られている。最古の文献としてはホメロスの『オデュッセイア』に「脂身と血を詰めたヤギの胃袋」が出てくる。スコットランド名物のハギスは、ヒツジの第一胃にヒツジのレバーと肺とタマネギ、オートミールなどを詰めて茹でたものだ。ドイツのザウマーゲンは、ブタの胃袋に肉、タマネギ、ジャガイモなどを詰めたもので、ハギス同様、庶民的な食べ物だが、コール元首相はこれが好物だったという。

ベーコンを持って帰る

「ベーコンを持って帰る」という言い回しが、ときに「(何らかの) 成果を持って帰る」「稼ぎを持って帰る」という意味となることがある。しかしこれは単に、食糧を得てくるというだけのものではない。

アメリカでは開拓時代、油を塗ったブタを捕まえるという競技Greased-pig contest（油まみれのブタを捕まえよう大会）が各地で人気だったという。泥まみれになりながら、ワークシャツにジーンズの男達がブタを追いかけるようすが目に浮かぶ。

一昔前まで、食糧が賞品になる競技やイベントはめずらしくなかった。この競技でもうまく捕まえることができた者は、賞品にそのブタを持って帰っていいことになっていた。つかまえたブタを見ながら、人びとの頭には、アメリカ人の大好きなブタの加工食品ベーコンが浮かんだのだろう。「ブタを持って帰る」という直接的な言い方ではなく「（おいしい）ベーコンを持って帰る」という表現で定着し、そこからやがて、何かの試合やコンテストで賞を獲ったとき、仕事などで成果をあげたときにも使われるようになったと考えられる。

ただ、この言い回しの起源については別の説もある。新大陸アメリカへ人びとが移るはるか以前のイングランドにもすでにあったというのだ。

由来は、これから結婚生活を送ろうというカップルが、現在のエセックス・カウンティであるダンモーという町まで行き、そこの教会の扉のところにある二つの石にひざまずいて、これから一年と一日のあいだは結婚の解消を求めないばかりか、喧嘩もしないと誓うというものだった。これは一人の貴族の提案によるもので、その誓いを守ることができたカップルには半身分のベーコンを与えようというものだったとか。一一一一年、ジューガという名の貴族による提案であるとか、あるいは一二四四年にロバート・ド・フィッツウォルターという貴族によるものだと伝えられている。

この儀式は提案者が亡くなって以降、五二八年ものあいだ続けられたというが、その間にこの恩恵にあずかることができた仲むつまじいカップルは、八組しかなかったということだ。

臓物パイは屈辱の味

「粗末なパイを食べる」という言い回しは、「屈辱を受ける」、あるいは文脈によっては「卑屈になる」「平謝りをする」という意味になることがある。

中世、イギリスの貴族たちは、客人を招いて、広大な領地で鹿狩りなどをもよおして楽しんだ。新鮮な獲物の肉は、彼らがご馳走としていただき、取り除いた臓物は、使用人たちに与えられた。彼らは、これにハーブや野菜などを混ぜ込み、パイにして食べたという。つまり臓物umblesのパイは貧しいhumble者たちのパイというわけである。

そうはいうものの、肉好きの人にいわせると、上質の肉もおいしいが、臓物（ホルモン）もまたすてがたいうま味があるという。たしかに、肉をランクづけすると臓物は下位におかれることになるのだろうが、貴族にもこれを好物とした者もあり、一口に貧者の食べ物とは決めつけられない。

ゆえに、臓物が粗末と結びつけられたのは、駄洒落のような感覚で臓物のパイumble pie＝

貧しい者のパイhumble pieになったからとも考えられている。下町のなまりでは、humble(貧しい、粗末な)という言葉のはじめのhは発音しなかったので、発音のうえではhumbleも臓物のumblesも同じになってしまうからだ。

ちなみに、「屈辱に耐える」とか「恥をしのぶ」などよく似た意味の言い回しとして、「カラスを食べるeat crow」というものもある。

ガチョウを料理すると台無しになる

「ガチョウを料理する」という言い回しは、「希望や計画などを台無しにする」という意味で使われる。

一五六〇年、スウェーデンの狂気王とあだ名されたエリック一四世が、ある町に侵攻してきた。このことを知った町の人びとは、愚か者の代名詞であるガチョウを町の目立つところに掲げ、「あなたたちは愚かだ」という町民の意志を示した。

しかし、これを見た王は怒り、町もろともガチョウも焼いてしまった。愚かなことをしないでほしいとの願いをだいなしにしたわけだ。

この物語が慣用句の由来だとされるが、その説に疑問を投げかける声も多い。

もうひとつの物語は、一九世紀のはじめにグリム兄弟がまとめた童話で知られる「金のガチョウ」の伝承である。欲を出した夫婦が、ガチョウが金の卵を産むのを待ちきれずに腹を割いたところ、そこには金の卵はなく、結局、貧しくなってしまったとの話だ。金持ちになるというもくろみがつぶれた彼らは、殺したガチョウを料理して食べるしかなかったというわけだ。

ともかく近代までヨーロッパでは、ガチョウは庶民にとってささやかな財産だった。そのガチョウまで食べてしまうということは、生活が行き詰まり、希望がなくなったということだったのだろう。

空飛ぶ鶴より手の中の雀

まだ手に入れていないツルよりも、現に手中にあるスズメのほうがよいということのフランスのことわざ、日本なら「明日の一両より今日の百文」といったところである。だがツルを食用とするなど思いもよらない私たちには、あまりピンとこない。同じ意味のトルコのことわざに、「明日のガチョウより今日のニワトリ」というのがある。ガチョウも日本ではあまり食べないにせよ、こちらのほうがまだわかる。

現代の日本人がふだん食用にする鳥といえば、ニワトリのほかはせいぜいアイガモ、まれにカモ、ウズラ、キジくらいだが、ヨーロッパではじつにさまざまな鳥が食べられてきた。古代ローマより伝わる『アピキウスの料理書』とよばれる写本は現存する最古の料理書ということになっているが、その鳥料理の巻をみるとガチョウ、ツグミ、ハト、ジュズカケバト、ヤマウズラ、ヒタキ、キジなどにならんで、ツルやクジャク、フラミンゴ、そしてダチョウの料理まで紹介されている。ほかにもスズメ、ヒバリ、ヤマシギ、イチジクグイ、ライチョウ、コウノトリなどが食べられていた。

アピキウスとはローマ帝政初期を生きた稀代の美食家で、伝えられるところでは思いつく限りの贅をこらした大宴会を幾度ももよおしたあげく、財産が残り少ないことがわかると最後の宴席で毒をあおって死んでしまったという（残り少ないといっても、一万人の兵士を一年間雇えるほどの大金だったのだが）。『アピキウスの料理書』のレシピは、今日の常識からすれば奇妙なものが多いし、そのうえアピキウス本人によるものはほんの一部だと考えられている。だが、当時の美食家のこだわりは十分に伝わってくる。

アピキウスの時代、鳥の肉の料理は煮る、あるいは茹でて軽く焙ったものに凝ったソースをまぶしたり、香辛料を詰めて煮たものが多かった。鳥の舌と脳髄は最高の美味の一つに数えられ、とくにアピキウスがローマ人に紹介したといわれるフラミンゴの舌は、皇帝をはじめ権力者たちが求めてやまぬ珍味だった。このあたり、中国の宴席で、西太后も好物だったというアヒルの舌の料理がいまも珍重されているのと好対照を成す。

饗宴《シュンポシオン》は、それを開く者の財力ひいては政治力を誇示する場でもある。舌と脳髄はその風味よりも、一羽からほんのわずかしか得られないという希少さがありがたがられたに違いない。逆に大型の鳥を生きているときの姿そのままに飾り付けた料理も宴席にはよく出されたようで、クジャクなどはとくにその美しさが愛でられた。

中世に入ると、ローマ時代の料理文化の少なからぬ部分が忘れ去られたが、大きくて美しい鳥を姿造りにして宴に供する伝統はどうやら受け継がれたようだ。クジャクやツル、ハクチョウなどが権力者の食卓を飾った数々の記録が残されている。大きな鳥を丸ごと一羽料理するのが最高のごちそうという感覚は、今でもクリスマスのロースト・ターキーなどにあらわれている。冒頭のツルとスズメのことわざも、そのような背景があってのものである。

卵からリンゴまで

「卵からリンゴまで」は、古代ローマの饗宴で前菜からデザートまでを意味した決まり文句である。ローマ最盛期の宴会は、おもに前菜のコースとメインのコースに分かれていて、前菜の卵に始まりデザートにはリンゴというのが定番だった。とくに卵は宴会の開始の合図とされ、いろいろな食べ方が工夫された。

よく食べられたのは、熱い灰に転がして半熟にした鶏卵やクジャクの卵などである。上部の殻を割り、ガルムという一種の魚醬で調味したソースなどをつけて、銀のスプーンですくって食べる。凝った例では、いったん中身を取り去って、焙った小鳥などを黄身とともに詰め直したような料理もあった。

前菜ではないが、ローマ時代すでに、甘味の一種のオムレツもあり、その名称オワメリタovamelita（「蜂蜜入りの卵」の意味）がフランス語のオムレットomeletteになったのではないかという説もある。もっともオムレツの語源については、かつては薄く焼いたことから「薄片」(lamelle) に接頭辞がついたのだとか、護符 (amulett) が平たいのでとか諸説紛々である。なかには、昔スペインの王様がある農家に立ち寄ったさいに、農夫が作って出した卵焼きのその手際のよさに感心して、「ケル・オム・レスト!」(なんと手早い男か) と言ったのが縮まったなどという言い伝えもある。

ローマに話をもどせば、卵以外の前菜は、今日同様やはり珍味が多い。とくに好まれたのはカタツムリと、齧歯類のヤマネである。ローマのヤマネは日本の天然記念物のヤマネより大型のオオヤマネで、食用のために飼育されていた。ほかにレタス、オリーヴやザクロの実、カニやザリガニのすり身団子、そして腸詰めのたぐいと果物というのが、古典的なメニューである。

前菜が終わってメインのコースに移ると、鳥獣や魚の料理が次から次へと食卓に並べられる。鳥の種類が豊富なことは前述の通り。肉では、イノシシ、シカ、ヒツジ、ノウサギなどの野生動物のほか、仔ブタが好まれた。ブタは内臓や足、耳、舌なども含め、丸ごと一頭食用とされ、なかでも詰め物をしてゆでた胃袋や、腎臓のローストなどは高級料理に数えられている。アピキウスのような美食家たちがとりわけ好んだのは、乳首のついた雌ブタの腹と生殖器だった。

ローマ人は魚介類も好んだが、これはギリシア人の影響である。ギリシアでは塩蔵したマグロをオリーヴ油漬けにしたり、ウナギの稚魚をオリーヴ油で揚げるといった今日にも通じる食習慣もあった。ギリシア人はおおむね、素材を生かしたシンプルな料理を好んだようだが、ローマ人の料理にはそのまま、あるいはすり身団子にして水煮してからソースに浸したようなものが多い。ソースの材料は前述のガルムのほか、塩、酢、オリーヴ油、ワイン、蜂蜜、各種香辛料などで、何しろ高価な材料を思い切り使う贅沢が楽しまれたようだ。

種類は非常に豊富で、マグロ、ヒメジ、ベラ、チョウザメ、ヒラメ、ボラ、ウツボ、アナゴ、ウナギや、タコ、イカ、ムール貝、カキ、エビ、ウニ、カニ、ザリガニ、シャコなどがよく食べられた。なかでももっとも喜ばれたのはヒメジである。ローマ時代、「どこそこの金持ちがヒメジ一匹にどれだけ支払った」などという話がたくさん伝わっている。赤くひげのあるヒメジの仲間は、日本では地方によってキンタロウとかオジサンなどとよばれ、とくに珍重されるほどのものでもないが、ヨーロッパでは今も高級魚だ。

意外なのはチョウザメで、笛や太鼓の鳴り物入りで皇帝の前に運ばれるほど珍重された。ところがその卵のキャビアは、貧しい漁師の食べ物だったという。いま、キャビアが最高の珍味の一つで、親の方はフランス料理の世界では身が固く風味も少ないといって見向きもされないのとは、まったく逆だったわけである。

これらメインの料理の皿が下げられると、小麦粉を使った各種の焼き菓子や、イチジクやザクロ、ナシそしてリンゴなどの果物が供される。前菜からデザートまで通して、蜜酒やさまざまなワインがふるまわれたことはいうまでもない。

リンゴは争いの種

リンゴの栽培は四〇〇〇年以上前にさかのぼるとされ、ヨーロッパ人にとってもっとも身近な果実である。エデンの園の禁断の果実がリンゴだとは聖書のどこにも書かれていないのに、「禁じられた果実は甘い」というとき、ふつう人はリンゴをイメージするようだ。ラテン語で果実を意味するpomumからリンゴpommeというフランス語が生まれたことからもわかるように、リンゴは果実の代名詞でもある。

「一日リンゴ一個で医者いらず」とか「腐ったリンゴは隣りを腐らす」など各国語で知られていることわざのほかにも、リンゴを引き合いに出した言い回しはたいへん多い。

その一つに、「不和のリンゴ」という言い方がある。「争いの種」という意味だが、これはギリシア神話に由来する。ある婚礼の宴に自分だけ招かれなかった不和の女神エリスが、腹いせに黄金のリンゴを一つ客のなかへ投げ入れた。このリンゴには「一番美しい方へ」と書かれていたものだから、その場は大騒ぎ。なかでもゼウスの妻のヘラと愛の女神アプロディテ、そして知恵の女神アテナが、愚かにもそのリンゴを自分のものだと言い張った。リンゴが争いの種とされるもととなった物語である。

女神どうしのいさかいに弱ったゼウスは、裁きをパリスという羊飼いの少年に押しつけた。少年はアプロディテから世界でいちばん美しい女を妻にしてあげると約束され、アプロディテにリンゴを渡す。アプロディテがパリスにうけあった当代随一の美女とは、スパルタ王の妻へレネのことだった。そしてパリスとヘレネの駆け落ちがもとで、名高いトロイア戦争が起こることになる。

この話の続きを、デュマが『大料理事典』のリンゴの項で紹介している。不和の種となったリンゴは、後に海神ポセイドンの息子トリトンによって、例の婚礼のときの花嫁だったテティスに渡された。美女の誉れ高かったテティスは、自分も侮辱されたと憤っていたのである。テティスはその種をノルマンディ半島の海岸一帯に植え付けて、すべての女神が自分のリンゴをもてるようにした。デュマの記すところによれば、ケルト人は言う。それだからメーヌ地方からブルターニュ地方にかけて無数のリンゴの木がはえているのだし、北の海岸一帯の女性がみな美しいのだと（ブルターニュはケルト諸語の一つブルトン語が残る、ケルト文化の色濃い土地）。

ノルマンディ地方はリンゴの発泡酒シードルとその蒸留酒カルヴァドスが生まれた地である。ちなみにアメリカでは、シードルcidreが英語化したサイダーciderはリンゴのジュースを意味し、本来のシードルにあたるアルコール飲料はハード・サイダーと称する。リンゴと無関係の炭酸飲料がサイダーとよばれるのは日本だけだ。

アップル・パイはおふくろの味

アメリカではリンゴのジュースのサイダーや、それを自然発酵させたアルコール飲料は、長いこと庶民の飲み物として親しまれてきた。だがはじめからアメリカにリンゴの木が生えていたわけではない。開拓期のアメリカにリンゴの栽培を広めた男の伝説が、今も語り継がれている。

その名はジョン・チャップマン（一七七四〜一八四五）、人よんで「ジョニー・アップルシード」（リンゴの種のジョニー）。マサチューセッツ生まれのジョニーは、点在する開拓地にリンゴの種をまきながら、オハイオ、インディアナ、イリノイ、アイオワと何百マイルも旅をした。開拓者の家を訪れては、一夜の宿とひきかえにリンゴの種をまいていく男の噂が広まり、彼はどこでも歓迎されたという。

辺境にまで広まったリンゴを使って、主婦たちは腕によりをかけてパイを焼いた。ホーム・メイドのアップル・パイは、今でもアメリカ人の琴線にふれる食べ物である。「ママのアップル・パイ」こそ「おふくろの味」なのだ。また「アップル・パイみたいにアメリカ的」という言い回しでわかるとおり、アップル・パイはアメリカ的なものの象徴で、さらに「完全な」とか「整然とした」という意味もある。

ついでながら、パイだけでもいろいろな意味があるので、いくつかあげておこう。アメリカではパイに「うまい話」という意味がある。「空にあるパイ」は「絵に描いた餅」、「パイみたいに簡単」は「お茶の子さいさい」、「パイみたいにいい」は「上機嫌で」とか「すごく愛想がいい」といったニュアンスになる。

四旬節の魚のように

ヨーロッパに話をもどそう。文化・文明の中心が地中海地方から内陸に移るにつれ、海産物の利用が少なくなるのは当然のことである。ギリシア人やローマ人がたいせつにした魚醬のような調味料は、中世以降まったくといってよいほど顧みられなくなった。また一般に、魚そのものも疎んじられるようになっていった。

とはいえ肉料理中心のヨーロッパの食文化のなかでも、ウナギ、コイなどの養殖魚とニシンやタラの塩漬けや燻製の消費量は昔から決して少なくなかったが、その理由は四旬節（復活祭前の四〇日間にわたる悔悛のための聖節）と金曜日には肉を食べないというキリスト教徒の習慣にある。フランスには、まさしく時宜を得た到来という意味の「四旬節の魚のようにやってくる」という言い回しがある。

中世にはこのような肉を禁じた精進日が、今よりずっと多かった。そしてその習慣はどうやら、ヨーロッパのキリスト教徒に、肉はごちそうで、魚はしかたなしに食べるものという固定観念を植え付けたようだ。なお、精進日といっても酒はとくに禁じられていなかったので、酒飲みは「魚も泳ぎたがっている」とおきまりのせりふをうそぶいてはビールやワインを流し込んでいた。

ヨーロッパ人の魚嫌いは、たとえば、フランスの「魚はソースで食わせる」という格言にもあらわれている。二〇世紀前半に名料理長エスコフィエがあらわれるまでは、料理人ですらそう思いこんでいたらしい。

大西洋と地中海の二つの海に恵まれ、舌ビラメのほかにもスズキ、タイ、サケ、マス、マグロ、ヒメジ、サバ、タラ、ニシン、アンコウ、イワシ、ウナギ、アナゴ、エイなど、けっこうな種類の魚が水揚げされるフランスにして、「魚はソースで食わせる」である。ヨーロッパの内陸の人々にとってはいまだに魚は、「あの臭いと味さえなければ、けっこうおいしいものだけれどね」といったところらしい。

だが嫌いでもなんでも四旬節や金曜日には魚を食べなければいけないのだから、冷蔵・冷凍の技術のなかった時代、人々は肉だけでなく魚も塩漬けや燻製などで保存した。長いあいだヨーロッパ全体でもっとも食べられていた魚は、燻製ニシンと干ダラなのである。干ダラはとくに、古くからスペインのバスク人たちが、北海まで小さな船を出しては塩漬けにしてもち帰っていたものが有名だ。日本の干ダラの製造技術は、スペイン、ポルトガルから伝わったものという。

スペイン語でバカラオという干ダラの料理は、バスク地方やガリシア地方に多い。バスクの名物料理バカラオ・アル・ピルピルは、塩抜きした干ダラとニンニク、トウガラシをオリーヴ油でゆっくり煮込んだものだ。フランスではモリュといい、ペースト状になるよう牛乳とオリーヴオイルで煮込んだブランダードをはじめ、やはり多くの料理がある。イギリスでもイタリアでも牛乳で煮込んだりした干ダラ料理は一般的だ。

だが、なんといっても干ダラ料理が多いのはポルトガルである。フランスには卵料理が一〇〇〇種類、アラブにはナス料理が一〇〇〇種類などという言い方にしたがえば、ポルトガルにはバカリャウ、つまり干ダラの料理が一〇〇〇種類あることになる。ポルトガル人自身は、「三六六種類」だと胸を張る。一年間違う料理を作っても、まだもう一種類あるというわけだ。

ポルトガル人の魚好きは、ヨーロッパの中では異色といってよい。クリスマスにも、バカリャウを蒸してジャガイモなどを添え、オリーヴオイルをかけた料理がシチメンチョウと並べられる。クリスマスに干ダラ料理を食べる習慣はポルトガルのほかスペインでも知られ、ブラジルやメキシコなどラテン・アメリカにも伝わっている。

魚のにおいはうさんくさい

「魚も客も三日で悪臭を放つ」という英語の言い回しがある。客に三日も居つかれてては鼻につくという、身もふたもないことわざだ。魚を良い意味で引用したことわざも少なくはないが、一般にはどうも、魚には腐りやすく悪臭を放つというイメージがつきもののようだ。それを端的にいいあらわしているのが、フィッシーfishyという英語の形容詞である。「魚のような」とか「魚臭い」という意味よりもむしろ、「いかがわしい、うさんくさい」の意味でよく使われる。

もっとも、釣師の手柄話に「逃した魚は大きかった」式のほらが多いことから、「おおげさ

古代エジプト時代の魚釣り　針の近くにはボラ、ティラピアなど、今でも多く食べられている魚の姿があらわされている。メレルカの墓の壁画　ルクソール

な話」や「眉唾もの」の意味で「フィッシュ・ストーリー」という言い方があるので、フィッシーがうさんくさいというのも、魚のにおいからの連想ではなく、釣師のほら話の方からきているのかもしれない。

　ところで、日本人が世界一、多くの種類の海産物を食べることは間違いないが、ウニの美味しさは日本人くらいしか知らないだろうといった誤解は少なくない。実際のところウニは、前に記したとおりローマ人の好物だった。カタツムリなどとともにローマ人の嗜好を受け継いだのか、フランスの食通にとってもウニは高級食材で、オムレツに入れるなど、さまざまに料理される。

　また、ボラの卵巣を塩漬けして干したカラスミも、日本特有の珍味ではなく、トルコやギリシアなど地中海地方に起源をもつ。カラスミは古代エジプトや古代ギリシアですでに作られていたことがわかっており、現在でもカラスミやそれに似た加工品は、南フランスやイタリア、スペイン、トルコ、エジプトなどで珍重されている。

　ロートレックは彼の料理本のなかでカラスミの作り方を記し、「キャビアほど微妙ではないが、愛好家に喜ばれる」と書き加えている。ちなみに、カラスミを意味するフランス語のプータルグやイタリア語のボッタルガは、同義のアラビア語に由来する。

ギリシア名物のタラモサラダ（正しくはタラマサラタ）は、その語感からか、タフコを、ジャガイモをつぶしたいわゆるマッシュポテトに混ぜたサラダとして紹介されることが多いが、本来はボラやコイなどの卵の塩漬けを、水でふやかしたパンやニンニクなどとともにクリーム状になるまで擂り混ぜたオードヴルである。タラコが使われることもあるが、これはどちらかといえば代用品だ。ちなみにタラマとは、「魚卵」を意味するトルコ語である。

卵だけでなく白子も、美食家にはその価値が知られていた。第4章でふれた美食家ブリア＝サヴァランは、著書『美味礼讃』に、マグロとコイの白子入りのオムレツの作り方を記している。そして、「この料理は凝った朝食とか、自分が何をしているか十分承知で、ゆっくりと味わって食べる数奇者の集まりなどのために特に調進すべきもので、上等の古いぶどう酒を添えて出せばそれこそ申し分ない」と、グルメのための一皿であることを強調している。

さらに、日本ですら「磯臭い」と敬遠する向きがあるホヤが、フランスのマルセイユ旧港の近辺では生で食べられている。ホヤはその形状から、フランス語で「海のイチジク《フィグ・ド・メール》」とよばれる。また美食というわけではないが、日本でも有明海などほんの一部でしか食用とされないイソギンチャクを食べる習慣が、フランス南部にはあるという。

以上例にあげた食材はいわば珍味というべきで、誰でも口にするようなものではないが、それにしても地中海地方には魚臭さや磯臭さをものともしない魚介類好きが存外にいるものだ。

魚醤のような究極の魚臭さすら愛したローマ人の嗜好は、いかがわしさを「魚臭さ」にたとえるアングロ・サクソン人にはとうてい理解できないだろうが、アンチョビやカラスミを好む南ヨーロッパの人々には違和感がないにちがいない。

「四月の魚」は四月ばか

万愚節あるいはエイプリル・フールのことをフランス語で、「四月の魚《ポワソン・ダヴリル》」という。一説にはこれはサバのことで、四月によく釣られるばかな魚だからだというが、もう少しおもしろい話もあるので紹介しておこう。

春のはじめの三月下旬は魚の産卵期にあたるという理由で漁が禁止されていた頃のことだ。ある男が、法律は改正されたからとかつがれて、生魚を買いに市場へ行かされた。その背中には、魚の形の紙が張り付けられていて、みんなこの男を大いに笑い者にした。こうして「四月の魚」が「ばか」を意味するようになったというのだが、もちろん真偽のほどはさだかではない。

そもそも、万愚節に人をだますという風習がどのようにして生まれたのかも、よくわからない。わりによく知られたところでは、次のような説がある。

ヨーロッパではその昔、春分の祭をもって新年としていたが、一六世紀なかばのフランスで今の一月一日が新年とあらためられた。これを喜ばない人々が、昔ながらの正月の祭のパロディを四月一日におこなったという。

もともと春分の祭の最後に親しい者同士で贈り物をする習慣があったのだが、それがやがて人を笑わせるようなものを贈ったり、さらに悪意のないいたずらで人をかつぐようになった。そうしたいたずらの一つが「四月の魚」だったというわけだ。

ラタトゥイユは臭い飯

フランスのプロヴァンス地方の名物料理に、「ラタトゥイユ」という野菜の煮込みがある。タマネギ、ニンニク、トマト、ナス、ピーマン、ズッキーニなどをオリーヴ油でいためてから野菜の水分だけで柔らかくなるまで煮込んだ料理である。温製でも冷製でもよく、そのままオードヴルの一皿とすることも、肉料理などの付け合わせとすることもある。

鮮度のよい野菜で上手に作れば日本人の味覚にもあうたいへんおいしいものなのだが、ラタトゥイユの名は実は、南フランス以外ではまずい料理の代名詞ともされる。理由は、この料理が長いこと、軍隊や刑務所の食事の定番とされてきたからである。

材料費も手間もかからないということこの料理の長所が利用されたわけだが、そのような場で大鍋で雑に調理されては、さしものニース名物もたんなる野菜のごった煮と化す。いわばフランス版「臭い飯」である。そういうわけでラタトゥイユ、略してラタは、まずい料理、粗末な食事、あるいは軍隊の割り当て食糧という不名誉を背負わされたのだ。

たとえまずくても、軍や刑務所の食事はきちんと調理されたものだからまだよい。辺見庸氏のルポルタージュ『もの食う人びと』には、バングラデシュの首都ダッカで金持ちの食べ残しを集めて売る屋台のことが書かれているが、フランスでも一九世紀までは同じことをやっており、その一皿には「アルルカン」という名前までついていた。

辺見氏がそうとは知らずに口にしてしまった食べ残しのご飯は、「チリリと舌先が酸っぱかったそうだが、ヨーロッパの冷涼な地域では残飯がすぐすえることもないのだろう。支配者階級や富裕層の食事の残りを庶民がもらい受けるのは中世からふつうのことだった。かの大料理人エスコフィエなどは、ホテルの厨房の裏口から来る人々のための残り物（食べ残しではない）にまで心を砕いていたという。

アルルカンという名称だが、これはもとは道化役者をさす。ピエロに代表される奇妙な格好の道化役者はイタリアのコメディア・デラルテ（即興仮面劇）に発するもので、この種の喜劇には決まった名前、衣装、性格の人物が登場する。アルルカンの特徴は雑多な色合いの菱形模様の服装だ。残飯の寄せ集めをアルルカンといったのは、その服装からきている。もちろん、いまはもうこの名の残飯料理は存在しないが、色とりどりに飾り付けた料理や菓子に「アルルカン風」と名づけたものがある。

ところでイタリア、とくにナポリではプルチネッラという道化役者が親しまれている。イギリスのあやつり人形の主人公パンチの原型だ。権力者にいつもひっぱたかれるプルチネッラはナポリの民衆の象徴的存在で、「マカロニ食い」ともよばれたという。マカロニといってもフランスの美食家たちが好んだような穴あきのものだけでなく、スパゲッティを含めパスタの総称だった頃のこと。ナポリではマカロニは街角で手づかみで食べられるようなたぐいの、いわば貧乏人の食だった。そういうわけで、イタリアでも道化役者と粗末な食事が結びついていたのである。

ライム野郎とはイギリス人

大航海時代、船乗り達が新鮮な野菜を食べられずにビタミンC不足となり、壊血病に悩まされた話は有名である。

しかしビタミンC不足とは今だから簡単に言えることであって、当時の人びとにとっては原因不明の難病だったのである。それも航海中にかぎらず、獄中の囚人、籠城に追い込まれた町でも発生したのだから、なかなか共通の条件を見出せなかった。

多くの医者がこの難病に取り組んだ末、ようやく一八世紀半ばにスコットランドの医者、ジェイムズ・リンドが原因を突き止めた。彼は、壊血病が長期間、偏った食事を続けることでおこっているという点に注目した。船乗りの食べ物は保存のきく堅パン、塩蔵肉、ワインがほとんどだったのである。

そこで彼は、壊血病患者にいろいろなものを食べさせてようすを診たところ、柑橘類の果汁ジュースが有効との結果を得た。ビタミンCといえば、現代でも「レモン一〇〇個分」といった形容がなされるように、何かとレモンを基準にして考えるようになっていることからもそれは納得できよう。

ただし、当時はまだビタミンは発見されていなかった。ただ身体にいいから、と言うしかなく説得力に欠けていた。荒くれ男に酒というスタイルを粋とする船乗りたちが、女、子どもが飲むようなレモンジュースを簡単に受け入れるはずがなかった。

それでもリンドはねばり強い説得を続けた結果、一七七〇年代からようやく彼の話に耳を傾ける船があらわれるようになった。そして、南太平洋で活躍をしたジェイムズ・クックの船はライムを積み込み、三年の航海だったにもかかわらず、壊血病を患って死んだのは一人しかいなかった。リンドの説が実証されたのである。

最後までライムの積み込みを渋っていたのが男気を誇る海軍だったが、一八世紀末、ネルソン提督の時代になってようやく理解されるようになった。こうして長期の航海に出るあらゆる船がライムの積み込みを受け入れることになって、イギリスの港にはライムの集積所、いわゆるライム・ハウスが設けられ、イギリスの港に新たな景色をもたらした。

イギリスから独立したばかりで粗野な田舎者とバカにされていたアメリカ人が、この情けない水夫のようすを反撃の材料にしたことはきわめて自然なことだろう。アメリカの俗語でライミーLimeyとは、イギリス軍の水兵、ひいてはイギリス人全体のことを軽視して言う言葉だった。現在ではほとんど聞かれなくなってしまったが、一九九九年のアメリカ映画『イギリスから来た男』の原題は『The Limey』である。

豆をこぼすと秘密がもれる

「豆をこぼす」という言い回しの意味は、「秘密をもらす」「秘密がもれる」である。「もらす」と「もれる」では、故意か過失かで大きく違うが、この言い回しはどちらにも使われることがある曖昧なものだ。

古代ギリシアで投票制度がおこったことは有名な話だ。民主的に物事を決めるこの方法は、政治だけでなく、何らかのグループの一員に誰を入れるか、誰を役員にするかなどのときにも採用され、投票で決められていたのである。現在でも、何かの会員になろうとするとき、まず会費を納める必要があったり、推薦者が必要だったりと、そう簡単にはいかないのと同じである。

古代ギリシアでの投票では、誰を推薦するかなどの記述が必要なときは陶片などが廃物利用されていたが、ただ単に賛否を決めるような場合は、黒豆、白豆のどちらかを投票壺に入れておこなった。

投票結果は、役員ら限られた者だけが見ることができ、それにもとづく結論だけが公表されるのだが、ときには投票壺をひっくりかえし、票数などの秘密がもれてしまうこともあったろう。しかし、故意か過失かは、ひっくり返した本人だけが知ることだ。

豆が登場する言い回しは少なくないが、アメリカの口語でよく使われるものをもう一つ。「豆でいっぱいfull of beans」には二通りの意味がある。まずは「元気いっぱい」という意味で、She is full of beans.のように使われる。

ところが同じ言い回しでも状況によっては、「でたらめを言っている」という意味になる。豆をたくさん食べるとお腹が張りやすい。「豆でいっぱい」の状態から出てくるのはおなら、つまりばかばかしいものだから、こういう表現をされるようになったなどという説明もある。You're full of beans.と言われて、「元気いっぱいだね」とほめられているのか、「キミの言っていることはばかばかしい」と非難されているのか、どちらかわからないということはないだろうが、紛らわしい表現ではある。

羹に懲りて膾を吹く

一度失敗したのに懲りて度の過ぎた用心をすることをいうこの有名なことわざ、出典は『楚辞』である。羹《あつもの》は熱いスープ、膾《なます》は刺身や和えもののことだ。

現在の中国料理には日本の刺身のように火を加えない料理はほとんどみられないが、『楚辞』が書かれ、あるいは編纂された古代中国では、魚や牛肉、羊肉、鹿肉などを薄切りや糸切りにして調味料で和えた膾が食べられていた。膾は明代まであったが、清代に入ると肉や魚の生食の習慣は衰えたようである。

朝鮮半島のユッケは生の牛肉を細かく切って醬油やコチュジャン、ゴマ油などであえた料理で、一説には北方の騎馬民族が伝えたものという。だがユッケは漢字で書けば「肉膾」で、古代中国の膾の流れにある料理とも考えられる。朝鮮半島ではまた、日本の影響とは別に、エイなどの魚介類も刺身で食べられている。

魚介類の生食は日本の専売特許のように思われているが、そんなことはない。朝鮮半島以外でも、ポリネシアや南米などに生魚の料理がある。たとえばタヒチのエイア・オタ（仏語でポアソン・クリュ「生魚」）は、シイラやマグロの角切りを、ライム汁、タマネギ、塩で和えた料理で、トマトやゆで卵、ココナッツミルクなどとともに混ぜ合わせて皿に盛る。南米ではエクアドル、ペルー、チリなど太平洋岸で、魚介を塩とライムの果汁で締めたセビッチェという料理がよく食べられている。タマネギとともに生のトウガラシの辛みをきかせ、ゆでたサツマイモとトウモロコシを添えるのが南米ならではだ。

またアサリのような二枚貝の口を開けてライムを搾ったオードヴルは、チリでは機内食にも出されるくらいポピュラーで、チリ人が誇る海の幸である。欧米人は伝統的にカキ以外の貝を生で食べることはほとんどなかったが、ポルトガルは例外で、貝の生食はめずらしくない。

肉の生食では、細かく切った羊肉に碾き割りコムギなどを混ぜ、味を付けて一口大にまとめた料理がトルコやシリアにあるが、なんといっても有名なのはヨーロッパのタルタル・ステーキだろう。卵を決して生で食べない欧米人が、タルタル・ステーキにはユッケと同様に生卵の黄身をのせるのもおもしろい。これが「アメリカ風ステーキ」ともよばれることは、第2章でのべた。

イタリアには牛肉を薄くスライスしてソースをかけた「カルパッチョ」という料理がある。カルパッチョは一九五〇年頃、アーネスト・ヘミングウェイやオーソン・ウェルズ、トルーマン・カポーティなど名だたる名士に愛されたヴェネツィアの有名なバー「ハリーズ・バー」で生まれた。そこの常連だった伯爵夫人が、医者に調理した肉を食べてはいけないといわれ、彼女のために支配人のチプリアーニが考案したのだ。

当時、ヴェネツィア派の画家カルパッチョの展覧会が催されていた。牛の生肉にマヨネーズとマスタード入りの生クリームソースを網の目のようにかけたこの創作料理の、赤と明るいクリーム色の組み合わせから、とっさに「カルパッチョ」と命名したのはチプリアーニ本人だった。ちなみに、同じヴェネツィア派の画家ベリーニは、やはりチプリアーニによってカクテルの名に残されている。

ところで、「羹に懲りて膾を吹く」と同じ意味のことわざがトルコにある。「ミルクでやけどをした人は、ヨーグルトを吹いて食べる」というものだ。第2章でも記したように、トルコ近辺はヨーグルト発祥の地といわれる。日本のように甘味を加えて食べることはほとんどなく、薄い塩水に溶かしてアイランという飲み物にしたり、サラダやスープなどさまざまな料理に用いる。「ヨーグルトの食べ方は人さまざま」というのは「十人十色」という意味で、ほかにもヨーグルトの登場することわざは少なくない。

モンゴルでも、「ミルクでやけどをした人はヨーグルトを吹いて食べる」と、トルコとまったく同じことをいう。ロシアでは「ミルクでやけどをして水を吹く」となる。一方ドイツ人は「一度口を焼いた者はその後スープを吹く」というが、ヨーグルトや水ならともかく熱いスープを吹くのはあたりまえで、面白みには欠ける。

羊頭を懸げなくても狗肉は売れる

「看板に偽りあり」という意味の「羊頭狗肉」もよく知られている成句だが、出典とされる『無門関』では「羊頭を懸《かか》げて馬肉を売る」とある。より古い成句に「牛首馬肉」というのがあって、意味はよく似ているが、そちらはおもにお上の命令とやっていることが異なる場合にもちいる。

中国で肉といえば豚肉のことだが、羊肉も古くから好まれていたらしい。ヒツジの頭を懸げておいてウマやイヌの肉を売るのはペテンだというのだから、馬肉や犬肉は卑しい食べ物だったのだろう。文献では周代にイヌを食用として示したものがあるが、北方民族が支配者となった元代の頃より、犬肉食の記録がみられなくなる。

ただし地方では引き続き食べられており、現在でも広州の犬肉食は有名だ。「食在広州」といわれるとおりこの地には、ありとあらゆる美味・珍味がそろっているとされる。サル、ハクビシン、センザンコウ、サンショウウオ、ニシキヘビなどと比べれば、イヌなどは珍しくもない。いまでも犬肉は牛肉や豚肉より安いが、ヒツジの頭を看板になどしなくてもよく売れ、土鍋で煮込んだり、野菜と炒めたりされる。

韓国では犬肉はおもに、補身湯《ポシンタン》という煮込みスープにする。一七世紀後半の料理書『飲食知味方《ウムシクチミバン》』にはこれと似た汁もののほか、犬肉を腸詰めにして蒸したものなど六種類の料理が紹介されている。ちなみにこの書は、上層階層である両班《ヤンパン》の食をあらわしたものだ。

犬肉を食べると、身体がとても温まるという。だから広州では、犬肉料理は冬に食べるものだが、韓国では反対にこれを夏の暑いさなか、暑気払いとして食べる。スタミナをつけて暑い夏を乗り切るという発想で、日本の鰻のようなものだ。

一九八八年のソウル・オリンピックのさい、ソウルの犬肉料理店は目印の真っ赤な看板をはずさざるをえなかった。イヌを食べるなんて野蛮だという欧米各国からの批判にたえかねて、行政が犬肉料理を禁じたからである。だが、二〇〇二年のサッカーのワールド・カップにあたっては強気の姿勢で、犬肉料理の追放を求めた国際サッカー連盟に対し、韓国側は「一度のW杯のために古くからの韓国文化を変えるわけにはいかない」と断言したという。

人類は有史以前から、イヌを飼い慣らすとともに食用ともしてきた。そもそもイヌを家畜化したのは食べるためでもあったのでは、という見方もあるくらいだ。中国では紀元前二〇〇〇年紀の遺跡から、イヌの骨がブタの骨とともに大量に出土している。朝鮮半島の犬食は、中国から伝わったものだろう。フィリピンでは今日、表向き犬肉は禁じられているが、密売はあとをたたないという。インドネシアの一部やベトナムなどでも、犬肉料理はいまだに伝統食だ。

イヌとブタはまた、中国から東南アジアを経て島伝いにオセアニアにも連れて行かれた。太平洋の島々で、イヌはもっとも古くから食用とされてきた家畜である。ハワイではかつて、仔イヌにかんで柔らかくしたタロイモを口移しで与えるほどかわいがって育てるが、祭りのときには屠って食べたという。

日本でも大陸伝来の習慣で古くからイヌは食用とされていた。天武天皇の治世に出されたいわゆる肉食禁止令（六七六年）には、ウシ、ウマ、イヌ、サル、ニワトリの五種を禁じるとされているが、その後も禁令にかかわらず肉食は続けられていた。

江戸時代の「生類憐れみの令」のあとでさえ、こっそりと食べ続けられていたことがわかっている。たとえば薩摩では内臓を抜いた仔イヌの腹に米を詰め、かまどのたき火で焼いた「えのころ飯」が、近代まで知られていた。鹿児島県のある地域では、戦後の食糧難のおりに町に野良犬がいなくなったという証言もある。

イヌを食用としたのはアジアやオセアニアに限らない。ヨーロッパでもギリシア・ローマ時代には食べられていたことがわかっている。ギリシアの医聖ヒポクラテスは薬効について語り、ローマの博物学者プリニウスは宗教儀礼にともなってイヌを食べたと記録しているのである。

時代は下って、一八七一年冬。普仏戦争に敗れた後のパリはプロイセン軍に包囲され、食糧は底をついた。飢えと寒さにたえかねた人々は、背に腹はかえられないとばかり、貧乏人の肉と蔑んでいたウマを食べた。さらにネコやイヌ、ネズミの肉も、列をなして買い求めた。当時の定期刊行物には、犬肉はなかなかおいしかったという記事も、逆に、食べてみたがおぞましいの一言につきるという記事もみられるという。

余談ながらこのときパリの高級レストランでは、トナカイ、ジャガー、シマウマ、ラクダ、カンガルー、クマ、オオカミ、そしてゾウなどの肉が、赤ワインで煮込まれたり、トリュフを添えられたり、ブーダン（血の腸詰め）に加工されて供された。非常時だというのでブローニュの森の動物園から買い取られたこれらの動物は、パリの美食家《ガストロノム》、いや淫食家《ゴワンフル》たちの腹にそっくりおさまったのである。

四つ足は机以外なら……

中国料理にさまざまな食材が使われることをあらわして、「中国人は四つ足なら机以外、空をとぶものなら飛行機以外、何でも食べる」という。豊富な食材を数限りない調理法で利用してきた料理大国ならではの、ユーモラスな表現だが、二〇〇三年の新型肺炎SARSの流行以来、風向きが変わってしまったようだ。

先にも述べたが、中国でもとくに広東は、「食在広州」といわれるだけあって、古くからさまざまな贅沢料理が育まれてきた。中国各地の地方料理はもとより、西洋料理の要素も早くから吸収し、ひたすら美味を求めるという土地柄である。広東料理は基本的に、素材を生かすために薄味で淡泊だ。八宝菜や酢豚など、日本人になじみの料理も多い。

ところが、その広東を震源地としてSARSの被害が世界的に拡大してしまった。感染源はハクビシンをはじめ、アナグマ、ムジナなどが疑わしいという。たしかに広東には野生動物を使った料理も多い。広東料理の食材リストには、イヌ、ネコはもちろんサル、クマ、キツネ、シカ、ヘラジカ、キョン、センザンコウ、ハリネズミ、コウモリ、ダチョウ、クジャク、エゾライチョウ、ハトなどが載せられる。ほかにカメやヘビ、カエル、タガメやサソリなども一般的だ。もっとも、広東の人たちがいつもヘビやイヌばかり食べているわけではないのだが……。

SARSの流行以来、「四つ足なら机以外……」は、中国人は野生動物でも何でも食べるからいけないのだという非難をこめて使われることが多くなったように思われる。被害が飛び火したカナダではじっさい、「いかもの食い」の中国人が悪いと短絡して、露骨な中国人差別がみられたという。

野生動物が保有する未知のウイルスが、ヒトに重大な感染症をもたらすおそれがあることは確かである。また、絶滅を避けるために保護動物に指定されている動物を、勝手に食材とする行為も決して許されはしない。ただしハクビシンに関していえば、その多くは野生のものではなく、食用に飼育されていたものだ。

広東の「野味」の代表格であるこのジャコウネコ科の動物を、鼻筋が白いため日本語では「白鼻心」といい、果物を好んで食べるため中国では「果子狸」とよぶ。肉は柔らかく臭みが少ないので、しょうゆ味の煮込み料理「紅焼果子狸」などは高級料理の部類である（中国語で「焼」は直火焼きを意味することもあるが、「焼菜」といえば煮込み料理を意味する。紅焼はしょうゆ煮込みのこと）。またヘビを龍に、ハクビシンを虎に、ニワトリを鳳に見立て、三種の肉を細切りにして煮込んだ「龍虎鳳大会」という料理も有名だ。料理名の意味は、龍と虎と鳳凰が一堂に会したという意味である。

ハクビシンは本当にSARSウイルスの感染源だったかどうかわからないまま、一万匹が同じく感染源の疑いをかけられたアナグマやムジナなどとともに処分された、というような報道もあった。だが闇取引も含め、大量の動物たちがどうなったのか、正確なところはよくわからない。とにかく中国当局は野生動物の流通販売を禁止し、「野味」を売り物としていた料理店も看板をはずさざるをえなくなった。

その後、飼育技術が確立され、人工繁殖した動物は「禁制」が解かれたという。ハクビシンも市場に戻りつつあり、「野味」の伝統が完全に途絶えることはなさそうだ。けれども「四つ足は机以外なら何でも……」とおおっぴらに胸を張って言える風潮は、中国には戻らないかもしれない。

世界の料理小事典

【アイルランド】　イギリスの食文化とほぼ重なるが、主食代わりのジャガイモの料理が多いのが特徴。豊富な魚介類も利用される。

■アイリッシュ・シチュー　羊肉とジャガイモ、タマネギなどを煮込んで塩で味付けした伝統料理で、具材や調理法は地域、家庭によっていろいろ。

■コルカノン　キャベツの一種ケールを刻んでマッシュポテトに混ぜた料理。ポークソテーなどに付け合わせる。

■ダブリンコドル　ソーセージ、ベーコン、タマネギ、ジャガイモをスープで煮込んだ伝統料理。

■ブラウン・ブレッド　コムギの全粒粉に、水の代わりにバターミルクを練り込み、パン酵母を使わず重曹でふくらませたパン。ソーダ・ブレッドともよばれる。

■ベーコン・アンド・キャベッジ　ベーコンの塊をキャベツの一種ケールとともに煮込んだ家庭料理。

【アフリカ】　エジプトの食は中東アラブ諸国との共通点が多い。北アフリカもイスラーム教徒が多いが、アラブ料理とは異なる要素もある。エチオピアには独自の食文化が継承されている。東アフリカ、中央アフリカ、西アフリカは一般に、雑穀やトウモロコシ、ヤムイモなどの穀類イモ類を粥状に練り上げた主食と、煮込みなどのおかずのセットを基本的な食事とするところが多い。南アフリカ共和国は植民地時代の影響とインド系、マレー系移民の影響がともに大きい。→**エジプト**、→**エチオピア**、→**ガーナ**、→**北アフリカ**、→**東アフリカ**

【アメリカ合衆国】　アメリカの食文化は、個々の料理よりも、食物の生産・加工・流通の方式やファストフードに代表される外食産業のあり方などにその特徴がみられる。もっとも、先住民や世界各国からの移民の食文化の影響で生まれたアメリカ独自の食も少なくない。→**ハンバーガー**もホットドッグもドイツ系移民の食から生まれたものだし、→**クリオール料理**や→**テックス・メックス**はアメリカならではの折衷様式の食といえる。

■ガンボ　オクラ、タマネギ、ピーマン、トマトなどの野菜とロブスターやカキなどを煮込んだルイジアナ州の→**クリオール料理**。ガンボは原産地アフリカの言葉でオクラを意味するが、オクラのとろみを嫌ってこれを入れないレシピも多い。

■クラム・チャウダー　ハマグリのような二枚貝と野菜のシチューで、フランス系移民が先住民の料理を採り入れてさらに工夫したものと思われる。白いのがボストン・クラム・チャウダー、トマトを加えたのがマンハッタン・クラム・チャウダー。チャウダーの語源はフランス語でかつて大鍋を意味していたショーディエールとされる。

■クリオール料理　ルイジアナ州ニューオーリンズ地方の料理。フランス料理の流れをくむケイジャン料理を母体に、スペイン、メキシコ料理や先住民の料理が混ざり合っている。コメと魚介類の料理が多く、トマトと香辛料の多用も特徴。

■ジャンバラヤ　ニューオーリンズの↓**クリオール料理**の代表で、スペインのパエーリャに由来するコメ料理。

■チリ・コン・カーン　牛肉とタマネギ、ニンニクなどをトマトとトウガラシの風味で煮込んだメキシコ風のテキサス地方の料理（↓**テックス・メックス**）。略してチリ。スペイン語で肉入りトウガラシを意味するチレ・コン・カルネの英語読みだが、メキシコにはこの名の料理はない。

■テックス・メックス　テキサスとメキシコを略した語で、テキサス地方のメキシコ風料理をさす。生のトウガラシのかわりにミックス・スパイスのチリ・パウダーを使ったり、トルティーヤ（↓**メキシコ**のその項）を小麦粉で作るなど、アメリカ人好みにアレンジしてある。↓**チリ・コン・カーン**はテックス・メックスの代表。

■バーベキュー　肉、魚介、野菜などを直火で焙り焼きする野外料理。名称は、西インド諸島の先住民の言語で肉を焼くときに使う木製の台を意味する語が、スペイン語バルバコアとなり、さらに英語化したもの。

■ハンバーガー　ファストフードの代表。ドイツ系移民の食に由来すると思われる。名称の由来はドイツのハンブルクだが、ハンブルクにハンバーグのような伝統料理はない。

■ベイクド・ビーンズ　エンドウマメやインゲンマメと塩漬け豚肉、ベーコン、ソーセージなどをオーヴンで煮込んだボストンの名物料理。たんにビーンズとも、ポーク・アンド・ビーンズともボストン・ビーンズともよばれ、各地にさまざまな調理法がある。

【イギリス】　↓**ローストビーフ**や各種の↓**パイ**のようにオーヴンを利用する料理が多い。島国のため比較的、魚料理が豊富。

■ステーキ・アンド・キドニー・パイ　牛肉と腎臓（キドニー）をタマネギやマッシュルームと炒めて味付けし、器に入れてパイ皮でふたをしてオーヴンで焼いた家庭料理。

■パイ　小麦粉を練った生地に肉や果物などを入れてオーヴンで焼いた料理、または菓子。上部をパイ生地で覆っていない果物やジャム入りのパイ菓子はタルトやフランとよばれることが多い。また、一人分を手で形作ったものはふつうペストリーとよばれる。挽き肉をマッシュポテトで覆ったシェパード・パイ、クリスマスにつきものの果物入りのミンス・パイ、↓**ステーキ・アンド・キドニー・パイ**など、イギリス名物のパイ料理は数多い。

■**ハギス**　ヒツジの胃袋に羊肉、タマネギ、オートミールなどを詰めて茹でたスコットランド名物。

■**ビーフ・ステーク**　発祥はロンドンとされる。フランス語のビフテク、スペイン語のビステク、イタリア語のビステッカなどはみな英語からのなまりなので、この単純な料理の名称として英語のビーフ・ステークがもっとも権威あることはたしかだが、ステークはもともと串刺しの肉をあぶり焼きにすることを意味する古ノルド語に由来する。スティック（棒）やステッチ（針目）も同語源。

■**フィッシュ・アンド・チップス**　揚げた白身魚とフライド・ポテトの組み合わせの軽食。マダラなどタラ科の魚がふつう使われる。イギリスではフライド・ポテトをチップスとよび、ポテトチップスはクリスプスという。

■**プディング**　小麦粉やパン粉、卵、牛乳などを混ぜて蒸したり焼いたりしたやわらかい食べ物で、料理と菓子の両方にこの名をもつものがある。ロースト・ビーフの付け合わせの→**ヨークシャー・プディング**や、豚の血にオートミールなどを混ぜて腸詰めにした→**ブラック・プディング**は料理としてのプディングの代表。カスタード・プディング（いわゆるプリン）やクリスマス・プディング、プラム・プディングなどは菓子。

■**ブラック・プディング**　ブタの血とオートミールなどで作る腸詰め。ブラッド・ソーセージともいう。ホワイト・プディングは血ではなく豚肉を使ったもので、どちらもスライスして焼くほか、さまざまに調理される。

■**ボイルド・ビーフ**　塩漬けの牛もも肉のかたまりを塩抜きしたあと時間をかけて水煮した家庭料理。途中で根菜類などを加える。

■**ヨークシャー・プディング**　小麦粉に卵と牛乳を混ぜて型に流し込み、ロースト・ビーフの肉汁を吸わせながらオーヴンで焼いたもの。ロースト・ビーフに付け合わせる。ヨークシャー、ランカシャー地方が発祥。

■**ロースト・ビーフ**　牛ロース肉の塊に塩、コショウをすり込み、オーヴンで焼いた国民的料理。薄切りにしてグレーヴィー・ソース（肉汁を使ったソース）をかけ、→**ヨークシャー・プディング**を添えるのがふつう。

【イスラエル】　ユダヤ教では、ブタやウサギの肉などが禁じられるだけでなく、肉と乳製品を一緒に食べないなど、細かい食の規定がある。周辺のアラブ諸国の影響が大きいが、世界中から集まったユダヤ人が各地の料理を伝えており、そのなかから新しい料理も生まれつつある。→**中東**

■**クレプラハ**　小麦粉の皮に牛挽き肉か鶏挽き肉とタマネギのみじん切りなどを包んで茹でた餃子ふうの料理。大贖罪日の断食前に食べる。

■**シシュリク**　羊肉や牛肉をタマネギやトマトとともに串に刺して焼いたもの。もとはアラブの料理。

■**シャクシュカ**　香辛料を効かせたトマトソースで落とし卵を煮た家庭料理。

■**チョレント**　根菜類、豆類、鶏肉や牛肉、茹で卵などさまざまな具を土鍋で長時間煮込んだ、東欧系の人々の安息日用の料理。

■**ピタ**　↓**中東**のその項　円形で、中が空洞のパン。二つに切って中にさまざまな具をはさむ。

■**ファラフェル**　↓**中東**のその項　水煮したヒヨコマメとコムギを香辛料などとともにこねて団子に丸めて揚げた軽食。もとはアラブの料理。

■**マツォット**　過越しの祭に食べる種（酵母）なしのパン。イスラエルのものは二十数センチ四方の薄いパン。

【**イタリア**】　統一されてから一五〇年に満たないイタリアでは、地方ごとにさまざまな伝統食があり、イタリア料理とは郷土食の集合といってもよい。一般に、北部では米を使ったリゾットや生パスタ、南部では乾燥パスタとトマトソースがよく食べられる。また北部ではバター、南部ではオリーヴ油が使われるといった違いもある。コース料理はふつうはアンティパスト（前菜）、プリモ・ピアット（第一皿）、セコンド・ピアット（第二皿）、ドルチェ（デザート）で構成される。プリモ・ピアットは↓**パスタ**、↓**リゾット**か↓**ズッパ**、セコンド・ピアットがメインの料理となるのがふつう。

■**アラビアータ**　ニンニクとトウガラシをきかせたトマトソースであえたパスタ料理。名称は「怒った、かっかした」の意味。

■**アランチーニ**　オレンジ（アランチャ）に似た形をしていることからこの名前がついたシチリア名物のライスコロッケ。中にトマトソースやチーズが入っている。

■**ヴォンゴレ**　アサリ（ヴォンゴラ）入りのパスタ料理につく名称。トマトソースのものはヴォンゴレ・ロッソ（赤）、白ワイン風味はヴォンゴレ・ビアンコ（白）という。

■**オッソブーコ**　仔ウシの骨付きすね肉を野菜とともに白ワインで煮込んだ料理。骨の穴の意味。

■**カプレーゼ**　モッツァレラ・チーズと薄切りトマトを交互にならべ、バジリコの葉で彩りオリーヴオイルをかけた前菜。

■**カポナータ**　揚げたナスと香味野菜をトマトソースで煮込んだシチリア料理。

■**カルツォーネ**　二つ折りにした↓**ピッツァ**の生地にトマトソースやチーズなどを詰めてオーヴンで焼いたナポリ名物。

■**カルパッチョ**　薄切りの生の牛肉を皿に並べた前菜。ヴェネツィア派の画家カルパッチョにちなんでの名称。

■**カルボナーラ**　卵、生クリーム、パルミジャーノ・レッジャーノ（パルメザン・チーズ）、パンチェッタ（塩漬けの豚ばら肉）のソースであえたパスタ料理につく名称。粗挽きコショウを炭灰にみたて、炭焼き風の意味。

■**コトレッタ・アラ・ミラネーゼ**　ミラノ風カツレツ。薄くのばした仔牛肉に衣をつけ、揚げ焼きした料理。コトレッタはコストレッタともいう。

■**サルティンボッカ**　仔牛肉にセージ、生ハムを重ねた白ワイン風味のソテー。名称は「口にとびこむ」の意味。

■**ジェノヴェーゼ**　バジリコと松の実をすりつぶし、ペコリーノ・チーズとオリーヴオイルを加えたペーストであえたパスタ料理につく名称。ジェノヴァ風の意味で、ジェノヴァがバジルの産地であったことによる。

■**ズッパ**　スープのこと。すりつぶした豆のスープのズッパ・ディ・チェチは、トスカーナの名物。またムール貝のスープ、ズッパ・ディ・コッツェはジェノヴァ名物。

■**トリッパ・アッラ・フィオレンティーナ**　ウシの胃袋を、香草などを加えたトマトソースで煮込んだ料理。トスカーナ地方でよく食べられる。

■**ナポレターナ**　ナポリ風の意味。トマトと肉を煮込んで漉したナポリ風ソースをもちいたパスタ料理につく名称。

■**ニョッキ**　団子の意味。ゆでたジャガイモやカボチャをつぶし、小麦粉、卵、チーズなどを加えて練りこみ、丸めて茹でた団子状の食べ物。もとは小麦粉で作った団子で、水団のような一種の生パスタだったと思われる。パスタと同じように、トマトソースやゴルゴンゾーラ・チーズのソースなどであえる。

■**バーニャ・カウダ**　イタリア風オイルフォンデュ。ニンニク、アンチョビ、白トリュフ、オリーヴオイルで作ったソースを火にかけ生野菜を浸して食べる。

■**パスタ**　練り物を意味する語で、スパゲッティやマカロニの類の総称。長い麵状のもの（スパゲッティ、リングイネ、フェットチーネ等）と短いもの（ペンネ、リガトーニ、ファルファッレ等）のほかに、詰め物をしたラヴィオリ、トルテッリーニや、板状のものを重ねて調理するラザーニャなどがあり、その種類は数え切れない。一般的な乾燥パスタのほかに、家庭で作られる生パスタもあるが、両者は材料も食感も異なる。

■**ビステッカ・アッラ・フィオレンティーナ**　ビステッカはビーフ・ステーキのこと。フィレンツェ名物の一皿五〇〇グラムはあるいわゆるTボーンステーキ。

■**ピッカータ**　薄切りの仔牛肉に小麦粉をはたき、卵とパルメザン・チーズをまぜた衣をつけてバターで焼いたフィレンツェ発祥の料理。名称は、軽くフォークでさすだけで裏返せるほど肉が薄いことから、槍の一突きの意味。

■ピッツァ　小麦粉を練って発酵させ、丸くのばした生地に、トマトソースやいろいろな具、チーズをのせてかまどで焼いた料理。生地の厚さや形態、味には地域差がある。モッツァレラ・チーズとトマトのシンプルなピッツァ・マルゲリータは、王妃マルゲリータの名にちなむ。

■ペスカトーラ　漁師風の意味で、トマト・ベースの魚介類のソースをもちいたパスタ料理につく名称。

■ポモドーロ　トマトの意味だが、シンプルなトマトソースをもあらわす。

■ポレンタ　トウモロコシの粉に水やスープを加えて火にかけながら練り上げたかたい粥状の食べ物。オーストリアに近い北部で主食代わりだったが、今日はふつう肉料理のそえものとして供される。

■ボロニェーゼ　いわゆるミートソースのパスタ料理。ボローニア料理だが、地元の人はミートソースをボロニェーゼといわず、たんに「ラグー」(煮込み)と称することも。

■ミネストローネ　数あるズッパ(スープ)のなかでもっとも有名な野菜スープ。各種の野菜や豆を煮込んだもので、コメやパスタが入っている。名称は、「給仕する」という意味のラテン語を語源とするミネストラ(スープ)に拡大辞がついたもの。

■リゾット　コメをスープで煮た料理。パスタ同様アル・デンテに仕上げる。リゾット・アッラ・ミラネーゼはサフランで黄金色に染めあげ、同じくミラノ名物のオッソブーコと一緒に供される。リゾット・ネーレ(黒)はイカ墨のリゾットのことで、ヴェネツィアが有名。名称は、コメを意味するリソに縮小辞がついたもの。

【イラン】　平たいパンの総称↓**ナン**はもともとペルシア語で、イランはナンの本場。数十種類のナンとともにコメもよく食べられる。羊肉を使った料理などにミント、バジル、パセリ、ニラ、コリアンダー、ディルなどの香草を多くもちいるのが、イランの料理の特徴。香辛料もよく使うが、辛い風味はそれほど好まれない。↓**中東**

■アブ・グシュト　肉とトマトの煮込みを碗の中で専用の棒ですりつぶし、ちぎった↓**ナン**や香草を加えて食べる家庭料理。名称は水と肉の意味。

■キャバーブ　串焼きの肉料理。羊肉がふつうだが、牛肉や鶏肉のキャバーブもある。

■チェロウ　塩と油を入れて炊いたコメ料理。↓**ポロウ**と違って具は入れない。↓**キャバーブ**を添えたチェロウ・キャバーブはイランの代表的な料理。チェロウに生卵の黄身を混ぜ込み、ソマークという酸味のある調味料をかけ、付け合わせの生タマネギとともに食べる。チェロウには↓**ホレシュ**もよく組み合わされる。

■**ナン**　イランの食に欠かせない平たいパンの総称。薄いラヴァーシュや厚めのバルバリーなど多くの種類がある。スープに浸したり、おかずを包んだり、チーズと香草をはさんだりして食べる。

■**ホレシュ**　煮込み料理の総称で、羊肉と香草、羊肉とナス、羊肉とマメとジャガイモなど多くの種類がある。ホレシュと↓**チェロウ**の組み合わせは、一般家庭の昼食の典型。

■**ポロウ**　ピラフのこと。ソラマメ入りや羊肉入りなど、多くの種類がある。

【インド】　外国人がカレーと総称するインドの煮込み料理は、↓**コルマ**、↓**ダル**、マタル・パニール、アール・マタル（マタルはグリーンピース、パニールはカテージ・チーズ、アールはジャガイモ）など材料も調理法も名称も多種多様。ヒンドゥーのタブーである牛肉やイスラームのタブーの豚肉は使わず、肉類は鶏肉と羊肉が主流。海岸地方やスリランカでは魚介もよく使う。ベジタリアンが多いため、豆やジャガイモ、その他の野菜が多用される。香辛料は料理によって使い分ける。串焼き肉のカバブ、肉団子のコフタ、コメ料理のプラウなど、地域によってはイスラーム圏の影響も大きい。

■**ガラム・マサラ**　辛い香辛料の意味で、各種香辛料の粉末を調合したもの。料理や好みにより配合はさまざまだが、基本はカルダモン、クローブ、シナモンの三種。

■**コルマ**　鶏肉や羊肉をヨーグルトと香辛料のソースで煮込んだ北インドの料理。

■**サモサ**　小麦粉で作った皮に茹でたジャガイモなどを包んで揚げた軽食。

■**サンバル**　豆と野菜を香辛料で煮込んだ南インドの大衆料理。

■**ダル**　碾き割りにした豆の総称で、またそれを煮込んだ料理も意味する。リョクトウ、レンズマメ、ヒヨコマメなど各種のダルを香辛料とともに煮込んだものはインド全土でもっともポピュラーな料理。

■**タンドリー・チキン**　ヨーグルトと香辛料に漬け込んだ鶏肉を、釜で蒸し焼きにした北インド料理。名称は↓**ナン**を焼く壺型の釜タンドールに由来。

■**チャトゥニ**　チャツネの名で知られる、ジャム状の薬味。マンゴー、タマリンド、リンゴなどを主原料とし、甘酸っぱいが辛みもある。

■**チャパティ**　小麦粉を水で練って鉄板か石板の上で焼く、平たくて丸い無発酵のパン。インド北西部からパキスタン、アフガニスタン、イランにかけて普及している。

■**ナン**　小麦粉を練り、発酵させてタンドールという釜の内側に張り付けて焼く薄いパン。おかずを包んで折り畳んで食べる。卵やバター、ミルクを練り込んだものなど、原料や焼き方、形状、名称の違う数種類のナンがある。インド北西部ではタンドリー・チャパティとよばれる。ナンはもともとパンを意味するペルシア語。パキスタン、アフガニスタン、イラク、イラン、シリア、トルコ、エジプトなどアジアから中東一帯で、この名で広く知られている。↓**イラン**

■**ロティ**　厚みのある↓**チャパティ**で、小麦以外の雑穀もよく使われる。

【インドネシア】　多民族国家インドネシアの食文化は地域によって多彩。イスラーム教徒は豚肉料理を食べないが、中国系やヒンドゥー教徒は食べるといった宗教上の違いもある。一般的には、スパイスやココナッツ・ミルクを多用した料理が多いこと、ご飯（ナシ）とおかずのセットが基本であることが特徴。マレーシアと共通の料理が多い。

■**アヤム・ゴレン**　スパイシーな鶏の唐揚げ。屋台ではよく、ペチェル・レレというナマズの唐揚げとセットになっている。アヤムは鶏、ゴレンは揚げ物、炒め物の意味。

■**ガドガド**　各種の茹で野菜をピーナッツ・ソースであえたサラダ。ガドはジャワ語でおかずを意味する。

■**サテ**　肉の串焼き。スパイシーなソースを付ける。イスラーム教徒は主に羊肉を使うが、ヒンドゥー教徒の多いバリでは豚肉も使う。

■**サンバル**　トウガラシと各種香辛料で作るチリソース。

■**ソト・アヤム**　春雨や野菜の入った塩味のチキンスープ。ソトはスープ。

■**テンペ**　茹でたダイズにテンペ菌を加えてバナナの葉で包み発酵させた、ジャワの伝統食品。納豆のような臭いや粘りはなく、乾燥した固まりで、切って揚げたり、煮たりと料理の具材にする。

■**ナシ・ゴレン**　焼き飯。タマネギをカリカリになるまで揚げて仕上げに混ぜたり、クルプック・ウダンというエビ煎餅を添えたものが有名。ナシはご飯の意味。

■**バビ・グリン**　ヒンドゥー教徒が多いバリ島ならではの仔ブタの丸焼き。

■**ルンダン**　香辛料とココナッツ・ミルクで煮た牛肉料理。

【エジプト】　九割がイスラーム教徒で、豚肉料理はほとんどないが、イスラーム教徒がふつう食べないエビやイカは地域によっては好まれている。名物のハト料理では、詰め物をしたハトという意味のハマン・マハシが有名。↓**中東**

■**バーミア**　牛挽き肉をタマネギ、トマト・ピュレなどとともに煮詰めたものとオクラを型に重ねて詰め、オーヴンで焼いた料理。バーミアとはオクラのこと。
■**フール・ミダミス**　ソラマメとレンズマメを煮てつぶし、オリーヴ油、レモン、クミンなどで調味した朝食用の料理。
■**ミルクリーヤ**　日本でモロヘイヤとよばれる野菜。これを細かく刻んで煮たスープも同じ名でよばれる。
【エチオピア】　トウガラシや各種香辛料を使った辛い料理が特徴的。王国時代の宮廷料理の流れをくむ、手の込んだ料理が知られている。
■**インジェラ**　上質のアワの粉（テフ）を水で練って少し発酵させた生地を、薄く丸く焼いた主食。
■**キトゥフォ**　細かく切った生の牛肉を、炒めたタマネギや香辛料とあえた料理。→**ベルベレ**とともに食べる。
■**ベルベレ**　トウガラシとタマネギ、ニンニク、各種香辛料で作る辛いソース。
■**ワット**　→**ベルベレ**をもちいた辛い煮込み料理。肉、豆、野菜など具材はいろいろだが、鶏肉と茹で卵のドロ・ワットはとくに有名。ベルベレを使わない辛くない煮込み料理は、アレチャという。
【オーストラリア】　イギリス風の料理が基本だが、世界各地からの移民がもたらした民族料理や、その折衷料理も広まっており、オーストラリアン・ヌーヴェル・キュイジーヌ（オーストラリアの新料理）といわれる新しい料理も生まれている。
■**カーペットバッグ・ステーキ**　厚いステーキ肉に切り込みを入れ、カキを詰めて焼いた名物料理。カーペットバッグは、カーペット地で作った昔の旅行鞄のこと。
■**ステア・フライ**　いわゆる肉野菜炒めのことで、近年家庭料理として広まった。そのための中華鍋や合わせ調味料も普及している。
【オーストリア】　ドイツ、フランス、ハンガリー、ボヘミア、北イタリアなど、かつてのハプスブルク帝国領だった近隣諸地域の料理の影響を広く受け、宮廷を中心に発展したのが、いわゆるウィーン料理。それとは別にソーセージなどに代表される庶民的な食もある。ドイツと共通の料理も多い。古くからケーキや菓子類は種類が豊富で、ウィーンの菓子はヨーロッパ中で知られている。
■**ヴィーナーシュニッツェル**　仔牛肉をたたいて薄くのばし、パン粉をつけてバターで焼いたカツレツのような料理。イタリアのコトレッタ・アラ・ミラネーゼ（→**イタリア**のその項）のウィーン版で、「ラデツキー行進曲」のラデツキー将軍がイタリアで知ってオーストリアでも作らせたのが始まりとされる。周辺の中欧、東欧諸国に普及している。
■**ターフェルシュピッツ**　ウシのもも肉の塊をスープで煮

たもの。スライスして、付け合わせの野菜とリンゴのソースやタルタル・ソースなどを添える。
■**グーラシュ**　ハンガリーから伝わったパプリカ入りの牛肉の煮込み（↓**ハンガリー**の**グヤーシュ**）。ウィーン版はウィンナー・ザフト・グーラシュともよばれる。
■**クネーデル**　練った小麦粉や茹でてつぶしたジャガイモを団子状にまとめたもの。スープの具、肉料理の付け合わせにするほか、中に豚肉の燻製を入れて包み込んだティロラー・クネーデルのような一皿料理もある（ティローラーはチロル風の意味）。団子状ではなくスプーンですくって茹でたものはノッケルとよばれる。
【オセアニア】　ミクロネシアでは伝統的に、タロイモやパンノキの実、タピオカ（キャッサバ）、ヤムイモ、サツマイモ、バナナなどを蒸したり茹でたりしたデンプン食が中心。ハレの日のごちそうとして、ブタやイヌの丸焼きや、↓**ウム**とよばれる石蒸し料理、ウミガメや魚介類が供される。ほかに、ココナッツ・ミルクで煮込む料理も一般的で、魚介類やコーンビーフ、タロイモの葉を使うフィジーのロロ、ヤシガニを煮たサイパンのカドゥニジュ・アズズ、フルーツ・バットというコウモリを煮込むグアムのファニーヒ・カドなどの名物料理がある。今日ではスパゲッティやサラダなどの西洋食が浸透している。パラオには日本統治時代に根付いたムスビ（おにぎり）などがある。↓**オーストラリア**、↓**ニュージーランド**
■**ウム**　ウムとはタロイモ、ヤムイモなどのイチの意味で、地中で石蒸しにする料理もこの名でよばれる。各地で名称は異なるが、豚肉、魚介類、タロイモなどをココナッツ・ミルクで和え、バナナの葉で包んで地中で蒸し焼きにするのが一般的。ハワイのカルアピッグは、ブタを丸ごと一頭蒸し焼きしたもので、腹にも焼けた石を詰めておく。
■**ケラグエン**　サイパンほか北マリアナの、タマネギ、ライムやトウガラシを使ったサラダ。
■**ビルンム**　タピオカをすりおろし、ヤシの葉に包んで蒸したパラオの料理。甘いココナッツ・ミルクをかけるのが一般的。なお、タピオカはふつうキャッサバのデンプンのことをいうが、この地方ではキャッサバそのものをタピオカとよぶ。
■**ポイ**　タロイモ、パンノキの実、クッキング・バナナなどを加熱したあとペースト状になるまでたたきつぶし、団子にした主食。
【オランダ】　ジャガイモが主食といえるほど多食される。ゴーダやエダムで知られるようにチーズ大国でもある。
■**エルテンスープ**　グリーンピースを煮込み、ベーコンやソーセージなどを加えた濃厚なスープ。

■スタムポット　ジャガイモやその他の野菜とソーセージや牛肉などを煮込んで押しつぶした（スタムペンした）マッシュポテト状の料理。具材によって数種類あり、なかでもヒュッツポット（ジャガイモ、タマネギ、ニンジンと牛肉）が有名。

■ハーリング　ニシンのこと。生ニシンを塩漬けや酢漬けにし、タマネギのみじん切りを添えて食べる。屋台も多い。

■パンネクック　オランダ風パンケーキ。生地が薄く、ハムやチーズとともに料理することもあれば、クリームやフルーツを合わせてデザートとすることもあり、フランスのクレープと似ている。

■ヘハックトバル　大きな肉団子を蒸し焼きにした料理。

【ガーナ】　ヤムイモなどを団子状に加工した主食と、トウガラシをもちいた辛いスープや煮込みの組み合わせが基本。オクラでとろみをつけたり、ピーナッツの風味をきかせた煮込み料理が特徴的。

■フフ　キャッサバ粉、ヤムイモやクッキング・バナナをたたきつぶした団子状の主食。ほかにセモリナ粉とコーンスターチを水で煮ながら練ったバンク、トウモロコシ粉を水に溶いて数日発酵させてから蒸したケンケイなどがあり、いずれも汁気の多い煮込み料理とともに食べる。

■ンカティエ・ンクワィン　トウガラシとピーナッツで風味をつけた肉や魚の煮込み。

【カナダ】　アメリカ的な食のほか世界各地からの移民がもちこんだ料理がみられる。カナダ料理といえるものはほとんどないが、フランス系住民の多いケベック州では、手のこんだパイ料理など独自の料理がみられる。また海岸地方ではサーモンやクラブキング、ロブスターなど豊富な魚介類を茹でて食べる。

■シパート　鶏肉、ウサギ肉など数種の肉とタマネギのみじん切りにブイヨンを注ぎ、パイ皮で覆ってオーヴンで時間をかけて焼いたケベック料理。フランス語で六種のパイの意味。

■トゥルティエール　ブタの挽き肉とタマネギのみじん切り、茹でたジャガイモを炒めてパイ皮で包みオーヴンで焼いたケベック地方の料理。フランス語でパイ皿の意味。

【韓国】　朝鮮半島は中国とも日本とも異なる独自の食文化を発展させてきた。薬念（ヤンニョム＝薬味や調味料）に象徴されるように薬食同源の考え方を基本とし、牛肉、野菜などの料理や↓**キムチ**のような各種保存食を品数豊かにそろえることが大きな特徴。

■オンミョン（温麵）　朝鮮半島南部を中心とする、小麦粉の麺の料理。肉や煮干しだしの温かいスープは辛くない。

■カルビ・クイ　↓**プルコギ**の一種だが、たれに漬け込んだウシの骨付きアバラ肉を網で焼く。クイは焼きものの意味。サンチュ（チシャの葉）で巻いて食べるのが一般的。

■**キムチ**　汁気の多い漬け物の総称で、もとは「菜を沈めたもの」の意味。白菜を塩とトウガラシ、各種薬味と塩辛などを混ぜたもので漬け込むペチュキムチは冬の保存食。ほかにもキュウリのオイキムチのように季節の野菜で少量ずつ作るマッキムチとよばれるものなど、さまざまな種類がある。一説には一三〇種類ともいわれる。

■**コチュジャン**　米とトウガラシを原料とする味噌。コチュはトウガラシ、ジャンは調味料の意味。

■**サンゲタン**　チョウセンニンジンとニワトリのスープの意味。ひな鶏の腹に餅米と、チョウセンニンジン、ナツメ、クリを詰め、時間をかけて水煮した料理で、薬効を期して暑気払いなどに好んで食される。

■**チゲ**　具の多いスープ。豚肉などのスープにキムチを加えたキムチチゲが有名。

■**トック**　うるち米で作る棒状の餅で、斜め切りにしてさまざまな料理にもちいる。トックッはトックを入れた正月の雑煮。

■**トンチミ**　キムチの一種だが、野菜より漬け汁の酸味と香りを楽しむもので、餅に添えたり冷麺のスープに利用する。

■**ナムル**　野菜のあえ物の総称。モヤシ、ダイコン、ホウレンソウ、ゼンマイなどをもちい、塩やコチュジャンで味付け、ニンニク、ゴマ油、ゴマなどで風味づけをする。

■**ネンミョン（冷麺）**　そば粉と澱粉を原料とする麺に、冷たいスープをかけたムルネンミョン（水冷麺。平壌冷麺とも）と、澱粉の麺にコチュジャンと薬味で和えたエイの刺身をのせる汁なしのピビムネンミョン（混ぜ冷麺。ハムフン冷麺とも）がよく知られている。

■**ピビンパプ**　ご飯の上に肉とモヤシ、ホウレンソウ、ゼンマイなどの→**ナムル**、調味料、生卵などをのせた料理。混ぜご飯という意味の通り、食べる前にすべてを混ぜ合わせる。有名な石焼きピビンパプは、長水石の産地の全州の名物。

■**プルコギ**　火の肉という意味で、いわゆる焼肉のこと。薬味を混ぜた甘口のたれで和えた牛肉の薄切りを専用の鍋で焼くが、焼きながら食べるのではなく調理済みのものを供するのが本式。

■**ユッケ**　生の赤身の牛肉を細切りにして醬油、コチュジャン、ゴマ油などで調味し、卵黄をのせたもの。肉を意味するユックと刺身を意味するフェが重なった名。

■**ユッケ・ジャン**　牛肉の細切りとモヤシ入りの、辛みを効かせたスープ。

【北アフリカ】　遊牧民ベルベル人の食を基調にローマやアラブの影響を受け、豊かな食文化が築かれた。トマト、オリーヴ油、トウガラシを多用する。チュニジアには、羊肉や魚介類、卵などを、ハリッサとよばれるトウガラシのペーストやオリーヴ油で調味する料理が多い。モロッコの食には、中世アラブの宮廷料理の伝統と、対岸のスペイン南部の影響がみられる。

■**クスクス**　→**イタリア**の→**パスタ**と同じデュラムセモリナ粉で作る細かい粒状の食品で、「世界一小さいパスタ」ともいわれる。北アフリカの先住民族ベルベル人の伝統料理が起源とされ、名称は細かく砕くという意味の古語ラックケスクケスがなまったものという。クスクスを蒸して羊肉、魚や野菜の辛い煮込みをかけた料理もクスクスとよばれる。

■**サマク・マハシ**　トウガラシとニンニク、クミン入りのペーストをスズキなどの魚に塗ってオーヴンで焼いたモロッコ料理。サマクは魚、マハシは詰めものの意味。チュニジアのケルケナ諸島では、これと似た料理にさらに辛いケルケナ・ソースを添える。

■**タジン**　円錐形の蓋のついた浅い土鍋。この鍋で作るモロッコの煮込み料理も同じ名でよぶ。材料は鶏肉、羊肉、根菜など各種。

■**バスティラ**　非常に薄いパイ生地に調味したハトや鶏肉を包んで焼き、シナモンやパウダーシュガーをかけたモロッコの高級料理。パスティラともいう。

■**ブリック**　小麦粉で作った薄い皮に具を包んだチュニジア料理。ツナと生卵を包んで卵が半熟状になるまで揚げたブリック・オ・トンは有名。

■**ハリラ**　ヒヨコマメ、タマネギ、トマトなどを煮込んだモロッコの家庭的なスープ。

【ギリシア】　トマト、オリーヴオイルやハーブを多用するという南欧料理の特徴をもつが、トルコやアラブの料理の影響もかなり色濃い。ギリシア正教徒は豚肉を食べない。

■**イェミスタ**　ピーマンや中をくりぬいたトマトに米飯や挽き肉、タマネギなどを炒めたものを詰め、オーヴンで焼いた料理。

■**ギュロス**　大型の串に肉を重ねて刺したものを回しながら焼く料理。ナイフで削ぎ切ったものをピタ（→**中東**のその項）などにはさんで食べる。トルコのドネル・ケバブ（→**トルコ**の**ケバブ**）と同じ。

■**スブラキ**　ウシ、ブタ、ヒツジの肉を串に刺して炭で焼いたもの。シシ・カバブはその代表。名称は、串を意味するスブラから。

■**タラマサラタ**　ボラなどの卵の塩漬けと水に浸したパンを、タマネギのすり下ろし、オリーヴオイル、レモンなどとともにペースト状に混ぜたもの。メゼデスとよばれるオードヴルの一品。

■**ドルマデス**　挽き肉入り、米飯などをブドウの葉で包みスープで煮込んだ料理。ドルマデス・メ・ラハノはキャベツを使ったもの。

■**ホリアティキ・サラタ**　トマト、キュウリなどの野菜とフェタというヤギのチーズ、オリーヴの実のサラダ。ホリアティキは田舎風という意味。

■**ムサカ**　ナスやジャガイモと炒めた挽き肉などを交互に重ね、ベシャメル・ソースとチーズをかけてオーヴンで焼いた料理。

【シンガポール】　→**マレーシア**

【スイス】　スイスは大きくドイツ語圏、フランス語圏、イタリア語圏に分かれ、地方の料理も言語圏とほぼ重なる。酪農国ならではのチーズ料理が有名。

■**フォンデュ**　溶けた、煮溶かしたという意味のフランス語。グリュイエールやエメンタールなどのチーズを白ワインとともに専用の鍋で煮溶かして、一口大に切ったフランスパンにからめながら食べる、いわゆるチーズ・フォンデュは世界的に有名。ちなみにオイル・フォンデュとして知られるフォンデュ・ブルギニョンヌ（ブルゴーニュ風）は、牛やウマの角切り肉を油で揚げ、好みのソースで食べるフランスの郷土料理。また、フォンデュ・シノワーズ（中国風）はしゃぶしゃぶのこと。

■**ブッセカ**　タマネギ、ニンジン、キャベツ、トマト、豆などの各種野菜をチーズとともに煮込んだイタリア語圏のスープ。

■**ラクレット**　茹でたジャガイモに、火であぶり溶かしたチーズを添えた料理。

■**ラムケン**　パイ生地の皿にチーズと生クリームなどをのせオーヴンで焼く、キッシュ（→**フランス**のその項）に似たフランス語圏の料理。

■**レスティ**　ジャガイモをすり下ろすか茹でて薄切りにして、フライパンで焼き揚げたタマネギとベーコンなどを加えたドイツ語圏の料理。

【スペイン】　ブタ、ヒツジなどの肉料理が中心で、地域によっては魚介類も多用する。コメやサフランの使用など、イスラームの影響もみられる。オリーヴオイルとニンニク、塩、酢、トマト、それに数種の香辛料で素材を味わうシンプルな風味付けが基本で、バスク地方以外は辛い料理は好まれない。

■**アサド**　ローストの意味。生後一五日から二〇日くらいの子豚を腹開きにして丸ごと焼いたコチニーリョ・アサドは、セゴビアの名物料理。

■**アリオリ**　ニンニク、卵黄、オリーヴオイルで作るマヨネーズ状のソース。
■**アロス・ネグロ**　イカ墨を混ぜて米を炊いたカタルーニャ料理。アロスは米、ネグロは黒の意味。
■**アングラス**　カスエラという素焼きの器でウナギの稚魚をニンニクとトウガラシとともにオリーヴオイルで煮たバスク地方の料理。アングラスはウナギの稚魚のこと。
■**エスカベッチェ**　衣をつけて揚げた魚を酢漬けにした料理。
■**エンパナーダ**　豚肉や茹で卵、タマネギのみじん切りなどを混ぜた具をパイで包んで焼いた軽食。地域によってさまざまな種類がある。
■**ガスパチョ**　トマト、キュウリ、タマネギ、ニンニクなどとパンを生のまますりつぶして漉し、水を加え塩やレモンで調味した冷たいスープ。ガスパチョ・ブランコ（ブランコは白の意味）が有名。ニンニクとパンの白い部分、アーモンドを使ったもので、ともにアンダルシア地方の料理。
■**コシード**　煮込み料理。豚肉や腸詰め、ジャガイモやカブ、キャベツなどの野菜と豆を煮込んだコシード・マドリレーニョ（マドリッド風煮込み）が有名。ポ・ト・フ（↓**フランス**のその項）のようにスープと具を別々に供する。
■**サルスエラ**　種々の魚介類を炒め、サフラン風味で煮込んだカタルーニャ地方の料理。サルスエラとは、スペインの大衆的なオペラのこと。
■**ソパ**　スープのこと。ニンニクの風味をきかせたスープにパンを入れ、卵を割り落とした、有名なソパ・デ・アホ（アホはニンニクの意味）は、もとはカスティーリャ地方の料理。
■**タパス**　いわゆるつまみのこと。オリーブやハモン・セラーノ（生ハム）、↓**トルティーリャ**、タコの炒め物やイワシのマリネなどさまざまなタパスが並ぶバル（居酒屋）はスペイン名物。名称は蓋の意味で、酒に虫が飛び込まないようにパンで蓋をして、ハムや↓**チョリソ**などをのせてつまみにしながら飲んでいた習慣に由来するという。
■**チューロ**　棒状やU字状に揚げたドーナツ。チョコラーテ（ホット・チョコレート）やコーヒーとともに朝食や軽食とする。
■**チョリソ**　ニンニクや各種香辛料を加えた豚肉の腸詰め。スペインのソーセージにはほかに血を使ったモルシーリャ、サラミの一種のサルチチョンなどがある。
■**トルティーリャ**　フライパンで丸く焼いたオムレツのような卵料理。ジャガイモ（パタタ）入りのトルティーリャ・デ・パタタ（トルティーリャ・エスパニョーラ、シンプレともいう）が有名。名称は、丸く焼いたケーキやパイをさすトルタの派生語。なおメキシコでは同じ名が、トウモロコシの粉で作る平焼きパンをさす（→**メキシコ**の**トルティーヤ**）。

■**パエーリヤ**　平たい鉄鍋でコメを炊いたバレンシア料理。サフランで色と香りをつける。具は肉、魚介類、各種野菜など地方によってさまざまだが、基本のバレンシア風パエーリャには魚介類は入れず、鶏肉やウサギの肉を使う。名称は、独特の鍋の名から。

【スリランカ】　主食の米飯に香辛料の効いたカレー風味の煮物を数種類合わせる食事は、南インドとほぼ同じだが、辛みはインド料理よりさらに強い。具は単独で使うことが多く、ココナッツミルクを使い、汁けが少ないのも特徴。

■**アッパー**　米粉をココナッツ・ミルクで溶いて発酵させた生地を鍋で焼いたもの。卵を落としたものをビッタラ・アッパーという。また米粉を熱湯で溶いてところてんのように押し出したものを蒸して食べるインディアン・アッパー（ストリング・ホッパー）もある。

■**カハ・バトゥ**　コメをタマネギのみじん切りやカシューナッツなどとともに、ココナッツ・ミルクと香辛料を加えて炊いたピラフ風の料理。

【タイ】　インド、中国の影響を受けながらも、辛み・酸味・甘みの調和した独特の風味豊かな料理を発展させてきた。スパイスとハーブを多用するのが特徴。米飯とおかずが食の基本だが、屋台の麺料理も人気がある。高級レストランでは、贅沢な王宮料理も供される。

■**カントーク・ディナー**　カントークとよばれる丸い据え膳に、強飯と何種類ものおかずを並べたチェンマイの名物で、もとは王宮料理。

■**クイティアオ**　中国起源の米粉で作った麺。具やスープの異なるさまざまな種類がある。

■**ケェン**　タイ・カレーともいわれる辛い煮込み料理。多くの種類があるが、緑のトウガラシを使ったケェン・キョウワンと赤トウガラシを使ったケェン・ペッが有名。どちらもココナッツ・ミルクを使うのが特徴で、具は鶏肉、タケノコ、小さなナスなどさまざま。ケェンは液体の意味。

■**ソムタム**　熟す前の青いパパイヤをそぎ切りにしてトウガラシやニンニク、干しエビなどをすりつぶしたものとともに叩いて味をしみこませた料理。ラオス、カンボジア、ベトナムにも似たものがある。

■**トートマン**　魚やエビのすり身とトウガラシのペーストを練って揚げた、さつま揚げに煮た料理。

■**トム・ヤム**　辛みと酸味の効いたスープ。エビ（クン）入りのトム・ヤム・クンは、中国のフカヒレ・スープ、フランスのブイヤベースとともに世界三大スープに数えられることがある。トムは水煮、ヤムは和え物。
■**ナムプラー**　タイの魚醬。プラーは魚の意味。
■**ナムプリック**　トウガラシ、ニンニク、タマネギにカピとよばれるエビのペーストや↓**ナムプラー**などを加えてつぶしたペースト状の調味料。マンゴー入り、トマト入りなど一〇〇種類以上あり、生野菜につけて食べるほか、さまざまな料理にもちいる。プリックはトウガラシの総称。
■**ヤム・ヌア**　牛肉の薄切りをさっと焙って、レタスやトマトと合わせ、ナムプラーとライム汁、刻んだトウガラシで和えたサラダ。

【チェコ】　豚肉やガチョウ、アヒルのローストなどが一般的で、パンの代わりに↓**クネドリーキ**という独特の付け合わせを供することが多い。ザウアークラウトやシュニッツェルなど、ドイツ料理の影響が少なくない（↓**ドイツ**の**ザウアークラウト**、↓**オーストリア**の**ヴィーナーシュニッツェル**）↓**東欧**。
■**クネドリーキ**　小麦粉と卵にすりつぶしたジャガイモや小さく切ったパンを混ぜ、円筒形にして茹でた蒸しパンのようなもの。数種類あり、パン代わりに料理に添える。
■**ブランボラーク**　おろしたジャガイモと小麦粉、卵などを混ぜてフライパンで焼いた軽食。
■**ペチェナ・フサ**　ガチョウのローストの意味。塩、コショウ、クミンをすり込みバターを塗った丸ごとのガチョウやアヒルをオーヴンで焼いた料理。

【中央アジア】　乳製品の多用や、羊肉の料理をごちそうとするのは中央アジア諸国の多くの人びとに共通する伝統だが、周辺の文化圏からもさまざまな影響を受けている。中央アジアの代表的な料理とされる↓**シャシリク**や、ナンまたはノン（↓**イラン**の**ナン**）は西アジアから、マントウやマンティなどとよばれる肉饅頭、↓**ラグマン**（肉うどんのような麵料理）などは中国からの伝来。またサモサとよばれる一種のパイは、名称からインド料理由来と察せられるが、ロシアのピロシキに似たものもある（↓**インド**、**ロシア**のそれぞれの項）。ウズベキスタンではプロフ（ピラフ）がたいへん好まれ、カザフスタンでは肉のなかでもとくに馬肉が最高とされるなど、地域による特色もいろいろある。
■**シャシリク**　羊肉の串焼き。シャラまたはケバブとよぶ地域もある。
■**ラグマン**　中国のウィグル人が伝えたと思われるうどん風の麵料理。羊肉や野菜のスープで小麦粉の麵を煮込んだもので、ウズベキスタンやカザフスタンではトマト風味がふつう。

【中国】　広大な国土に、人口の九割を占める漢族と五五の少数民族が認定されているが、固有の文化をもつ民族集団の数は実際には数え切れない。「民族の数だけ料理があり、料理の数だけ民族がある」といわれるように料理も非常に多様だが、一般には↓**北京料理**、↓**四川料理**、↓**上海料理**、↓**広東料理**の四つが中国料理の代表として知られている。また台湾には伝統的な料理のほか、大陸からの移住者がもちこんだ中国各地の地方料理がある（↓**台湾料理**）。古来「北麺南飯」といわれるが、この麺は細長い麺（麺條）だけでなく↓**饅頭（マントウ）**や↓**餃子（ギァオヅ）**などを含め小麦粉を使った食べ物の総称で、北方でよく食べられる。対して南方では米を主食とする。なお、以下の読み方は基本的に普通話という中国標準語読みに準じている。

■**油条（イウティヤオ）**　小麦粉の発酵生地を引き伸ばし、三〇センチほどの棒状にして油で揚げたもの。地方によってさまざまな呼び名がある。揚げたてをそのまま、あるいは粥や温めた豆乳に浮かべて朝食とする。

■**烤菜（カオツァイ）**　直火焼き、あぶり焼き料理の総称。焼烤（シャオカオ）ともいう。↓**北京烤鴨（ベイジンカオヤー）**や↓**叉焼肉（チァシャオロウ）**、↓**焼乳猪（シャオルウヂュウ）**はその代表。

■**広東料理**　広州料理の総称。「食在広州」といわれるように、豊富な食材を生かした多彩な調理法を発展させてきた。基本的に薄味で淡泊、西洋料理の影響も受けている。酢豚や↓**八宝菜（バーバオツァイ）**、焼豚など日本人になじみの料理が多い。飲茶（ヤムチャ）は広東の名物。また、野味といわれる野生動物の料理も有名。

■**乾貨（ガンフォ）**　乾物のことで、これの利用は中国料理の特徴の一つ。乾貨は文字の通り高級食材が多い。フカヒレ、ウミツバメの巣、干しナマコ、干しアワビ、魚の浮き袋が代表。ほかに貝柱や干しエビ、スルメ、そしてシイタケやキクラゲなどのキノコ類など。

■**ギョーザ**　↓**餃子（ギァオヅ）**

■**四川料理**　香味野菜を多用し、トウガラシやサンショウの辛みを効かせた一品料理が特徴的。辛い料理は、夏は蒸し暑く冬は寒さが厳しいという盆地の厳しい自然に即したもの。↓**麻婆豆腐（マァポォドウフウ）**や↓**担担麺（ダンダンミェン）**はその代表で、漬け物の搾菜（ヂァツァイ＝ザーサイ）や泡菜（パオツァイ）もこの地方の特産。

■**焼菜（シャオツァイ）**　焼は直火焼きを意味することもあるが、焼菜といえば煮込み料理の総称である。仕上げに水溶き片栗粉でとろみをつけたものが多い。紅焼はしょうゆ煮込みで、熊の掌の紅焼熊掌（ホンシャオシュンジャン）が有名。杭州の↓**東坡肉（ドンポォロウ）**、四川の↓**麻婆豆腐（マァポォドウフウ）**なども焼菜の名菜。

■**焼餅（シャオビン）**　小麦粉にゴマ油や砂糖を加えた発

酵生地を何枚も重ねて焼いた↓点心（ディエンシン）。↓餅（ビン）

■叫化鶏（ジャオホワジィ）　内臓を抜いて香味野菜などを詰めた丸ごとのニワトリをハスの葉で包み、泥で固めて焼いた杭州の名物料理。乞食鶏という別名どおり、料理道具を持たないニワトリ泥棒が地中で蒸し焼きしたのが始まりというが、今では宴会料理となっている。

■焼売（シャオマイ）　シューマイ。小麦粉やデンプンで作った皮に、肉、魚介、野菜などのあんを円柱状に詰めて蒸した↓点心（ディエンシン）。

■焼乳猪（シャオルゥヂュウ）　広東でとくに有名な仔ブタの丸焼き。烤乳猪（カオルゥヂュウ）ともいう。特別に飼育した生後一ヶ月くらいの仔ブタを下ごしらえし、専用の炉で絶えず回転させながら炭火で焙り焼く。広東では節句や慶事の宴席に欠かせないもので、また婚礼の後に新婦が最初の里帰りをするさいには、夫の家がこの料理を従者に持たせて嫁の実家へ届けるなど、古くからのしきたりとも結びついている。

■上海料理　長江河口の江南地方の料理を代表するもので、四季折々の農産物と海産物に恵まれ多彩である。醤油、砂糖、油を多めに使った濃厚な味付けのものが多いが、一方で、高級感のある淡泊な蒸し料理などの宴会料理も発達した。いわゆる上海ガニは世界的に有名。

■涮羊肉（シュアンヤンロウ）　冬の北京名物の羊肉のしゃぶしゃぶ。真ん中に炭を入れる煙突の付いた火鍋子（フオグオヅ）という鍋が使われる。↓火鍋（フオグオ）

シューマイ　↓焼売（シャオマイ）

■台湾料理　海産物を多くもちいたあっさりした風味の料理が多い。シジミのしょう油漬けの蜆仔（ツアンツ）などがよく知られている。なお台湾には清代に大陸全域から移住者が押し寄せたため、中国全土の料理の店がある。

■担担麵（ダンダンミェン）　ゴマ風味のスープに麵と炒めた豚挽き肉、ザーサイのみじん切りを入れラー油をかけた四川の麵料理。

■湯菜（タンツァイ）　スープ料理の総称。土台となる湯（タン）は、澄んだスープの清湯（チンタン）、上級の上湯（シャンタン）、白く濁った白湯（バイタン）など材料や作り方により各種あり、それらをさまざまな湯菜やその他の料理に使用する。酸辣湯（スアンラァタン）は肉や高菜、豆腐などの細切りを具に酸味と辛みをきかせた四川料理。

■湯麵（タンミェン）　碗のスープに茹でた麵を入れ、具をのせた、いわゆる汁そばの総称。麵や具の種類によって各種ある。

■餃子（ヂァオヅ）　小麦粉の生地で肉や野菜のあんを包

み、三日月形や角形にした→**点心（ディエンシン）**。茹でた水餃子（ショイヂァオヅ）、蒸した蒸餃子（ヂョンヂァオヅ）、油で焼き蒸した鍋貼餃子（グオティエヂァオヅ）がある。

■**叉焼肉（チァシャオロウ）**　チャーシュー、焼豚のこと。調味液に漬けた豚肉をつるし、上部が開いた中国式の炉で焼いた料理。

■**チャーハン**　→**炒飯（チャオファン）**

■**炒菜（チャオツァイ）**　炒めた料理の総称。中国料理を調理法ごとに分けると、炒菜はもっとも種類が多い。炒の技法は油通しや湯通しなどの下ごしらえや火加減などによって各種ある。炒に似ているが強火で手早く炒めることをとくに爆（パオ）という。

■**炒飯（チャオファン）**　チャーハン。具材はさまざまで、中国各地でみられる。仕錦炒飯（シーヂンチャオファン）は五目チャーハン、福建炒飯（フウヂェンチャオファン）はあんかけチャーハン。

■**炒麵（チャオミェン）**　焼きそば。ゆで麵と具を一緒に炒めるものと、麵を油で焼いてからあんかけにするものがある。

■**炸菜（ヂァツァイ）**　揚げた料理の総称。衣も粉も付けずに揚げる清炸（チンヂァ）、紙で包んで揚げる包炸（バオヂァ）など各種ある。

■**春捲（チュンヂュエン）**　春巻き。小麦粉の皮に肉や野菜の具を筒状に包んで揚げた→**点心（ディエンシン）**。

■**春餅（チュンビン）**　クレープのように薄く丸く焼いた→**餅（ビン）**に肉や野菜と甜麵醬を包んだ→**点心（ディエンシン）**。春捲（チュンヂュエン）も春餅（チュンビン）も、もとは立春を迎える行事食だったが、今は季節に関係なく食べられる。

■**蒸菜（ヂョンツァイ）**　蒸した料理の総称。蒸気だけを利用して加熱する技法は元来西洋にはなく、素材の持ち味を生かす蒸しものの多さは中国料理の特徴の一つである。ハタの類をまるごと蒸した広東料理の清蒸海上鮮（チンヂョンハイシャンシェン）のような料理のほか、→**点心（ディエンシン）**には蒸した料理が多い。

■**清真菜（チンヂェンツァイ）**　イスラーム教徒、とくに回族の料理のこと。豚肉はもちいず、羊肉を多用する。羊肉のしゃぶしゃぶの→**涮羊肉（シュアンヤンロウ）**は清真菜の代表。

■**点心（ディエンシン）**　正式の食事以外の食べ物のことをいう。とくに飲茶（ヤムチャ）が盛んな広東や香港の点心は有名。→**餅（ビン）**、→**包子（バオヅ）**、→**餃子（ヂァオヅ）**や、→**焼売（シャオマイ）**のように甘くない点心の鹹点心と、甘い点心の甜点心がある。甜点心にはタルトやクッキーのような西洋風の菓子も少なくない。

■東坡肉（ドンポォロウ） 豚ばら肉を下茹でしてから醬油、砂糖、酒などで長時間煮込んだ杭州の名物料理。宋の詩人蘇軾が考案したと伝えられ、名称も彼の号による。

■八宝菜（バーバオツァイ） 五目炒め煮。日本語では種々の材料を「五」であらわすが、中国では縁起のよい「八」と「宝」を組み合わせた八宝の美称をよくもちいる。什錦（シーヂン）も同様に多くの材料を使った料理に冠する美称で、八宝菜と同じような料理を炒什錦（チャオシーヂン）とよぶこともある。

■白切肉（バイチエロウ） 豚肉のかたまりを塩茹でし、冷やして薄く切ったものに薬味入りのたれを添えた前菜。もともと農家のごちそうだったといい、各地で似たようなものが知られている。白片肉（バイピエンロウ）ともよぶ。

■包子（バオヅ） イースト入りの小麦粉の生地などで具材を包み蒸したもの。肉の餡と熱い汁の入った小籠包子（シャオロンバオヅ）や焼豚を包んだ叉焼包子（チァシャオバオヅ）は有名。なお、具の入らないものを→**饅頭（マントウ）**という。

■棒棒鶏（バンバンヂィ） 蒸すか茹でた鶏肉の細切りにゴマとトウガラシをきかせたたれをかけた四川料理。名称は、鶏肉の繊維をほぐすために棒で叩いたことに由来。

■板鴨（バンヤー） アヒルの内臓を抜き、塩や香辛料などの調味液に数時間から数日間漬けてから風干しして乾燥させた加工品。板状なのでこの名でよぶ。琵琶の形に平たく圧してある琵琶鴨（ピィパァヤー）のほか数種類ある。産地別では、南京板鴨（ナンヂンバンヤー）が有名。

■皮蛋（ピーダン） アヒルの卵を石灰や炭酸ソーダ、茶葉、塩などを混ぜた泥土に漬け、発酵させたもの。卵白が変性し、半透明の緑褐色のゼリー状に凝固する。豆腐とあえたりネギをそえて前菜にする。アヒルの卵の加工品にはほかに、塩漬け卵や糟漬け卵がある。

■餅（ビン） 小麦粉製品の総称だが、→**点心（ディエンシン）**の餅はおもに小麦粉の生地を丸く平らな形にして加熱したものをいう。薄い平焼きの薄餅（バオビン）は具を包むためのもので、→**北京烤鴨（ベイジンカオヤー）**にももちいる。餡を包んでオーヴンで焼く月餅（ユエビン）は、中秋節に供える風習がある。

■芙蓉蟹（フウロンシェ） カニ玉。日本では溶き卵にカニとタケノコやシイタケなどを混ぜて焼き、甘酢あんをかけた広東風が、広東語読みのフウヨウハイの名でよく知られているが、各地でさまざまな作り方がある。芙蓉はハスの花のことで、おもに卵を使った白や薄い黄色の料理に冠する美称。

■**火鍋（フオグオ）**　鍋料理のこと。冬の寒さの厳しい北方や西方で発達した。真ん中に炭を入れる煙突の付いた専用鍋のことを火鍋子（フオグオヅ）というが、卓上コンロの普及した今日ではその形だけを残したものが多い。ほかに土鍋なども使われる。北京の羊肉のシャブシャブ→**涮羊肉（シュアンヤンロウ）**や四川の寄せ鍋麻辣火鍋（マァラァフオグオ）、香港や台湾で人気の海鮮火鍋（ハイシェンフオグオ）などに代表される。

■**火腿（フオトェイ）**　中国ハム。ブタの後脚を骨付きのまま塩漬け、日干し、発酵させて作る。名称は火のように赤い腿という意味で、高宗の命名とも伝えられる。料理に使うほか、スープをとるのにももちいる。各地で作られているが、浙江省の金華産を代表とする金華火腿（ヂンホアフオトェイ）がとくに有名で、骨を抜いて加熱殺菌されたものが日本にも輸出されている。

■**北京烤鴨（ベイジンカオヤー）**　ペキンダックの名で世界的に有名なアヒルの丸焼き。北京産のアヒルの内臓を抜き、空気を吹き込んでふくらませて皮離れをよくしてから熱湯をかけ、水飴を塗って半日風干しした後、特製の炉の中につるし入れてあぶり焼く。そぎ取った皮をネギやキュウリの細切りと甜麵醬とともに温めた薄餅（バオピン）に包んで食べる。

■**北京料理**　北部の黄河流域で発達した北部系の料理と、中国各地の希少な食材を用いた贅沢な宮廷料理の双方の流れを汲む。前者では→**北京烤鴨（ベイジンカオヤー）**、→**涮羊肉（シュアンヤンロウ）**、烤羊肉（カオヤンロウ＝羊の焼き肉）が代表。→**饅頭（マントウ）**や→**餃子（ヂァオヅ）**も名物。後者の宮廷料理では燕の巣、熊の掌、干しナマコ（金子《キムコ》）やフカ鰭などをもちいた料理が有名。

■**麻婆豆腐（マァポォドウフウ）**　挽き肉と豆腐を炒め煮した四川の名物料理で、トウガラシとサンショウの辛みが特徴的。麻辣豆腐ともいう。名称は、この料理を考案した女性がアバタ顔だったため、麻婆（アバタのおばさん）と親しみをこめて名づけられたものという。

■**饅頭（マントウ）**　発酵生地を半球形にして蒸したもので、北部では主食にする。→**包子（バオヅ）**と異なり、中に具を入れないのが基本だが、饅頭の名で実際は包子のように具入りのものもある。花巻（ファジェンル）は蓮の葉や桃などいろいろな形に仕上げたもの。

■**米粉（ミイフェン）**　ビーフン。台湾や中国南部の福建省で好まれるウルチ米で作る押し出し麵で、ビーフンという読み方はその地域の方言。具をあまり入れないで炒めたものは、主食代わりによく食べられる。

■麺（ミェン）　中国語の麺は広義には北部で主食とする小麦粉食品の総称で、↓饅頭（マントウ）や↓餃子（ヂァオヅ）などを含む。細長い麺は麺條（ミェンティアオ）とよばれるが、場合により麺が狭義に麺條をあらわすこともある。狭義の麺では麺條のほか、山西省の刀削麺（ダオシヤオミェン＝生地を削って作ったもの）や猫耳朶（マオアルドゥオ＝小さく切った生地を親指で押しひねって作ったもの）などがある。↓拉麺（ラーミェン）

■拉麺（ラーミェン）　北方系の麺條（ミェンティアオ＝細長い小麦粉食品）で、小麦粉の生地を手で引き延ばしては二つ折りにする作業を繰り返し、二五六本、五一二本と細長くした手延べ麺。拉は引っ張るという意味。中国の麺條には拉麺のほか、日本のうどんのように生地を薄く延ばしてから切る切麺がある。↓麺（ミェン）

■冷菜（ロンツァイ）　冷たい料理のことで、涼菜（リァンツァイ）ともいう。おもに宴席の前菜とされる。肉やレバーの醬油煮、↓火腿（フオトェイ）、↓皮蛋（ピーダン）、クラゲの和え物などが一般的だが、宴席の格によってさまざまな山海の珍味が組み合わされる。二種以上の冷菜を大皿に少量ずつ盛り合わせたものを拼盤または拼盆といい、三色、四宝、五福、六味、七彩、八珍など冷菜の数によって縁起のよい名がつけられる。また鳳凰拼盤、山水拼盤などは各種冷菜を並べて文字通り鳳凰や風景を形作ったものは、慶事向けとして喜ばれる。

■雲呑（ワンタン）　↓点心（ディエンシン）の一つ。ワンタンは広東語で、普通語では餛飩（フントン）。雲を呑むという名称は、科挙の受験生が元気付けに食べたことによるとされる。

【中東】　住民の大部分を占めるイスラーム教徒の食は、食べてよいもの（ハラール）といけないもの（ハラーム）をわける掟に左右される。豚肉はどの地域でも汚れているとされるほか、アルコール、ひれやうろこのない魚介類などが一般に禁じられている。したがって主食のパンに豆や野菜、そしてヒツジやニワトリなどの肉料理が一般的。香辛料を多用するが、一般に辛い料理は多くない。アラブ諸国のなかではレバノンがとくに洗練されたアラブ料理の伝統をもち、メザとよばれる前菜の種類も豊富。インドやパキスタンからの労働者が多いアラビア半島では、インド料理の影響も大きい。↓イラン、↓エジプト、↓北アフリカ、↓トルコ、↓イスラエル

■カバブ　羊肉などの串焼き。

■ケッベ・ナイエ　ヒツジの生肉に碾き割りコムギやナッツなどをまぜたレバノン料理。

■コフタ　ヒツジの挽き肉団子の串焼き。

■サマック・タジンビ・タヒン　魚に→**タヒーナ**をのせてオーヴンで焼いたレバノン料理。

■シュワルマ　大きな串に羊肉を巻きつけて回しながら焼く料理。削いだ肉をそのまま一品としたり、パンにはさんで食べる。

■ショルバ　スープのこと。レンズマメのスープのショルバト・アドゥスなどが一般的。

■タヒーナ　ゴマのペースト。パンにつけたり、肉料理や魚料理に添える。

■ババガヌージュ　ナスを焼いてつぶし、→**タヒーナ**をまぜたペースト状のもの。

■ピタ　円形で、中が空洞のパン。二つに切って中にさまざまな具をはさむ。名称はヘブライ語で（アラブ人の）パンの意味。

■ファラフェル　つぶした豆に香辛料を加えて丸め、揚げた軽食。そのまま食べたり、つぶしてホブスとよばれるパンにはさんで食べる。

■フール　茹でた豆をあらくつぶし、レモン汁、オリーヴ油などをまぜた庶民的な料理。

■ホンモス　ペースト状につぶした豆に、→**タヒーナ**やレモン汁をまぜたもの。肉やナッツをまぜることもある。

【中南米】　伝統的に中米はトウモロコシ、南米アンデス山地はジャガイモを主食のように多用するが、パンやコメも普及している。トウガラシ、トマト、インゲンマメなどの原産地でもあり、これらの利用も特徴的。ただしトウガラシの辛みを好むかどうかは地域によって差があり、パラグアイのように香辛料をほとんど使わない地域もある。多くの国でスペインの影響は非常に大きく、次にあげる食べ物はみなスペイン起源である。地域によってはアフリカ系住民やインドからの移民がそれぞれの料理をもたらしている。→**ペルー**、→**ブラジル**、→**メキシコ**

■アロス・コン・ポジョ　鶏肉（ポジョ）を使ったパエーリャのようなコメ（アロス）料理。

■エンパナーダ　豚肉や茹で卵などの具をパイで包んで焼いたり揚げたりした軽食。地域によってさまざまな種類がある。

■カスエラ・デ・マリスコス　カスエラという小さな土鍋で魚介類（マリスコス）を煮込んだ料理。

■カルネ・アサド　牛肉の炭火焼き。アルゼンチンの戸外料理として有名だが、多くの地域でレストランのメニューとなっている。ちなみにフライパンで焼くビーフ・ステーキは、英語からのなまりでビフテクまたはビステクという。

■チチャロン　ブタの皮を揚げた揚げせんべい風の軽食。

【朝鮮】　↓韓国

【ドイツ】　伝統的に、ハム、ソーセージやキャベツの漬け物のザウアークラウトなど、保存食品の加工技術を発達させてきた。ジャガイモの多用も特徴。郷土料理の種類は数多い。近年はイタリア、ギリシア、トルコなど地中海風の料理が好まれる傾向がある。春を告げる白アスパラガスの料理はなによりのごちそうとされる。

■**アイスバイン**　塩漬けのブタのすね肉を茹でた料理。ゆでたジャガイモと↓**ザウアークラウト**を付け合わせる。アイス（氷）バイン（脚）の名称については、昔、食べた後に残った骨を削ってスケートの刃にしたからとも、坐骨を意味するラテン語の転訛で、氷とは無関係ともいわれている。もとはベルリンの郷土料理。

■**アイントプフ**　深鍋の意味で、肉、野菜、豆などを煮込んだ家庭料理。

■**ヴルスト**　ソーセージのこと。ドイツには数百種類のソーセージがある。白い（ヴァイス）色のヴァイスヴルスト、焼いて（ブラーテン）食べるブラートヴルスト、舌肉（ツンゲ）のツンゲンヴルストなど料理法や材料のわかるもののほか、ニュールンベルガー、フランクフルターなど地方名を冠したものも多い。

■**クネーデル**　団子の意味。ジャガイモと小麦粉、卵をこねて団子状に丸めて茹でたもの。スープに入れたり肉料理に付け合わせる。

■**ザウアークラウト**　キャベツの千切りを樽で発酵させた漬け物。ザウアーは酸っぱい、クラウトはキャベツの意味。

■**ザウアーブラーテン**　酸っぱいローストの意味で、酢と赤ワインに数日漬け込んだ牛肉を、表面を焼いてから野菜とともにブイヨンで煮込んだケルンあたりの郷土料理。もとは馬肉が使われていた。赤ワインの代わりにビールをもちいる地方もある。

■**シュヴァイネハクセ**　バイエルン名物の骨付き豚すね肉のグリル。

■**シュニッツェル**　仔牛肉や豚肉をたたいて薄くのばし、パン粉をつけてフライパンで焼いたカツレツのような料理（↓**オーストリア**の**ヴィーナーシュニッツェル**）。

■**シュペッツレ**　南ドイツやオーストリアで食べられる、やわらかいすいとんのような一種の生パスタ。肉料理の付け合わせとして、またおろしたチーズと和えたり、チーズをかけて焼いて簡単な朝食や昼食とする。

■**ズッペ**　スープのこと。ジャガイモ（カルトッフェル）のポタージュのカルトッフェルズッペや、ハンガリーから伝わったグーラシュズッペ（↓**ハンガリー**の**グヤーシュ**）などがよく知られる。郷土料理としては、バイエルン名物の↓**レバークネーデルズッペ**や、北部のウナギのスープ、アールズッペが有名。

■**レバークネーデルズッペ**　仔ウシのレバーとタマネギのみじん切りなどで作った大きな肉団子の入ったバイエルンの名物料理。クネーデルは団子、ズッペはスープの意味。

【東欧】　全般に煮込み料理が多い。内陸国ではマスやコイなどの淡水養殖魚をよく利用する。ハンガリーはパプリカの多用が特徴で、煮込み料理のグヤーシュは周辺諸国でも一般的。ルーマニアやブルガリアなどバルカン諸国では、チョルバとよばれるスープ、ロールキャベツや肉団子のような料理に、トルコ料理の強い影響がみられる。ブルガリアは料理にヨーグルトをよく使うのも特徴。↓**チェコ**、↓**ハンガリー**、↓**ポーランド**

【トルコ】　トルコ料理はフランス料理、中国料理と並べて世界三大料理とされている。東西文化の交差路にあって、旧アラブ諸国とローマ帝国の伝統をともに受け継いだため、独特の食文化が発達した。宮廷料理の流れをくむ手のこんだ料理も多い。羊肉の料理が多く、チーズ、ヨーグルトなどの乳製品とスパイスを多く使うのが特徴。↓**中東**

■**エキメッキ**　狭義にはフランス・パンに似た主食のパンのことだが、種々のパンをまとめてエキメッキともいう。

■**キョフテ**　挽き肉を使ったハンバーグのような料理。串に刺して焼くシシュ・キョフテ、タマネギとコメ入りのキョフテを茹でてから溶き卵をつけて焼いたカドゥンブドゥ・キョフテ（婦人の太股の意味）や、生の牛挽き肉と碾き割り小麦、香辛料などを混ぜて一口大に握ったチー・キョフテなど各種ある。

■**ケバブ**　肉を火で焙った料理。有名な羊肉の串焼きシシュ・ケバブ、挽き肉の串焼きのアダナ・ケバブのほか、大型の串に薄切りの羊肉を重ねて刺したものを回し焼きして、ナイフで削ぎ切るドネル・ケバブなど各種ある。

■**シシュ・ケバブ**　↓**ケバブ**

■**チョルバ**　スープのこと。レンズマメのスープ、メルジメッキ・チョルバスやヒツジの胃のイシュケンベ・チョルバスなどが一般的。

■**ドネル・ケバブ**　↓**ケバブ**

■**ドルマ**　コメなどの具をナスやトマトのような野菜に詰めたり、ブドウの葉に巻いたりした料理。ムール貝に調理したコメやマツの実を詰めて蒸し煮したミディエ・ドルマスや、アジの腹にマツの実や香草を詰めてオーヴンで焼いたウスクムル・ドルマスなど、魚介類をもちいたものもある。名称は詰めものの意味。

■**ピデ**　トルコ風のピッツァ。生地の厚みや形は地方によりの差がある。イスタンブールで多いのは、舟形になるように端を折り返したもの。

■ピラウ　ピラフのこと。付け合わせとしての野菜料理に属する。ピラフはトルコを中心とする中東一帯に発祥し、中央アジアや南インド、南ヨーロッパなど各地に広まった。

■ボレッキ　パイのこと。チーズ入り、肉入りなど種類が豊富で、葉巻のように生地を巻いたシガラ・ボレイ、ピッツァに似た↓**ピデ**やラフマジュンなど、名称もいろいろ。

■ヨールト　ヨーグルト。そのまま食べるほか、調味料のように料理に加える。ふつう甘みを加えて食べることはない。ヨーグルトはトルコ発祥といわれる。

【ニュージーランド】　イギリスの影響そのままに、ヒツジなどの肉とジャガイモをオーヴンで焼いた料理が基本。フィッシュ・アンド・チップスやミンス・パイも好まれる(↓**イギリス**)。

■ハンギ　先住民族マオリの伝統料理で、肉や野菜を地中に埋めて蒸し焼きにした料理。

【ネパール】　インド料理の影響が強い地域と、チベット系の食文化に属する地域がある。後者ではツァンパという麦こがしのような食品や、ソバやヒエ、トウモロコシの粉を団子状にして煮込んだディーロなどがある。中国料理の影響もみられる。ヒンドゥー教を国教とし、牛肉は禁止されている。羊肉や鶏肉も日常食にはあまり使われない。

■タルカリ　香辛料を効かせて煮込んだカレー状の料理の総称で、もとは野菜を意味する。カラシ菜、ジャガイモ、豆、サトイモなどさまざまな野菜のタルカリがある。

■トゥッパ　ヤギやヤクの干し肉と、豆類、ジャガイモ、ホウレンソウなどの野菜の辛いスープに、小麦粉で作った団子を入れた料理。

■モモ　チベットから伝わったといわれる蒸し餃子。形は中国の小籠包に似るが、具の挽き肉はクミンやガラムマサラなどインド料理風に味付けされる。

【ハンガリー】　ハンガリー特産の香辛料パプリカを使った煮込み料理が特徴的。パプリカには辛みの強いものから甘いものまで一〇〇種類以上あり、料理によって使い分ける。サワークリームやヨーグルトの多用も特徴の一つ。↓**東欧**

■グヤーシュ　牛肉とタマネギ、ピーマンなどをパプリカ風味で煮込んだ料理。東欧諸国やオーストリア、ドイツなど各地に伝わっている。本場のグヤーシュはサラリとした仕上がり。

■トルトト・カーポシュタ　パプリカ風味のスープで煮込んだロール・キャベツ。

■パプリカーシュ・チルケ　ニワトリの骨付きもも肉をパプリカ風味で煮込んだ料理。パプリカ・チキン。

■ハラース・レー　コイやナマズのぶつ切りを野菜ととも

に パプリカ風味で煮込んだスパイシーなスープ。名称は「漁師のスープ」の意味。
■**パラチンタ**　クレープ状の薄焼きで、前菜として仔牛肉の煮込みなどを包みサワークリームをかけたり、デザートとしてチョコレート・ソースをかけたりする。
■**ラーンゴシュ**　小麦粉の生地を揚げた丸い揚げパン状のスナック。屋台食として好まれる。粉砂糖をまぶすのがふつう。
■**レヴェシュ**　スープのこと。各種あるが、サクランボウなどのフルーツを使った冷たいスープは夏の名物。
【東アフリカ】　ケニア、タンザニアなど東アフリカ一帯では、↓**ウガリ**とよばれる主食と、肉や野菜を煮込んだおかずが基本。インド系移民が伝えたカレー風味の料理も好まれている。
■**ウガリ**　穀物の粉を湯でこねてかたい粥状にした主食。東アフリカ、中央アフリカ一帯で一般的で、雑穀、コムギ、キャッサバなどさまざまな材料が使われるが、ケニアではトウモロコシの粉をもちいたものが多い。片手で団子状に軽く握って、おかずとともに食べる。
■**カチュンバリ**　タマネギ、青トウガラシ、トマト、キュウリ、キャベツ、ピーマンなどの生野菜を薄切りや千切りにして塩とレモンで調味したサラダ風の付け合わせ料理。

焼き肉の↓**ニャマ・チョマ**や↓**ピラウ**などに添える。
■**カランガ**　肉やジャガイモなどをトマト風味で煮込んだケニア料理。ウガリのおかずとする。
■**ニャマ・チョマ**　スワヒリ語でニャマは焼く、チョマは肉の意味で、ヤギ肉のかたまりなどを時間をかけて焼いたごちそう。好みで、ピリピリとよばれるトウガラシをつける。
■**ピラウ**　ピラフのこと。肉、タマネギ、ジャガイモを香辛料とともに炒めてから、コメを入れて炊く。
■**マトケ**　料理用バナナを煮たり蒸したりしてからすりつぶしたもの。ウガンダでは主食とする。
【フィリピン】　主食の米飯におかずをのせたり混ぜ込んで食べるのが基本。中国と旧宗主国のスペインの影響がみられる。トウガラシの辛さはあまり好まれず、甘酸っぱい風味のものが多い。ココナッツの多用も特徴。パティスという魚醬やカラマンシーという柑橘系の酢、バゴオンという塩辛などさまざまな調味料で、食卓で各自好みの味に整えてから食べる料理が多い。
■**アドボ**　豚肉と鶏肉を香辛料と酢を入れたソースに漬け込んで、いったん焼いてから煮込んだ料理。名称はスペイン語で肉の漬け汁の意味だが、スペインにこの名の料理はない。

■**アロス・ア・ラ・バレンシアーナ**　フィリピン風パエーリャ。サフランのかわりにターメリックなどを使う。
■**カレカレ**　牛テールのピーナッツソース煮。
■**シニガン**　タマリンドの酸味をきかせたスープ。シニガン・ナ・ログログというエビ入りスープの他、魚や肉を具にしたものなどいろいろな種類がある。スープはご飯にかけて食べる。
■**パンシット**　ココナッツ・オイルや魚醬を使った焼きそば。パンシット・カントンという具だくさんの焼きそばがあるが、広東にはこれにあたるものはない。
■**ルンピア**　春巻き。揚げ春巻きはルンピア・プリトー、生春巻きはルンピア・サリワといい、甘いソースをかける。
■**レチョン**　仔ブタの丸焼き。祭りや祝い事のごちそうの代表。名称はスペイン語で仔ブタの意味。
【ブータン】　種類の豊富なチーズやバターなどの乳製品と、トウガラシを多用する、独自の料理がみられる。主食の赤米に辛いおかずを少量というのが食の基本だが、高地では麦やソバがよく食べられる。豚肉のほか、ヤクの肉がごちそうで、あらゆる部位を利用する。
■**エマ・ダツィ**　トウガラシとチーズを少量の水で水分がなくなるまで煮込んだ料理。野菜やキノコを入れることもある。エマはトウガラシ、ダツィはチーズ。
■**シャカム**　ヤクの干し肉。そのまま食べるほか、料理にも利用する。
■**プタ**　そば粉で作る押し出し麺で、寒冷地ブムタンの常食。同地域には他にもそば粉をパンケーキ状に焼いたクレや、そばがきのようなデンゴなど、そばの料理が多い。
【ブラジル】　先住民の食にルーツをもつものもあるが、旧宗主国ポルトガルと、奴隷として連れてこられた人々の祖国西アフリカの影響が大きい。マニオクとよばれるキャッサバが主食扱いで、料理にはテンデ油というヤシ油を使うことが多い。
■**シュラスコ**　牛肉や羊肉の大きなかたまりに幅広い鉄串を刺し、岩塩をすり込んで炭火で焼きながら、焼けた部分を削いで食べる料理で、南部の牧童料理がルーツ。
■**ファリーニャ**　マンジョカとよばれるキャッサバの粉。卵などと炒めて付け合わせにするほか、そのまま→**フェイジョアーダ**にふりかけたり、煮込み料理に加える。
■**フェイジョアーダ**　フェイジョンという黒い豆を牛肉や豚肉の塩漬け、内臓などと長時間煮込んだもので、ご飯にかけて食べる。先住民の伝統料理とアフリカ人奴隷の料理が融合したもの。
■**ボボ**　小エビとタマネギ、ピーマンなどの野菜をココナッツ・ミルクとトマト味で煮込んだ料理。→**ファリーニャ**

を加えてとろみをつける。

【フランス】　世界三大料理の筆頭フランス料理は、ルネサンス以来の宮廷料理の流れをくむグランド・キュイジーヌ（高級料理）に代表される。一九八〇年代から、バターや生クリームを控え素材を生かしたシンプルで軽いヌーヴェル・キュイジーヌ（新料理）のレストランが世界的にも流行したが、近年はその波も引き、基本に立ち返った料理が見直されている。これらとは別に、地方色豊かな郷土料理も非常に数多い。

■**オムレット**　溶き卵をフライパンで加熱した料理。甘い味付けのデザート用もある。語源は諸説ある。

■**カクテル**　小エビや貝などを冷製ソースで和えてカクテル・グラスに盛ったオードヴル。混合酒カクテルの語源は諸説ある。

■**カスーレ**　白インゲンマメと肉やベーコン、ソーセージなどを陶器の鍋で煮てから、オーヴンで焼き色をつけたラングドック地方の料理。名称はオック語で陶器の鍋をあらわすカソールに由来。

■**カナッペ**　一口大のトーストなどにハム、スモーク・サーモン、ゆで卵などさまざまな具をのせたオードヴル。名称は長椅子の意味。

■**ガレット**　丸くて平たいパンケーキ状のものを広くガレットという。生地の種類や風味づけはさまざま。ガレット・デ・ロワは一月六日の公現祭を祝う菓子で、中に陶製の小さな人形を一つ入れたもの。→**クレープ**

■**キッシュ**　パイ生地の中にハム等の具を入れ、卵と生クリームを流し込んでオーヴンで焼いたもの。細切りベーコン入りキッシュ・ロレーヌは、キッシュ発祥の地ロレーヌ地方の名による。語源はドイツ語のクーヒェン（ケーキ）。

■**クネル**　肉や魚、エビなどのすり身に小麦粉やパンで作ったつなぎを混ぜ合わせ、卵形や球形にまとめ茹でたもの。ソースをかけて供するほか、スープの浮き身などにも使う。語源はドイツ語で団子を意味するクネーデル（→**ドイツ**のその項）。

■**グラタン**　肉や魚介、野菜などの主材料に白いソースやチーズをかけ、表面に焦げめがつくまでオーヴンで焼いた料理。容器にホタテ貝の殻を使うと→**コキーユ**とよばれる。語源は、お焦げを「削り取る」という動詞。

■**クレープ**　小麦粉などを水や牛乳で溶いて鉄板で薄く焼いたもので、菓子にも料理にも使われる。起源は一六世紀頃からブルターニュ地方の農民がそば粉で作っていたパンの代用品。ガレットともいう。ブルターニュ地方ではいまもハムやチーズ、魚介類などを包む料理としてのクレープはそば粉で作り、デザート用は小麦粉で作ることが多い。

語源は「縮れた、波打った」を意味するラテン語。

■**クロケット**　いわゆるコロッケのこと。語源は「パリパリ音をたててかむ」という意味の動詞。

■**コキーユ**　ホタテ貝の貝殻（コキーユ）やそれに似せた陶器を使った魚介などのソテーやグラタン。コキールは英語読み。

■**コートレット**　ヒツジの背肉を肋骨ごとに切り分けたもので、それにパン粉をつけてバターで焼いた料理も同じ名でよぶ。英語ではコートレット転じてカットレットが薄切り肉のフライやコロッケのような料理までさすようになり、これが日本のカツレツの語源となった。

■**コンソメ**　肉や野菜を出し汁として煮込んでから漉し、液体だけを利用する贅沢なスープ。ポタージュが汁物全般を意味するフランスでは、ポタージュ・クレール（澄んだポタージュ）ともいう。

■**シチュー**　煮込み料理を総称するシチューは英語。フランスでは料理法や鍋の種類などで、いくつかの名称に分かれる。→**ラグー**

■**ジビエ**　食用になる野生の鳥獣。ウズラ、ツグミ、シギ、ハト、キジ、野ガモ、ライチョウ、クイナ、野ウサギ、穴ウサギ、シカ、イノシシなどが煮込んだり焼かれたりする。

■**シュークルート**　ドイツのザウアークラウト（→**ドイツ**のその項）のことで、ザウアー（酸っぱい）がなまってフランス語でキャベツを意味するシューになり、ドイツ語でキャベツを意味するクラウトもそのままクルートとフランス語なまりになった。つまり「キャベツ・キャベツ」という意味。ザウアークラウトが肉料理の付け合わせなのに対し、シュークルートは主役扱いで、これに塩漬けの豚肉やハムなどを取り合わせた一皿もシュークルートとよぶ。アルザス地方の郷土料理。

■**スープ**　おおむね汁物の総称と考えてよいが、フランスでは同じ意味でスープよりポタージュの語をよく使う。スープは古くは、煮汁やワインに浸したパンのことをさしていた。→**ポタージュ**

■**ソース**　液体調味料の総称。料理にソースをもちいる伝統は古代ローマまでさかのぼる。多様なソースの使い分けは、フランス料理の大きな特徴。褐色ソース系と白色ソース系が料理用温製ソースの主流で、ほかにも冷製や菓子用などを含め一〇〇〇種を超えるとされる。語源は「塩」を意味するラテン語。

■**テリーヌ**　肉や魚、野菜などを細かく切ったりペースト状にしたものを、陶製の容器に詰めてオーブンで蒸し焼きにした料理。テリーヌはもとは陶製の器のことで、のちにその中身もさすようになった。語源は「大地、土」の意味のラテン語テラだが、現在は陶器以外の器ももちいられる。

■ノルマンディー風　ノルマンディー地方は魚、肉、野菜と豊富な素材に恵まれている上、チーズをはじめとする酪農製品が豊富。魚料理にア・ラ・ノルマンド（ノルマンディー風）とつけば、白ワインで蒸し煮した魚に生クリームを使ったノルマンド・ソースをかけたもの。また肉料理なら、当地名産のシードル（リンゴ酒）かその蒸留酒のカルヴァドスを使った料理もノルマンディー風とよばれる。

■パテ　肉や魚介、野菜などの主材料を生地で包み、オーブンで焼いた料理。パート（生地）の派生語だが、生地をもちいずに材料を耐熱容器に詰めて焼くテリーヌのようなものもパテとよぶ。

■ビスク　オマールやイセエビ、エクルヴィス（ザリガニ）などの甲殻類を煮てすりつぶした濃厚なクリーム・スープ。

■ビフテク　英語でいうビーフ・ステークのこと。「ビーフ・ステーキとフライド・ポテト」の組み合わせは、フランスでももっとも一般的な食事。

■ブイヤベース　プロヴァンス地方マルセイユ発祥の魚介類のスープ。地域により具材はさまざまで、ニンニクとサフランで風味をつける。具とスープは別々に供する。語源は、「煮すぎない」という意味のプロヴァンスの漁師言葉だというが、異説もある。

■フリカッセ　鶏肉や仔牛肉などの白い肉を軽く炒めてから煮込み、白色ソースで仕上げた料理。炒めずに煮込んだものはブランケット（「白」を意味するブランの派生語）という。

■ブルゴーニュ風　ブルゴーニュはボルドーと並ぶワインの銘醸地。ワイン、生クリーム、ラードをよく使う。料理名にア・ラ・ブルギニョンヌ（ブルゴーニュ風）と付くものには、赤ワインの煮込みが多い。鶏肉の赤ワイン煮コック・オー・ヴァンや牛すね肉の赤ワイン煮ブフ・ブルギニョンが代表的。なおブルゴーニュはマスタード（ディジョン産）、エスカルゴの産地としても有名。

■プロヴァンス風　地中海に面したプロヴァンスは魚介にも農産物にも恵まれている。ア・ラ・プロヴァンサル（プロヴァンス風）はオリーヴ油、ニンニク、トマトなどを使うのが特徴で、イタリア料理やスペイン料理との共通点が多い。

■ポタージュ　ポ（鍋）で煮込んだ汁物の総称で、とろみがあるか澄んでいるかや、具のあるなしにかかわらない。↓**コンソメ**、クレーム、ピュレ、ヴルテ、↓**ビスク**など、さまざまな種類がある。

■ポ・ト・フ　骨付きの牛肉のかたまりとニンジン、タマネギ、ポロネギ、カブ、ニンニク、セロリなどと香辛料を水から長時間煮込んだ家庭料理。地域により鶏肉やハム、トマトなどを入れる。食べるときはスープと具を別にして、具にはマスタードを添える。ポは「鍋」、フは「火」で、名称は「火にかけた鍋」という意味。

■ムニエル　魚の切り身などに小麦粉をつけてバターで焼いた料理。「粉屋の女房、娘」の意味。

■ラグー　肉や魚介、野菜などの煮込み料理。いわゆるシチュー。

■ラタトゥイユ　タマネギ、ニンニク、トマト、ナス、ピーマン、ズッキーニなどの野菜を煮込んだプロヴァンス料理。温製、冷製どちらでも、また一品としても付け合わせとしても供される。

■リヨン風　リヨン地方は豊富な食材に恵まれ、料理の種類も豊富だが、ア・ラ・リヨネーズとあれば薄切りのタマネギを加えた料理であることが多い。茹でたジャガイモと薄切りタマネギのバター炒めポム・ド・テール・ア・ラ・リヨネーズ、いわゆるポテト・リヨネーズはその代表（ポム・ド・テール＝大地のリンゴはジャガイモのこと）。グラティネ・リヨネーズは、オニオン・グラタン（・スープ）のこと。

【ベトナム】　食の基本は米飯とおかず。料理は中国の広東料理の影響が大きいが、中国料理ほど油を使わない。また植民地時代に伝えられたフランス料理の影響もみられる。米粉の利用が特徴的で、バインチャンというライスペーパーや麵のほか、さまざまな料理にもちいられている。調味には→**ヌクマム**という魚醬油を広くもちい、酸味をきかせた風味やピーナッツのこくのある風味が好まれるのも特徴。

■カイン・チュア　トマト、パイナップル、タマリンドなどのペーストを使い、川魚などと野菜を入れた酸味のあるスープ。メコンデルタの料理。カインはスープ、チュアは酸っぱい。

■ゴイ・クォン　生春巻き。バインチャンというライスペーパーでエビ、鶏肉、生野菜などを巻いたもの。ゴイはサラダ。

■チャー・ゾー　豚挽き肉、カニ、キクラゲなどを味つけしてバインチャンというライスペーパーで巻き、揚げた料理。祝い事に欠かせない。北部ではネムザンという。

■ヌクマム　ニョクマムとも。ヌクは水、マムは魚や肉などを塩漬けして発酵させたものを意味する。ヒコイワシに似た五センチほどの小魚がよく使われ、塩を混ぜてかめに漬け込み重石をして半年以上発酵させるのが伝統的な製法。

■バイン・セオ　ベトナム風お好み焼き。米粉の生地を薄く焼いてエビ、豚肉、モヤシなどを入れて二つ折りにしたもの。バインは何かを固めて作ったもの。
■**バイン・チュン** 餅米の中にイモや肉などを入れた、旧正月のためのちまき。
■**フォー** 米粉の平麺。牛肉入りスープをかけたフォー・ボーや鶏肉入りのフォー・ガーが代表で、屋台の料理。食べる直前にライムと香草で風味づけをする。
■**ブン** 米粉で作るビーフン状の麺。牛肉やモヤシなどの具とともに器に盛って、辛いスープをかけ、上にブタのスペアリブをのせたブン・ボー・フエは中部フエの名物料理。
【ペルー】 アンデス高地原産のジャガイモは農民の主食で、種類も多い。トウモロコシは中米のように粉にせず、粒のまま食べる。海岸に近い低地では魚介類もよく食べられる。
→**中南米**
■**アンティクーチョ** ウシの心臓のスパイシーな串焼き。
■**セビッチェ** 生の魚やエビ、貝を、塩とライム汁で締めた前菜。タマネギの薄切りとトウガラシの風味が特徴。
■**チューニョ** アンデス高地の住民の伝統的なジャガイモの保存食。夜、戸外で凍らせて、昼間解けたところを踏んで水分を抜くという作業を繰り返す。水でもどしてスープなどに使う。
■**チュペ・デ・カマロネス** カマロンという淡水の大型エビのスープ。魚のあら、ニンニク、トマト、トウガラシなどで出しをとり、コメ、ジャガイモ、トウモロコシとエビを煮込んで牛乳と卵を加えた手のこんだ料理。
【ベルギー】 「食通の国」ベルギーは、隣国フランスの影響を強く受けた豊かな食文化を誇る。またビール大国としても知られ、ビールを使った数々の料理を発達させている。
■**カルボナード・ア・ラ・フラマンド** 牛肉のビール煮。黒ビールのほかワインビネガーやブラウンシュガーなどを加えて煮込んだフランドル地方(フラマンド)の料理。
■**フリッツ** フライド・ポテトのフランス語圏での呼び方。オランダ語圏ではフリテン。マヨネーズやタルタル・ソースなど種々のソースを添えたフライド・ポテトはスナックとして、料理の付け合わせとして、また主食代わりにも好まれている。
■**ムール・オ・ヴァン・ブラン** ムール貝の白ワイン蒸し。
■**ワーテルゾーイ** 鶏やウサギ、カエル、魚介など白身の肉を煮て、仕上げにたっぷりの生クリームを加えたフランドル地方の料理。
【北欧】 肉料理はローストなど素朴な料理が主で、塩味が基本。寒い地方にもかかわらずスープや煮込み料理は多くない。スウェーデン、デンマーク、ノルウェーはおおむね同じ文化圏に属するが、フィンランドは言語的にも文化的にも異なり、料理も独特なものがある。

■カラクッコ　川魚と豚肉とタマネギのみじん切りをライ麦粉の生地で包んでオーヴンで焼いたフィンランドの国民的料理。魚と雄鶏を意味する名称は、形が雄鶏に似ているためという。

■カリヤランパイスティ　仔牛肉、羊肉、豚肉の三種をジャガイモとともに塩味でやわらかくなるまで煮込んだフィンランド料理。

■グロンランコール　バター、牛乳、生クリームなどを入れたスープに茹でたチリメンキャベツや各種野菜のみじん切りを加えたデンマーク料理。

■スモーガスボード　日本でバイキング、一般にはスカンディナビアン・ビュッフェとして知られる食事の原型。肉や魚介類、サラダ、チーズ、デザートなど多種類の料理を並べ、各自が自由にとって食べる。スモーガスボード（発音はスメルゴスブードに近い）はスウェーデンの名称で、バター付きパンの食卓の意味。デンマークではスミョールボイド、ノルウェーではコールトボールとよび、本来は薄切りのパンに好みの具材をのせるオードヴルである。

■スールストロンミング　ニシンの塩漬けを缶詰めにして発酵させたスウェーデンの食品。

■バイキング　↓**スモーガスボード**

■フレスケスタイ　皮付きの豚肉をローストしたデンマーク料理。

■ポロン・カリストス　マッシュポテトにトナカイの細切り肉とソースをかけたフィンランドの料理。

■ラスペバル　ジャガイモをすりおろし、塩漬け肉を中に入れてまとめたものを蒸した西ノルウェー料理。

【ポーランド】　煮込み料理が多い。ドイツやロシアなど周辺国の影響を受けている。↓**東欧**

■ジュレック　ライムギを発酵させたペーストを使った、酸味のある白い野菜スープ。白ソーセージやゆで卵を入れることが多い。

■バルシュチュ　ビートと各種野菜のスープ。ロシアのボルシチ（↓**ロシア**のその項）。

■ピェロギ　小麦粉の皮にひき肉、キノコなどの具を包んで茹でた、水餃子風の料理。ロシアのピロシキに由来するといわれるが、**ペリメニ**（↓**ロシア**のその項）により近い。

■ビゴス　キャベツとソーセージの煮込み。大鍋で肉と野菜を煮込んではさますことを数日繰り返す伝統的な家庭料理が起源。

■ロスウ　チキンスープ。ユダヤの伝統料理。

【ポルトガル】　隣国スペインの食と共通項も多いが、豊富な魚介類を生かした料理が多いこと、香辛料やハーブをよく利用することなどが特徴。バカリャウとよばれる干ダラの料理は数百種あるといわれる。

■**アッサード**　直火で焼いた料理。イワシの炭焼きのサルディーニャ・アッサーダはその代表。

■**カタプラーナ**　銅製でドーム状の蓋のついた鍋。蓋は金具付きで密閉できるので、熱効率にすぐれている。この鍋を使った料理もカタプラーナという。

■**カルド・ヴェルデ**　ジャガイモ、タマネギとバカリャウ（干ダラ）やチョリソ（ソーセージの一種）のスープに千切りのチリメンキャベツを入れて煮込んだもの。カルドはスープ、ヴェルデは緑の意味。

■**バカリャウ・ア・ゴメス・デ・サ**　バカリャウを塩抜きしてほぐし、ジャガイモとタマネギの輪切りとともに鍋に重ねてオリーヴ油、白ワイン、ニンニクを加えて煮込んだ料理。ゴメス・デ・サは人名で、この名のバカリャウ売りが考案したとされる。

■**バカリャウ・ア・ブラース**　バカリャウを塩抜きしてほぐし、千切りのフライド・ポテトとともに卵で閉じた料理。数百種類あるといわれるバカリャウ料理の代表的な一品。

【マレーシア】　伝統的なマレーの食は米飯の主食と魚介や肉のおかずの組み合わせで、ココナッツや香辛料をきかせた風味が特徴。**サテ**や**ガドガド**、**ナシ・ゴレン**、**ルンダン**（→**インドネシア**のそれぞれの項）などインドネシアと共通の料理も多い。中国系やインド系の料理も好まれる。イスラーム教国のため豚肉はほとんど使われない。

マレー半島の先端の**シンガポール**は、中国系住民が大半を占めるが、マレー系のイスラーム教徒、インド系のヒンドゥー教徒も多いため、豚肉や牛肉の料理より、誰でも食べられる鶏肉やガチョウ、アヒルの料理が発達してきた。

■**オタオタ**　白身魚のすり身にココナッツ・ミルクと香辛料を混ぜて、バナナの葉で包んで蒸し焼きにしたもの。

■**グライ**　ココナッツ・ミルクと香辛料を多用して、魚や鶏肉、羊肉などを煮込んだカレー風の料理。マレーシアの国民食ともいえる。

■**サンバル**　発酵させたエビとトウガラシやニンニクなどを混ぜたペースト状の調味料。生野菜につけて食べるほか、さまざまな料理にもちいる。

■**ナシルマッ**　ココナッツ・ミルクで炊いた米飯のまわりに数種類のおかずを載せた朝の定食風の一皿。おかずの種類はいろいろで、スプーンとフォークで混ぜながら食べる。

■**ニョニャ料理**　ココナッツ・ミルクなどを多用するマレーの伝統料理と中国料理が折衷した家庭料理。ペラナカン料理ともいう。ニョニャとはマレー語で主婦の意味。

■**ハイナン・チキン・ライス**　茹で鶏と三種のソース、鶏がらスープで炊いた米飯、スープの定食。ハイナンは中国の海南島のことで、同島出身者が伝えたコメ料理に由来するという。

■フライド・ホッケン・ミー　具材の多い福建風焼きそば。ミーは麵。

■ラクサ　米粉で作ったマレーシアの代表的な麵。具はさまざまで、辛くて濃厚なスープをかけることが多い。

【ミャンマー】　主要民族ビルマ人の食は、香辛料の効いたカレー様の煮込み料理を米飯と組み合わせるのが一般的。中国、インド、タイなどの影響を受けている。肉や魚をニンニク、タマネギ、トウガラシなどとともに、多量の油で炒め、水分がなくなるまで煮込む「油もどり煮」といわれる調理法が特徴的。料理の表面を油で覆うことで、腐敗しにくくする工夫といわれる。

■シービャン　カレー状の煮込み料理。油をたっぷり使う油戻り煮という調理法と、魚醬を入れるのが特徴。

■ヒンジョー　干しエビと青菜などを使った淡泊な塩味のスープ。

【メキシコ】　トウモロコシの粉で作る平焼き↓**トルティーヤ**を主食とし、市場に出回っているだけでも一〇〇種類といわれるトウガラシを料理によって使い分けるなど、ラテンアメリカ諸国のなかでも独特な食文化をもつ。メニューは一説に四〇〇〇種ともいわれ、地方色も豊か。ふつう↓**サルサ**（ソース）といえば辛いソースをさすほど、トウガラシの風味が好まれている。

■エンチラーダス　熱したラードに通した↓**トルティーヤ**で肉や野菜を包み、↓**サルサ**をひたひたにかけチーズをのせた家庭料理。単数形のエンチラーダは「トウガラシ風味」の意味。

■サルサ　ソースのこと。代表的なサルサ・メヒカーナは、緑色の生のトウガラシ、トマト、タマネギとコリアンダーの葉のみじん切りをライムの汁などで和えたもので、赤、白、緑の三色が国旗と同じ色であることからメヒカーナ（メキシコ風）とよばれる。サルサ・ロハ（赤いソース）は赤いトマト、サルサ・ベルデ（緑のソース）は緑のトマトを使ったもので、ほかにも多くの種類がある。

■ソパ・デ・ノパレス　ウチワサボテン（ノパル）の葉を煮たスープ（ソパ）。ノパルはサラダにも使う。

■タコス　↓**トルティーヤ**に肉や野菜、↓**フリホレス**やチーズなどさまざまな具をはさみ、↓**サルサ**をかけた軽食。単数形のタコは「間食、一口」の意味。

■タマレス　トウモロコシの粉で作るちまきに似た料理。粉を練って中に肉やラード、タマネギなどの具を入れ、バナナの皮やトウモロコシの皮に包んで蒸す。

■チレス・エン・ノガーダ　チレ・ポブラーノという大型

のトウガラシにブタの挽き肉とバナナ、モモ、アーモンドなどを煮た詰め物をして、生クリーム入りの白いソースをかけ、上にザクロの実とコリアンダーの葉をふりかけた料理。国旗の色をあらわしたような彩りのこの料理は、一八二一年の独立を祝ってプエブラ地方で作られたものといわれ、いまも独立記念日に食べられる。

■**トスターダス** →**トルティーヤ**をからりと揚げ、→**フリホレス**や肉、トマト、チーズなどの具をのせた軽食。

■**トルティーヤ** トウモロコシの粉を練って薄く円形にのばして焼いたもの。そのまま主食のように食べるほか、具をはさんで→**タコス**や→**エンチラーダス**にしたり、スープの具にしたり、さまざまな料理に利用される。語源は丸く焼いたケーキやパイをさすラテン語由来のスペイン語トルタだが、メキシコでトルタというと楕円形のパンを割ってハムやチーズなどをはさんだサンドウィッチのことになる。トルティーヤはスペインでは、フライパンで丸く焼いたオムレツのこと。→**スペイン**の**トルティーリャ**

■**フリホレス** インゲンマメ(フリホル)をラードと塩で煮込んだ料理で、日常もっともよく食べられるおかず。タマネギを加えてさらに煮込んだものはフリホレス・レフリトス。

■**モレ・ポブラーノ** 数種のトウガラシとカカオのほか、タマネギ、ニンニク、トマト、アーモンド、ゴマや各種香辛料などを煮込んで作るどろりとした独特のソースで、シチメンチョウや鶏肉の料理にもちいる。名称は「プエブラ地方のモレ」という意味。モレはソースを意味するナワトル語に由来し、ポブラーノのほかにもいろいろな種類がある。

■**ワカモレ** アボカドをつぶし、みじん切りのタマネギやトマト、コリアンダーの葉などと混ぜたペースト状の料理。揚げたトルティーヤですくって食べたり、料理の付け合わせにする。名称はナワトル語でアボカドのソースの意味。

■**ワチナンゴ・ア・ラ・ベラクルーサ** タイをトマトなどの野菜とともに白ワインで煮込んだベラクルスの名物料理。

【モンゴル】 羊肉を茹でたり煮たりするほか、中国の影響で、野菜と炒める、小麦粉で作った皮に包むなどの料理がある。チーズや乳茶、馬乳酒など乳製品を多く利用する。

■**オーツ** ヒツジ一匹を部位ごとに切り離したもので、茹でてもとの形に盛りつけた料理は正月などハレの日のごちそう。

■**ボーズ** 中国の包子(バオヅ)。小麦粉の皮に羊肉とニラやネギのみじん切りなどを包んだ料理。

【ラオス】 カオニャオとよばれる餅米の飯とおかずが基本の食。タイ料理との共通点が多く、都市部ではベトナム料理も普及している。東南アジアではめずらしく屋台が少ない。

■**タムマークフン** タイのソムタム(→**タイ**のその項)に

似た青いパパイヤのサラダ。
■**ラープ**　細かく切った鶏肉、豚肉、牛肉、アヒルの肉や魚などを炒めて香草などと混ぜた料理。
【ロシア】　帝政ロシア時代の宮廷で発達した贅沢な肉料理もあるが、一般には、ボルシチに代表される具だくさんのスープや煮込み料理が多い。西洋のオードヴルの習慣は、↓**ザクースカ**とよばれるロシアの前菜に由来する。
■**ウハー**　チョウザメなどの魚の切り身とタマネギなどの塩味のスープ。ヴォルガ地方の料理で、ウハーは出し汁の意味。
■**カーシャ**　一般にソバの碾き割りに卵を入れて炒り、タマネギ、マッシュルームなどを加えバターと塩で調味した五分粥。名称は粥の総称。
■**カトレットウイ・パ・キエフスキー**　キエフ・チキンとして知られる鶏肉のカツレツ。バターを包み込んでパン粉を付け、揚げた、ウクライナの伝統料理。
■**ザクースカ**　帝政ロシア時代に始まった前菜の総称で、キャビアやイクラ、ニシンの酢漬け、各種パイ料理、サラダなどがウォッカとともに供される。
■**シャシリク**　牛肉、豚肉、または羊肉と野菜を串刺しにして焼いた野外料理。もとはグルジア料理で、隣国トルコのシシュ・ケバブとほぼ同じもの。
■**スメタナ**　サワークリームと訳されることの多い、ヨーグルトに似た乳製品。煮込み料理に入れたり、スープに添えたりと多用される。
■**ペリメニ**　小麦粉で作った皮に挽き肉、タマネギなどの具を包んで茹でた、水餃子風の料理。地方により、さまざまな形がある。そのままソースをからめて食べたり、スープの具とする。
■**ビフシュテークス**　ビーフ・ステーキのことだが、ときには豚肉が使われる。
■**ビーフ・ストロガノフ**　↓**ベフ・ストロガノフ**
■**ピロシキ**　パン生地やパイ生地に、挽き肉、タマネギ、茹で卵などの具を包んで揚げたり、オーヴンで焼いたりしたもの。もとは家庭料理だが、今日では軽食としても好まれる。
■**ベフ・ストロガノフ**　牛肉の細切りとタマネギなどをバターで炒め、↓**スメタナ**などで煮込んだ料理。ストロガノフは一九世紀の貴族の名で、ベフ・ストロガノフとは「ストロガノフ流」の意味。
■**ボルシチ**　ビートとさまざまな野菜、牛肉やソーセージなどを煮込んで↓**スメタナ**をかけたスープ。ウクライナ風やシベリア風など、具材や調理法の異なる数十種類のボルシチがあるというが、ビートを入れる点は共通する。

【おもな参考文献】

『世界の料理』 全二〇巻 タイムライフブックス 一九七四-七八
『世界食物百科』マグロンヌ・トゥーサン＝サマ 玉村豊男監訳 原書房 一九九八
『フランス食の事典』日仏料理協会編 白水社 二〇〇〇
『デュマの大料理事典』アレクサンドル・デュマ 辻静雄ほか編訳 岩波書店 一九九三
『美食三昧』トゥールーズ＝ロートレック、モーリス・ジョアイヤン 座右宝刊行会編集部訳 座右宝刊行会 一九七四
『世界食文化図鑑』メアリ・ドノヴァン原著監修 難波恒雄日本語版監修 東洋書林 二〇〇三
『食の文化を知る事典』岡田哲編 東京堂出版 一九九八
『世界の味探究事典』岡田哲編 東京堂出版 一九九七
『料理の文化史』ケイティ・スチュワート 木村尚三郎監訳 学生社 一九九〇
『食卓の文化誌』(同時代ライブラリー) 石毛直道 岩波書店 一九九三
『世界の食事文化』石毛直道編 ドメス出版 一九七三
『美食の文化史』ジャン＝フランソワ・ルヴェル 福永淑子・鈴木晶訳 筑摩書房 一九八九
『華やかな食物誌』(河出文庫) 澁澤龍彦 河出書房新社 一九八九
『プルーストと同じ食卓で』辻静雄編 講談社 一九八六
『悪食大全』ロミ 高遠弘美訳 作品社 一九九五
『シーザーの晩餐』塚田孝雄 時事通信社 一九九一
『食悦奇譚』塚田孝雄 時事通信社 一九九五
『古代ローマの饗宴』エウジェニア・サルツァ・プリーナ・リコッティ 武谷なおみ訳 平凡社 一九九一
『古代ローマの料理書』アピーキウス ミュラ＝ヨコタ・宣子訳 三省堂 一九八七
『食卓歓談集』(岩波文庫) プルタルコス 柳沼重剛編訳 岩波書店 一九八七
『食卓の賢人たち』(岩波文庫) アテナイオス 柳沼重剛編訳 岩波書店 一九九二
『美味礼讃』上・下(岩波文庫) ブリア＝サヴァラン 関根秀雄・戸部松実訳 岩波書店 一九六七
『ブリア＝サヴァラン「美味礼讃」を読む』辻静雄 岩波書店 一九八九
『中世の食生活』(叢書・ウニベルシタス 三七八) ブルジット・アン・ヘニッシュ 藤原保明訳 法政大学出版局

一九九二
『中世の饗宴』　マドレーヌ・P・コズマン　加藤恭子、平野加代子訳　原書房　一九八九
『旅人たちの食卓』　フィリップ・ジレ　宇田川悟訳　平凡社　一九八九
『よくわかるフランス料理の歴史』　エドモン・ネランク、ジャン＝ピエール・プーラン　藤井達巳、藤原節訳　同朋舎出版　一九九四
『食はフランスに在り』（小学館ライブラリー）　宇田川悟　小学館　一九九四
『エスコフィエ』　辻静雄　同朋舎出版　一九八九
『イギリスは愉快だ』　林望　平凡社　一九九二
『アメリカ先住民の貢献』　ジャック・M・ウェザーフォード　小池佑二訳　パピルス　一九九六
『クックブックに見るアメリカ食の謎』　東理夫　東京創元社　二〇〇〇
『もの食う人びと』（角川文庫）　辺見庸　角川書店　一九九七
『論集　東アジアの食事文化』　石毛直道編　平凡社　一九八五
『中国の食文化』　周達生　創元社　一九八九
『中国名菜ものがたり』　槇浩史　鎌倉書房　一九七八
『食文化の中の日本と朝鮮』（講談社現代新書）　鄭大聲　講談社　一九九二
『朝鮮の料理書』（東洋文庫）　鄭大聲編訳　平凡社　一九八二
『文化麵類学ことはじめ』　石毛直道編　フーディアム・コミュニケーション　一九九一
『パスタの迷宮』（新書y）　大矢復　洋泉社　二〇〇二
『おいしい野菜』　ジャン＝マリー・ペルト　田村源二訳　晶文社　一九九六
『世界を変えた野菜読本』　シルヴィア・ジョンソン　金原瑞人訳　晶文社　一九九九
『トウガラシの文化誌』　アマール・ナージ　林真理、奥田祐子、山本紀夫訳　晶文社　一九九七
『万国お菓子物語』　吉田菊次郎　晶文社　一九九八
『洋菓子はじめて物語』（平凡社新書）　吉田菊次郎　平凡社　二〇〇一
『チーズ図鑑』（文春新書）　文藝春秋編　文藝春秋　二〇〇一
『ヘミングウェイ　美食の冒険』　クレイグ・ボレス　野間けい子訳　アスキー　一九九九
『パリの王様たち』　鹿島茂　文藝春秋　一九九五
『ノストラダムスの万能薬』　クヌート・ベーザー編　明石

三世訳　八坂書房　一九九九
『ノストラダムス百科全書』　ピーター・ラメジャラー　田口孝夫・目羅公和訳　東洋書林　一九九八
『タイタニックの最後の晩餐』　リック・アーチボルド、ダナ・マッコリー　梶浦さとり訳　国書刊行会　一九九九
『クリスマス・ウォッチング』　デズモンド・モリス　屋代通子訳　扶桑社　一九九四
『極限の民族』本多勝一　朝日新聞社　一九六七
『北アメリカ大陸先住民族の謎』（光文社文庫）スチュアート・ヘンリ　光文社　一九九一
『イヌイット』（世界の先住民6）　ブライアン・アレクサンダー、シェリー・アレクサンダー　柏木里美訳　リブリオ出版　一九九五

"Ladyfingers & Nun's Tummies" Martha Barnette Crown 1997
"Much Depends on Dinner" Margaret Visser Grove Press 1988

21世紀研究会（にじゅういっせいきけんきゅうかい）

「戦争と革命の世紀」といわれた20世紀は終わり、通信技術の発達による国際化、ボーダーレスの時代がやってきた。しかし、はたして日本人は、地球規模の視野をもって21世紀を生きることができるのか。その答えを模索するために、歴史学、文化人類学、考古学、宗教学、生活文化史学の研究者たち９人が集まって国際文化研究の会を設立した。編著に『新・民族の世界地図』『イスラームの世界地図』『武器の世界地図』（いずれも文春新書）などがある。

文春新書

378

食《しょく》の世界地図《せかいちず》

2004年５月20日　第１刷発行
2020年12月５日　第14刷発行

編著者　21世紀研究会

発行者　大松芳男

発行所　株式会社 文藝春秋

〒102-8008　東京都千代田区紀尾井町3-23
電話（03）3265-1211（代表）

印刷所　大日本印刷
製本所　大口製本

定価はカバーに表示してあります。
万一、落丁・乱丁の場合は小社製作部宛お送り下さい。
送料小社負担でお取替え致します。

ISBN4-16-660378-7

◆経済と企業

金融工学、こんなに面白い　野口悠紀雄
日本企業モラルハザード史　有森　隆
臆病者のための株入門　橘　玲
臆病者のための億万長者入門　橘　玲
団塊格差　三浦　展
熱湯経営　樋口武男
定年後の8万時間に挑む　加藤　仁
ポスト消費社会のゆくえ　辻井　喬　上野千鶴子
霞が関埋蔵金男が明かす「お国の経済」　髙橋洋一
石油の支配者　浜田和幸
強欲資本主義　ウォール街の自爆　神谷秀樹
日本経済の勝ち方　太陽エネルギー革命　村沢義久
ハイブリッド　木野龍逸
エコノミストを格付けする　東谷　暁
就活って何だ　森　健
新・マネー敗戦　岩本沙弓

自分をデフレ化しない方法　勝間和代
先の先を読め　樋口武男
JAL崩壊　日本航空・グループ2010
明日のリーダーのために　葛西敬之
ユニクロ型デフレと国家破産　浜　矩子
もし顔を見るのも嫌な人間が上司になったら　江上　剛
ぼくらの就活戦記　森　健
ゴールドマン・サックス研究　神谷秀樹
出版大崩壊　山田　順
東電帝国　その失敗の本質　志村嘉一郎
修羅場の経営責任　国広　正
資産フライト　山田　順
脱ニッポン富国論　山田　順
さよなら！　僕らのソニー　立石泰則
松下幸之助の憂鬱　立石泰則
ビジネスパーソンのための契約の教科書　福井健策
日本人はなぜ株で損するのか？　藤原敬之
日本国はいくら借金できるのか？　川北隆雄

高橋是清と井上準之助　鈴木　隆
ビジネスパーソンのための企業法務の教科書　西村あさひ法律事務所編
サイバー・テロ　日米vs.中国　土屋大洋
ブラック企業　今野晴貴
新・国富論　浜　矩子
税金　常識のウソ　神野直彦
エコノミストには絶対分からないEU危機　広岡裕児
『ONE PIECE』と『相棒』でわかる！細野真宏の世界一わかりやすい投資講座　細野真宏
通貨「円」の謎　竹森俊平
こんなリーダーになりたい　佐々木常夫
日本型モノづくりの敗北　湯之上　隆
売る力　鈴木敏文
日本の会社40の弱点　小平達也
平成経済事件の怪物たち　森　功
アメリカは日本の消費税を許さない　岩本沙弓
税務署が隠したい増税の正体　山田　順
会社を危機から守る25の鉄則　西村あさひ法律事務所編
税金を払わない巨大企業　富岡幸雄

◆世界の国と歴史

（2015. 3） B

文春新書のロングセラー

立花 隆・佐藤 優
ぼくらの頭脳の鍛え方
必読の教養書400冊

博覧強記のふたりが400冊もの膨大な愛読書を持ち寄り、〝総合知〟をテーマに古典、歴史、政治、宗教、科学について縦横無尽に語った

719

塩野七生
日本人へ リーダー篇

ローマ帝国は危機に陥るたびに挽回した。では、今のこの国になにが一番必要なのか。「文藝春秋」の看板連載がついに新書化なる

752

塩野七生
日本人へ 国家と歴史篇

ローマの皇帝たちで作る「最強内閣」とは？とらわれない思考と豊かな歴史観に裏打ちされた日本人へのメッセージ、好評第2弾

756

新共同訳 解説・佐藤 優
新約聖書Ⅰ・Ⅱ

一度は読んでみたいと思っていた人。途中で挫折した人。この新書版なら、佐藤優氏のガイドによってキリスト教のすべてが分かる

774・782

藤原正彦
日本人の誇り

危機に立たされた日本は、今こそ「自立」と「誇り」を回復するために何をすべきなのか？『国家の品格』の著者による渾身の提言

804

文藝春秋刊